现代技术下的空间拉近体验

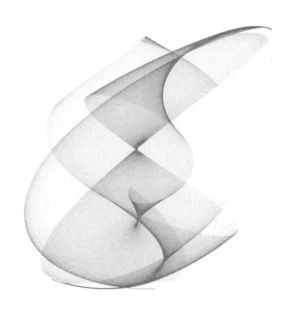

杨庆峰 著

中国社会科学出版社

图书在版编目（CIP）数据

现代技术下的空间拉近体验/杨庆峰著. —北京：中国社会科学
出版社，2011.5
ISBN 978-7-5004-9638-0

Ⅰ.①现… Ⅱ.①杨… Ⅲ.①现象学-研究②时空观-研究
Ⅳ.①B81-06②B016.9

中国版本图书馆 CIP 数据核字（2011）第 045384 号

责任编辑　周慧敏　黄燕生
责任校对　高　婷
封面设计　大鹏设计
技术编辑　戴　宽

出版发行　中国社会科学出版社
社　　址　北京鼓楼西大街甲 158 号　　　邮　编　100720
电　　话　010—84029453　　　　　　　传　真　010—84017153
网　　址　http：//www.csspw.cn
经　　销　新华书店
印　　刷　北京君升印刷有限公司　　　　装　订　广增装订厂
版　　次　2011 年 5 月第 1 版　　　　　印　次　2011 年 5 月第 1 次印刷
开　　本　710×1000　1/16
印　　张　20.5　　　　　　　　　　　插　页　2
字　　数　314 千字
定　　价　42.00 元

国家社科基金后期资助项目

出 版 说 明

后期资助项目是国家社科基金新设立的一类重要项目，它是经过严格评审，从接近完成的优秀科研成果中遴选立项的。为扩大后期资助项目的影响，更好地推动学术发展，促进成果转化，全国哲学社会科学规划办公室按照"统一标识、统一版式、符合主题、封面各异"的总体要求，委托商务印书馆、中华书局、中国社会科学出版社、社会科学文献出版社和人民文学出版社，陆续出版国家社科基金后期资助项目成果。

全国哲学社会科学规划办公室

2006 年 6 月

内容提要

　　人类借助各类技术不断扩展自身对于世界的认识,不断试图消除不同地区、不同人群之间的空间距离。古时如此,今时亦如此。随着全球化、现代化的发展,"地球村"、"流动空间"等代表着现代技术下的空间变化的现象已经广泛为当前社会人们所熟知而且接受,可以说技术发展在消除空间距离上达到了前所未有的高度。如此,如何理解这一现象?如何理解现代技术所导致的空间拉近现象?技术之近是否就是本真之近?它是否导致了我们所渴求的切近?这一系列问题就开始进入反思的视野中。

　　理解这一现象需要一种视角的转变,需要一种对人的规定性的呼唤,传统的对于人的理性规定性面对这一问题并没有显示出强有力的解释力,我们需要一种不同于理性的规定性:空间性。人类表现出来的借助各种方式消除自身与世界之间的距离,是人所揭示出的不同于传统理性规定的作为空间性的存在物最好的诠释。一种以空间性为基点的关于人的规定性理解有了确定的可能。一方面人类需要揭示出其在这儿、在那儿的作为地方性的存在物,即符合此在的规定性;另一方面,人类更需要通过不同方式呈现出其消除空间距离的作为无间距性的存在物,即具有去远的规定性。

　　对上述问题的探索使得我们开始反思现代技术下的空间拉近体验,所获得的答案将是开放性的。我们不能继续持有敌托邦的观点,将技术所导致的空间距离消除看做是导致了心灵之远,就像齐美尔一样;也不能急于接受这种被给予的空间贴近，培养起乌托邦式的理想状态，将技术所带来的空间拉近看做一种福音，就像麦克卢汉一样。这都是基于价值判断的结果，而我们需要在做出价值判断之前看到隐含的问题，即不同方式实现空间拉近——如果是这样的话——的根据是什么？对这个问题的探讨将使得我们能够避免价值判断所导致的不同结果，如敌托邦或者乌托邦，而是面向事物本身——正在发生的事件：此即人类对于空间距离的消除。在技术尚不发达的年代，人更多地将自身诠释为地方性的存在物，无法充分表达出消除空间距离的特性，借助不同的语言意象通过想象、思念主体实现着不在场者的在场，从而达到了空间去远；现代技术的发展解构了地方性诠释方式，为空间距离的消除提供了可能。我们能够真切地知觉到现代技术带给我们的结果：借助时间压缩、通过语言的转化消除物理空间距离，但是，更为重要的是，意境不在、想象不在、思念不在。物理拉近成为现代技术所呈现的最直接的后果，其更为深远的结果是实现了地区与地区之间的拉近，不在场者的在场借助地域拉近使得自身具备完全在场的可能性，而且使得不在场者的在场以符号的形式得以实现。这种拉近体验并非与本真之近相对立，在此基础上，不同的文化世界的融合具备了可能。

序

　　杨庆峰君的这本技术哲学新著凸显了对技术的哲学研究取径现象学的恰当性、必要性和必然性。这里想起技术哲学领域里所谓"虚拟实在"已然成为学界一个争论不休的热点问题。"实在性"是柏拉图主义存在论即形而上学的核心范畴之一，它是形而上学视野中的重大问题：现象世界背后的本体世界或者说存在者作为形式本质是不是实在的？准此，反观"虚拟实在"，它本是人工制造的东西，既是现实的，又明言是"虚拟的"，那么，何来实在性的追问？

　　因此，作为作者多年在"技术现象学"领域耕耘的又一劳绩，他在本著作中首先花相当多的篇幅从技术的哲学研究着眼梳理"纯粹现象学"的诸多基本原理。诚然，对于技术现象学来说，这么做本是题中应有之义。问题是，对于这样的新兴研究领域来说，这事关其合法性，因而显得尤为重要。作者正是自觉地以此为初衷，依凭其扎实的现象学功力下了切实的工夫。他让我们清晰地看到了从纯粹现象学到作为不纯粹现象学的技术现象学的必要而又必然的过渡，明白了何以必须把技术放到现象学的视野中去探究，这方面用力极具理论和现实的重要意义，关乎技术现象学的生命和未来。

　　本书专就现代技术下的空间拉近这个技术问题做现象学的哲学研究。作者从现象学的生存论出发，把技术的本质把握为通达人的生存结构的途径，由此揭示此在的空间性，而这空间性的表征为去远和定向。这就是说，此在作为在世之中的生存，其本质为去远。同时，技术作为此在在世生存的主要方式，有其去远功能。这样，"现代技术下的空间拉近"问题便恰当而又必需地放在人的生存论本质层面上去考察，成为现象学视野中的运思对象。"拉近"又被具体地定位为纯粹意识之体验的对象，从而可以从作为此在在操劳中领会的"本真之近"出发来衡量"技术拉近体验"。不妨说，作者以这个专题研究为自己打造的技术现象学理念做了一个样本，其予人启示之深刻，自是不言而喻的。

纯粹现象学是艰深的。惟其艰深，不纯粹的现象学，尤其是技术现象学才有广阔的发展空间。期待着庆峰继续在这片热土上大展拳脚。

庚寅岁末周昌忠序于沪上梧桐书屋

目　录

导言 技术现象学的基本问题

一 问题的缘起

作为一种纲领、一种流派,现象学自 1900 年到 2010 年已经有 110 年的历史了。它的原则、方法论影响了整个人文科学、社会科学甚至是自然科学的发展。现象学的发展延续了理论路径和应用路径。理论路径上,关于现象学的纯粹研究走向了专门化,相关的杂志纷纷出现,超过了以往;实践路径上,世界现象学、时间现象学、空间现象学、技术现象学、建筑现象学、宗教现象学等分支表现出前所未有的活力。我们感到很好奇:为什么现象学有如此魅力,能够让很多学者愿意与其联姻?为了弄清楚这个问题,我们选择以现象学与技术哲学的结合为考察对象,这一结合有很多名称,"现象学的技术哲学"、"技术现象学"、"技术的现象学研究"等等。但是,我们更青睐于"技术现象学"这一名称。其原因有二:其一是根据思维经济原则,简短的名称更容易为学者所接受。相比之下,表示现象学与技术哲学相结合的最容易为人所接受的名称就是"技术现象学";其二,采取"技术现象学"这一名称的最根本理由是源自笔者第一本书《技术现象学初探》的出版。这本书出版于 2005 年。其前身是 2003 年写成的博士论文《技术作为目的》。这本书的一个核心想法,就是按照现象学的悬置方法——悬置自然态度——对关于技术的自然态度进行反思,这一态度被概括为"技术工具主义"。现在看来，这一概括甚为简单。但是对于当时来说，这一概括只是提供一种现象学反思的开端。整本书的目的在于悬置，然后寻找出关于技术的规定。但是，限于个人学识，只是走出了凌乱的足迹，而具体走向哪里？什么是技术现象学？这些问题的答案没有找到。于是笔者带着这些未解问题继续前行。

2005年到2010年，依然是反思这一问题，当然，同时也更为关注国外的技术哲学与现象学的结合成果。之所以关注，一方面是出于了解国内外最新的研究动向；另一方面是通过反思来形成自己对技术现象学研究纲领的理解。

国外现象学与科学技术哲学的结合呈现出如火如荼的景象：美国、荷兰、德国等国家的学者都在践行着这一纲领。尤其是唐·伊德开启的后现象学的路径更让很多学者看到了这一纲领的强大作用力。他多次来到中国讲他的"后现象学"观念。听了一些，自己研究了一些，总感觉到他的理论欠些火候，但是到底问题出在哪里？自己一时难以说清。继续查阅他的合作者——荷兰的维贝克（P. P. Verbeek）等人的研究成果，发现他们对伊德的后现象学有所接受。这些研究对于伊德本人来说，可能会感到欣慰，毕竟他的研究成果为世界范围所接受和认可。但是，我们却需要反思其研究。其所欠缺的东西是：他们远离了现象学，尽管这种远离并非其意愿如此，而是其研究方法——经验主义、实用主义——本性使然。这种方法最终导致了他们的技术哲学仅仅是技术研究或技术性哲学而不是哲学。这就是他们所欠缺的火候所在。在笔者看来，要使技术哲学成为哲学——这是技术哲学研究的根本要求。"普遍哲学与特殊哲学之间的关系将成为技术哲学研究的一个有效方法论。"① 这一理想在德国古典哲学那里，如谢林的艺术哲学、自然哲学，还有黑格尔的自然哲学那里表现得淋漓尽致。但是这一点却在他们那里完全丧失了。如此，国内技术现象学研究的情况如何呢？

国内学界对技术现象学的研究已经有所认可。这种"认可"并非首先来

---

① 杨庆峰：《马克思主义当代性问题与马克思技术哲学》，《科学技术与辩证法》2006年第3期。

自科学技术哲学界，而是来自纯粹现象学领域。传统的科学哲学、技术哲学受语言学转向的影响，从语义学走向语用学，这与国外的研究距离越来越大；鉴于此种情况，科学技术哲学研究越来越受到社会学的影响，走向了科学社会学和技术社会学，而渐渐失去了哲学的特质；"科学技术哲学研究要有哲学味"的观点不断在科学哲学与技术哲学领域中响起。为了保持这种哲学味，科学技术哲学界自身锲而不舍地努力着。马克思主义与科学技术哲学的结合，由于马克思主义哲学研究的暂时停滞而无法进一步发展。实用主义早已为中国学人所抛弃，所以与实用主义的结合必然没有希望。只有现象学，成为科学技术哲学研究体现其哲学味的最好方式。所以，现象学与科学技术哲学的结合成为可以认可的一种方式；当然现在看来这种认可有一点曲高和寡，只是自我认可。但是纯粹现象学领域对它的认可却让从事现象学的科学哲学、技术现象学研究的学者感到欣慰。当然，这其间还有很大的差距。纯粹现象学者认为现象学必然要结合应用研究，如2008年现象学界与建筑学界联合召开的建筑现象学的会议收到了很好的效果。那么，与技术哲学、科学哲学的结合也是必然趋势。所以，认可的态度逐渐扩展开来。从这种认可中我们感受到的是这样一种变化：技术哲学的研究只有将自身作为哲学来进行，而不是停留在经验化的、技术化的研究层面，它才是有希望的。恰恰是这样，纯粹现象学学者之所以欢迎技术现象学、现象学的科学哲学研究，其重要原因在于此——技术哲学走向哲学；而这也是国内学者研究所努力的一个方向。

　　然而，认可只是一个开端。问题在于相关研究极其欠缺。研究之所以欠缺的真正原因在于技术现象学概念理解的混乱以及缺乏一种系统的、稳定的研究原则及方法。由于上述两种原因，技术现象学的合法性难以立足，所以我们必须寻求辩护之道。

二　技术现象学的合法性

　　获得这一合法性的途径是回到现象学的源头，看是否能够获得这种可能性。海德格尔曾经谈到现象学工作具体成型的过程，这为我们理解技术现象学合法性提供了可能。他指出："在现象学工作的具体成型过程中，其研究的视域最初也是纯粹依照传统的学科来确定的，人们以现象学的方式在逻辑学、伦理学、美学、社会学、法哲学这些学科中进行研究；现象学所探究的问题领域，依然属于传统哲学中的那些同样的问题领域。"① 在海德格尔的这段话中，引起我们注意的是"传统的学科"以及"传统哲学"这两个相联的观念。

在海德格尔看来，"传统的学科"主要包括逻辑学、伦理学、美学、社会学，还有法哲学等学科。的确，这些他所提到的传统学科中的任何一支都具有百年的历史。现象学的方式在这些传统学科中发挥了其应有的力量，并且产生了卓越的成效。但是，技术哲学怎样呢？在这里我们会感到失望，我们曾经看到过自然哲学、历史哲学、艺术哲学、宗教哲学等都属于传统的学科，唯独技术哲学却不具有这种传统性。

"传统哲学"是海德格尔分析现象学所探究的领域特征。他指出，现象学所探究的问题属于传统哲学的领域。这似乎可以推演出，现象学所探究的问题领域应该限制在某一属于传统哲学的问题领域，否则它就越出了现象学的领地。如此，我们看到，"××现象学"的合法性来自"××"是否属于传统学科或者传统哲学的问题域。凡是来自传统学科或者传统哲学问题领域的对象都可以应用现象学的方式进行研究，其合法性也在这样的应用中得以实现。那么我们所关心的——技术现象学——情况如何呢？这正是问题所在。

首先，技术哲学并非传统学科，我们从哲学自身发展的历程中已经非常明显地感受到技术哲学的新兴性，其兴起不过几十年的历史。但是，这并不意味着技术哲学走向技术现象学的合法性无法获得。我们从技术问题看到了一点希望。

---

① ［德］海德格尔：《时间概念史导论》，欧东明译，商务印书馆 2009 年版，第125 页。

技术问题在什么程度上属于传统哲学问题领域的组成部分？从历史上看，这一点似乎是自明的。我们从柏拉图、亚里士多德那里已经感受到技术作为他们所关注的问题而存在。但是，这种时间上的久远并未给技术问题的传统性提供一种有效的、必然的基础。我们还需要继续前行。我们依然把亚里士多德作为有效的、可利用的资源。他明确提到的一个命题——技术是理智获得确定性的形式——为我们提供了必然的可能性。

"技术本性上作为理性形式"，这是技术问题所具有传统性的开始，但是，它毕竟还是从传统哲学中滑落了出来。何以会有这种处境？这属于技术哲学的历史境遇所关注的问题，我们更关心技术如何与理性相分离。在这一观点上，我们更多的依据于一种朴素的判断，技术本性上与理性、意识不同。这种朴素的判断显然存在问题。整个技术从理性中脱离出来的过程一直是晦暗不明的，有待于进一步揭示。

如果是这样，我们发现，这种揭示的完成将为我们展开技术问题作为传统哲学领域的组成部分提供答案。更为重要的是，这种揭示的完成将使得技术现象学合法性基础的获得有了根本上的改观。

所以，提出"技术现象学合法性"这一问题实际上是重新对技术问题与传统哲学之间的关系进行审视，技术与理性、意识、思维的关系需要被重新意识到。二者之间的关系曾经在古代哲学那里有所论述，但是整个近代却被完全忽略了。如今，问责已经没有必要，更为重要的是沿着这种发现继续前行。

如此，我们有可能恢复出技术问题与传统哲学之间的关联——只需我们重新叩问古代哲学。但是，仅仅具备这种有待于论证的内在必然性还不够，我们还需要直面合法性问题，即如果与现象学对接，技术现象学具有怎样的现象学特质？或者现象学的应用在技术哲学领域内有着怎样的成果？

沿着此问题，我们就会碰到其中最关键的一个问题：技术现象学何以实践？建设性的意见并不多见，但是批判的建议却很多。一种常见的批判是技术现象学无非是应用现象学中的某些概念来分析技术问题，这样做在多大程度上称之为技术现象学似乎值得怀疑。对于此种批判，我们需要正面回应：

应用现象学中的某些概念来分析技术问题，这的确构成了技术现象学的外在特征，但是，技术现象学之所以称之为现象学，最基本的还是与其基本概念的规定和基本原则相关的。当我们清楚了这些，就可以判断我们所熟悉的研究是否属于技术现象学的研究。

三　技术现象学的概念

我们的目的是建构起技术现象学研究的纲领。这一构建并非是将技术现象学归结为少数人所从事的研究，而是找寻到某些基本原则，并且将这些原则加以运用的方法论提炼出来，做到真正贯彻现象学的原则。借助这一纲领，任何一个想从事相关研究的人都可以顺利地踏入这个领域。所以导论的一个主要目的就在于勾勒出技术现象学的概念体系以及研究纲领的主要框架。

我们必须对"技术现象学"的概念作出规定。只有这样才能使得讨论具有一个可靠的基点。但是要做到这一点，需要对"现象学"给出适合技术研究的理解。在我们看来，为技术研究所需要的现象学必须符合如下规定：首先是一种方法；其次是一种境界。

1. 方法。现象学首先是一种方法，随着现象学自身规定的不同而表现为不同的方法论。"最严格意义上的现象学（即胡塞尔本人的现象学），它在上边严格意义上的现象学之上，又使用了被称作'现象学还原'的特殊方法，并且在这种方法的基础上特别注意事物的现象在意识中并由意识构成的那种方式。"① 随着范围的变宽，这种方法也会表现出不同。这些不同的方法指向一个共同的目的：走向自明性、返回本质直观和关注事物展现方式。在这一根本目的之下，具体的操作方法自然就有了其归属地位。只有在这样的规定性中，我们才可以理解诸如悬置、本质直观、视域等方法。

---

① ［美］赫伯特·施皮格伯格：《现象学运动》，王炳文等译，商务印书馆1995年版，第 v 页。

2. 境界。现象学是一种方法，更是一种境界。它并非仅仅为解决某些现成问题提供方法论原则，而是借助其特有的方法论从而开启对普遍问题的领悟。自明性、事物本身都非现成的东西，而是在呈现中构成的，这让我们想到黑格尔，他将精神展开过程作为理解精神的根据。在胡塞尔这里，历史性地构成让我们看到意识对象的本质。可以说，这些方法论原则与问题共属一体，如同胡塞尔、海德格尔、马克斯·舍勒、萨特、梅洛—庞蒂、伽达默尔等人所面对的问题。每一个国家、民族的学者所面对的问题都来自该民族的传统以及该民族所面对的问题。对这一问题的理解决定了现象学研究的不同走向。如在胡塞尔那里，知觉、空间构成、身体构成等是主要问题，还有他看到了欧洲的科学危机这一欧洲民族的时代问题；再如海德格尔将存在问题看做是根本问题，他对西方形而上学的反思是为了解决整个西方所面对的时代问题。其他人也是如此。问题的层次与每个哲学家的境界有关。

所以说，从这个意义上看，现象学意味着一种境界，而不仅仅是方法。借助现象学，胡塞尔领悟了先验自我这一全新领域；借助现象学，海德格尔领悟了存在问题。只要能够看到我们所面对的问题，能够悬置原有的偏见，这就是重要的。

当我们把所需要的现象学理解为方法乃至境界的时候，就可以用它来规定技术现象学了。所谓技术现象学就是在描述技术问题的时候，借助某些现象学的方法，诸如本质直观、侧显等原则开启新的技术体验领域。人自身的生存结构、人类新的视觉体验、空间体验、自身的道德规范，是现代技术构成的结果。这些体验是人展现自身的可能性方式，但是在今天则是技术化构成的结果。我们要做的是对技术化方式给予揭示并且澄清其意义。此处，自明性的事实即"技术成为事物展示自身的方式"，这甚至包括意识本身。现代脑科学向我们展示了意识如何以图像的方式向我们展示着自身；人工智能向我们展示了意识如何数字化、逻辑化地展示自身。事物展示自身的方式即事物呈现的技术方式。比如技术是力量最好的揭示方式。技术化方式给予我们新的本体论规定，如"虚拟的苹果"与"真实的苹果"、"苹果的图画"就代表了三种不同的本体论领域。当然，本质直观并不能直接应用到这里，对于观念对象来说，这种直观更加适合，可是对于技术构成物来说，我们并不能直接应用，而是部分应用。当然这一点还不是很成熟，需要进一步的研究。

既然我们已经对技术现象学的概念给予了基本规定，接下来就可以看看它的研究纲领的主要框架。但是，在具体描述前，需要对国内技术现象学研究的情况有个初步了解。

现象学与其他领域如心理学、教育学、精神病理学、建筑学、社会学、美学等领域的交叉取得了显著成果，而且这种方法运用的有效性得到了进一步的证实，但是在与科学技术哲学的交叉中却存在着诸多问题。特别是"技术现象学"概念的提出到现在，近10年，技术现象学之合法性的问题却始终没有得到正面的回应。如果技术现象学是合法的，那么其合法性应该得到说明。如果其合法性具有有限性，我们也需要揭示出自身的有限性。以中国为例，从科学技术哲学的领域看，现象学影响主要表现在：胡塞尔、海德格尔等人的现象学思想正在促使新的研究纲领和研究共同体形成。2005年以来，以现象学的科学技术哲学为主题的学术论文、论著相继出现。以现象学的科学技术哲学为核心的研究纲领和共同体开始形成。具体如下：

（一）新的研究纲领开始出现

现象学与科学技术哲学的交叉促进了中国科学技术哲学界新的研究纲领的形成：现象学的科学技术哲学研究纲领。当然在技术哲学问题上，我们更赞成技术现象学的使用。如果回顾一下就会发现：学术界对科学技术哲学研究纲领的争论由来已久。20世纪80年代左右，中国科学技术哲学特别是科学哲学的研究纲领比较明确而且有特点，如科学方法论（周昌忠，《科学方法论》，80年代初）与科学认识论（舒炜光，《科学认识论·第一卷》，1996年）。此时国际领域技术哲学才逐渐开始升温，2000年以后波及中国，并无确定的研究纲领形成。也正是由于此，争论不断。技术哲学研究纲领主要围绕技术价值论、技术工具论、知识论为核心进行争论。① 在争论过程中，"现象学的科学技术哲学"逐渐成为一个探索性的纲领而开始形成。这一探索为技术哲学研究的现象学纲领的形成提供了内在的可能性，而外在的契机则来自纯粹现象学领域的转变。

国内现象学的发展经历了一个由纯粹哲学走向与应用哲学结合的过程，这为现象学的科学技术哲学纲领的形成提供了外在的契机，促进了现象学的科学技术哲学研究纲领的形成。中国现象学的研究兴起于 2002 年，其标志是中国现象学网站的开创。这一网站正如其创办人柴子文和张任之所说，是"个人主办的纯学术网站"，2005 年、2006 年因为经费问题休站，现开始通过社会募捐的方式维持运作。2007 年现象学研究在保持其纯粹理论研究取向的前提下，开始重视经验维度的转变。2007 年 10 月，第一届全国现象学的科学技术哲学会议，北京大学的张祥龙教授应邀参加；2008 年会议，浙江大学的杨大春教授应邀参加；同年孙周兴、倪梁康等现象学学者参加了现象学与建筑学的对话。② 所以纯粹现象学与技术哲学、科学哲学的接触成为必然。这一外在的契机为现象学的科学技术哲学研究纲领的形成奠定了更为坚实的基础。除此之外，国外的相关趋势也促进了这一研究纲领的发展。

在国外，技术现象学的发展也成为一种必然趋势。唐·伊德开创了"后现象学"运动，这将现象学与科学技术哲学特别是技术哲学结合起来，后现象学的特征是物质化的解释学、实用主义的维度、现象学方法指导下的经验研究。这一纲领得到了世界范围内许多年轻学者的响应，如伊德的学生伊凡·森林格、荷兰的 P. P. 维贝克。

---

① 关于技术哲学研究纲领的争论，笔者曾经做过总结，具体见《技术工具论的理论及悖论分析》，《自然辩证法研究》2002 年第 4 期；《生存论视域下的技术哲学研究纲领》，《自然辩证法研究》2004 年第 2 期。

② 2008 年 5 月 24 日，由中国现象学专业委员会、《时代建筑》杂志社、中山大学现象学研究所共同主办的"现象学与建筑"研讨会在苏州召开，随后出版《现象学与建筑的对话》（同济大学出版社 2009 年版）。

（二）新的研究共同体开始出现

"共同体"此语在科学哲学家库恩那里曾被使用过，但是由于他的使用过于中立化，所以我们并不是在他的意义上使用这一范畴，我们更倾向于在社会学家鲍曼的意义上使用这个概念。鲍曼认为共同体是与好相联系的东西。"生活圈子（company）或社会可能是坏的；但它们都不是'共同体'。我们认为共同体总是好东西。"① 随着上述新的研究纲领的逐渐形成，相关的学术共同体呼之欲出。2007 年以来，随着现象学在科学技术哲学领域内的普及，一种新的、好的、快乐的研究共同体——现象学的科学技术哲学研究共同体——开始形成。他们在"现象学与科学技术哲学相结合"的原则下开始了求索。

新的研究纲领以及研究共同体所面对的基本问题是其合法性。对于技术现象学而言，则是技术现象学合法性问题，如果这一内核性的东西之合法性无从论证，那么这一纲领的确立就成为空中楼阁了，更谈不上发展。然而，其合法性问题正受到来自多方面的质疑。

四　技术现象学的原则与方法

通常对现象学的把握，由于进入视角的不同，对现象学的看法也不同，这就导致了对现象学的不同理解。鉴于这种情况，我们不想去回应"现象学的基本原则"这一超高难度的问题，而是将问题转化为适合于技术分析的现象学的基本原则是什么？或者是从技术研究角度而言，我们需要怎样的现象学的基本原则？我们认为技术现象学的基本原则有如下表现：首先是普遍原则；其次是特殊原则。

我们这里所言说的普遍原则主要是指具有最高普遍性的原则，在现象学

---

① ［波兰］齐格蒙特·鲍曼：《共同体》，欧阳景根译，江苏人民出版社 2003 年版，第 2 页。

这里，"面向事物本身"、"可能性"等都是这样的原则，而且我们也把它作为技术现象学所必须坚持的普遍原则。

第一，面向事物本身。面向事物本身是现象学的最普遍原则，也是胡塞尔和海德格尔发生分歧的最大地方，"意识和意识的对象性"与"在无蔽和遮蔽中存在的存在者之存在"之间的世纪之争为每一个现象学研习者所熟悉。但是，它却让我们没有接近事物本身。在我们看来，"事物本身"的澄清途径在被忽略的现象学小组——哥廷根小组（1907—1916）——那里。在他们那里，事物表现为客观的事物，一切领域都可以纳入研究的范围中来。这恰恰是我们感兴趣的。只是历史上"哥廷根小组"的研究为胡塞尔所鄙视，被他称为"图画书式的现象学"。恰恰在他们那里"事物的普遍本质"而不仅仅是意识的本质得到了研究。

如果是这样，我们可以梳理出一条思路来看待事物分析的可行性。在艺术作品的分析中，F.罗曼·茵加登（1893—1970）——胡塞尔最亲近和最忠实的学生——贡献最大。他的最大贡献在于表明艺术作品是具有"纯粹意向性的存在"。对于萨特来说，他所欣赏的现象学是能够"谈论他所触摸的东西"。但是现在，现象学却偏离了这一方向，由胡塞尔所引导的超验现象学为他们很多后继者所抛弃；海德格尔的存在分析也因此而受到批判，反倒是其工具分析、艺术品分析、技术分析成为人们所喜欢的东西。这不得不让我们重新审视这些被忽视的东西，即回到事物本身。

第二，可能性。这是技术现象学基本原则之一。经典现象学家将现象学揭示为可能性。这种可能性是新领域的开启，对每一个研究者来说都是敞开的、可进入的。这种可能性是进入道路的可能性，每一个人都可以走出自己的道路。"意识分析"、"思的道路"、"知觉分析"、"生存分析"等等都是趟出来的路。仔细想想的确如此，仅就胡塞尔来说，他的进行先验还原的道路就有三条：笛卡尔式的方法、心理学的方法以及本体论的方法。现象学是一种可能性。无论是胡塞尔还是海德格尔，都认同这一点。只是在可能性的具体形式上有所不同。胡塞尔指出，"那些包含在这些单纯的胚芽中的东西，应当得到自由地展开。"① 这意味着将包含在萌芽中的东西自由地展开，这种可能性主要是通过展示方式的自由性来完成的，可能性意味着展示方式的可能性，展示方式自由地进行意味着多种展示方式共同进行。海德格尔也是如此。他直接指出现象学就是可能性。"可能性高于现实性。对现象学的理解只是在于，把现象学当做可能性来加以把握。"② 海德格尔的"可能性"指"思"的可能性。这是对技术形而上学、技术理性克服的结果，是对计算之"思"扬弃的结果。"思"的可能性并非与技术形而上学之间形成决然的不可通约关系，二者是不可调和的，它是将自身作为技术形而上学之意义的源泉而确立起来的。如此，"克服"并非完全的抗拒，而是澄清了技术形而上学、技术理性之意义的关系。尽管形式上有所不同，但是我们依然可以感受到二者的本质同一性。对于胡塞尔来说，后来得以展开的东西被包含在胚芽之中，胚芽孕育着得以展开的一切东西。我们可以把他的可能性概括为"意识的可能性"；对于海德格尔来说，"思"所展示的恰恰是这样的胚芽，孕育着技术理性，我们可以把他的可能性概括为"思的可能性"。

　　如果说，可能性是现象学的本质规定，那么，我们也可以看出，可能性也可以作为技术现象学的原则存在。对于技术现象学而言，这种可能性就聚焦于技术理性、技术形而上学及其意义源泉。根据这一原则，我们就会触摸到技术理性反思的根本。但是经典现象学家的可能性——无论是意识的可能性还是"思"的可能性——还不足以揭示出与技术相关的可能性。在我们看来，技术现象学所需要的可能性是对技术体验的要求，也就是"技术体验的可能性"。

　　除了上述普遍原则，还有特殊原则。所谓特殊原则就是不同于普遍原则而具有可操作性的原则，其面向问题具有有限性的原则。对于技术现象学而言，这些原则主要包括技术体验原则、意向性原则、本质直观原则、构成原

---

① ［德］胡塞尔：《笛卡尔沉思与巴黎演讲》，张宪译，人民出版社 2008 年版，第4 页。

② ［德］海德格尔：《面向思的事情》，陆小文、孙周兴等译，商务印书馆 1999 年版，第 99 页。

则。这些原则还源自现象学自身。

第一，根据体验是现象学的核心原则，我们认为，技术体验是技术现象学基本原则之一。尽管胡塞尔将意识称作体验，"在广义上，意识这个词（那时肯定不那么适当地）包含着一切体验"①。但是，留给大多数学者的印象是，胡塞尔还是偏重于意识分析而遗漏了体验。我们则把体验这个概念作为现象学留给我们的最好的东西来看待，在可能性原则之下，体验被提出来。纵观整个现象学史，不仅胡塞尔，海德格尔也偏重于体验概念的使用。1927 年以前的海德格尔非常喜欢这个概念。他主要将"体验"作为原初的体验来看待，这个概念成为理性科学的基础；还有伽达默尔，伽达默在《真理与方法》中用了很多篇幅专门研究"体验"，并且认为"体验"是通过其意义而得到建构的，反过来它对解释学又具有建构的意义。在我们的技术现象学研究纲领中，我们对体验做了初步的改造，从认识论束缚中拯救出来，确立其生存论的意义，将其与日常生活世界中的现象相联系，而且是与技术密切相关的。如此，这种改造的结果是，将技术体验作为技术现象学的一个出发点初步确立了起来。技术体验并非逻辑推演的开端，而是无限领域呈现的开端。这就是我们所找寻到的属于技术现象学的出发点。那么技术体验如何展开自身呢？这种展开的形式就是空间性概念与技术本身的结合，空间体验概念的形成。在本著作中，我们会看到空间体验主要表现为拉近体验。

第二，根据意向性是现象学的决定性发现，我们认为，意向性可以作为技术现象学的基本原则之二。意向性是现象学的"决定性发现之一"②。那么它的决定性地位又是如何的呢？这将成为我们所关心的问题，并且我们将在此基础上为技术现象学的合法性提供论证。"决定性"意味着缺其不可，缺少它现象学就失去了精髓。我们将从意向性的发展角度看其如何表现为决定性的因素。

---

① ［德］胡塞尔：《纯粹现象学通论》，李幼蒸译，商务印书馆 1996 年版，第 100 页。

② 海德格尔在《时间概念史导论》中指出，现象学有三大决定性发现：意向性、范畴直观和先天。

　　"与现象学最密切关联的名词是意向性。"① 胡塞尔把意向性作为意识的重要结构特征。他所关心的问题是知识问题，所以，意向性成为知识分析的基础性概念，这一点被美国学者索科罗斯基明确指出。"现象学意涵的意向性基本上是运用于知识理论的，而不是行动理论……因此，我们要适应并了解这个词在此是指认识的、心智的状态，而非实践的意向。"② 这一评价还指出了胡塞尔对待意向性的方式。此外，还有舍勒是在同样的概念上使用意向性，他将其用到了人格的分析上。

　　胡塞尔意向性概念之中的关键性的东西为海德格尔所继承，如意向对象与意向活动的共属一体性。当然，他们的意向性概念却为海德格尔所改造。他指出了胡塞尔、舍勒对此概念使用上存在的局限是过于局限在意识或人格之上。"今天，意向性也被简单地理解为意识的结构或行为的、人格的结构，而在这样的理解中，那据说具有意向性结构的两种现实又是以传统的方式被看待的。"③ 在他看来，这一决定性发现应该是为敞开"自身显现的东西"准备的，并且这一决定性发现的作用是让人们知道意识的先天结构而并非事后追加的联系。所以，海德格尔对意向性的揭示不应该看做改变了关注的对象——从意识的结构到存在的结构——而是更加强调行为所秉有结构的先天必然性。"我们用意向性所表示的，不是发生在物理事件与心理过程之间的一种偶然的、事后的对象化关系，而是行为作为朝向某物的行为所秉有的结构，即自身—指向。"④

　　如此，我们获得了一个基本的出发点，摆脱意向性概念仅仅能够应用到意识或人格的限定，从而技术就能够作为应用的可能性对象确立起来了。事实上，我们也看到国外已经出现了这种将意向性与技术问题联系在一起的做法。如唐·伊德和 P. P. 维贝克。后现象学继续使用着"意向性"这一现象

----

① 〔美〕罗伯·索科罗斯基：《现象学十四讲》，李维伦译，心灵工坊 2004 年版，第 24 页。

② 同上。

③ 〔德〕海德格尔：《时间概念史导论》，欧东明译，商务印书馆 2009 年版，第 58 页。

④ 同上书，第 44 页。

学的核心概念。从"意识意向性"经历"中介意向性"再到"赛博格意向性",是后现象学对于意向性概念的继承和发展。但是,我们却不能因此而过于盲从他们的分析。

为技术现象学所需要的意向性则经过了完全的改造。"狭义的后现象学"继续使用着"意向性"这一现象学的核心概念。他们在批判"意识意向性"的基础上提出了"中介意向性"以及"赛博格意向性"的观念,这是他们对于意向性概念的继承和发展,合理性是非常明显的。但是我们却不能止于此。我们不能完全把技术因素放置在整个认识论的框架内给予研究。如原先的认识过程依赖于肉眼认知;现代科学则依赖于技术认知——肉眼的延伸,如利用望远镜、显微镜等等。这样做,技术的本体论地位就会沦为第二性的。

第三,根据本质直观是现象学的重要原则,我们认为本质直观可以作为技术现象学基本原则之三。"使他们联合起来的是这样一个共同的信念,即只有返回到直接直观这个最初的来源,回到由直接直观得来的对本质结构的洞察,我们才能运用伟大的哲学传统及其概念和问题。"① 本质直观是方法论上的原则,我们可以根据此来分析技术物的本质。在胡塞尔那里,他主要是对意识的本质,观念对象如数、范畴、意义等的本质给予认识;在海德格尔那里,这一方法则直接指向"存在"、"思"的本质。这一运用是对传统本质直观概念的改造。我们将用它来指向事物分析。

第四,根据构成原则是现象学的重要原则,我们认为构成原则可以作为技术现象学的基本原则之四。所谓构成原则指"内在的被给予性并不像它最初所显示的那样简单地在意识之中,就像在一个盒子中一样,相反,它们在'现象'中显示自己,这些现象本身不是现象,并且不实项地包含对象"②。换句话说,纯粹现象与意识的关系并非盒子与它的容纳物的关系,这种关系是纯粹现象在意识中的显示,而且显示方式是多样的。所以,构成分析就是

---

① [美]赫伯特·施皮格伯格:《现象学运动》,王炳文等译,商务印书馆1995年版,第40页。

② [德]胡塞尔:《现象学观念》,倪梁康译,人民出版社2007年版,第59页。

指出"对象不是一个像藏在口袋里一样的藏在认识中的东西，好像认识是一个到处都同样空洞的形式，是一个空口袋，在里面这次装这个，下次装进那个"①。要理解构成分析，我们可以对比牛顿的绝对时空观，在牛顿那里，空间、时间是绝对的，物质在其中运动。时空就像口袋，可以容纳各种各样的物体。而在构成分析这里，恰恰要取消这种关系。整个现象学在这一点上比较明确地凸显出来。胡塞尔通过其构成分析将绝对被给予的东西看做是在意识中呈现自身的东西，这个呈现过程就是事物构成的过程。所以，在胡塞尔看来，构成分析的任务就是展示出各种真正的被给予样式以及它们之间的相互关系；在海德格尔那里更是如此，关于物之物性——壶之物性——的分析就充分体现了这一点，壶之本质并非在于其所容纳的东西，而是在于倾倒。在我们的分析中，将利用这种构成分析。这种利用表现为两个方面。一方面是技术与人的生成分析：技术并非可以更换的不同工具，而是决定着人之为人的东西；人也不是可以使用任意工具的人，而是有着某种决定性规定——来自时代的和技术的——的人；另一方面，技术与人的规定性的分析，如空间性。技术如何成为空间构成自身的因素将成为一个主要关注的问题。

　　以上的两个普遍原则、四个特殊原则就成为技术现象学所依赖的主要原则。对这些原则的运用就构成了技术现象学中所能够运用的方法。那么什么是技术现象学可以利用的方法呢？我们还是先来看看施皮格伯格的现象学方法之理解。

　　施皮格伯格在谈到现象学方法的目标时指出，"现象学方法首要的目标是扩大和加强我们直接经验的范围"②。获得"直接经验"就是呈现纯粹现象，获得绝对被给予性的。那么这一获得主要是通过本质直观完成的。但是在本质直观实行之前，还需要悬置、加括号方法的使用。他将现象学方法所遵循的步骤规定为七步："研究特殊现象、研究一般本质、理解诸本质间的

---

① 〔德〕胡塞尔：《现象学观念》，倪梁康译，人民出版社 2007 年版，第 63 页。
② 〔美〕赫伯特·施皮格伯格：《现象学运动》，王炳文等译，商务印书馆 1995 年版，第 919 页。

本质关系、观察显现的方式、观察现象在意识中的构成、将对于现象存在的信念悬隔起来、解释现象的意义。"① 这一方法与其他方法的区别"并不是它所发展的任何特殊步骤或对于这种步骤的补充，而是作为哲学事业首要准则的哲学崇敬的精神。"② 应该说，施皮格伯格的概括还是比较准确的。但是对于技术现象学的理解来说，还需要再进行细化说明。我们认为，研究技术问题的现象学方法首先要弄清楚一个基本问题：其目的是什么？在我们看来，其目的是发现可能性，敞开新的领域。如此，我们可根据实现目标的顺序将不同的方法分析出来。

第一，怀疑—悬置方法的使用。怀疑—悬置是现象学中的根本方法。胡塞尔本人在现象学的基本考察中就是沿着"自然观点的命题以及对自然观点的排斥以及现象学观点的形成"来进行的。这一方法的根据在于自然态度与现象学态度、自然观点与现象学观点的区别。此外，还有海德格尔，他对技术问题的反思就开始于对技术理解的日常态度的反思，这一反思也是基于日常观点的技术理解与现象学的技术理解之区分来实现的。可以说，这一方法是非常必要的。但是其问题在于并没有完全把握关于技术理解的自然观点的范围。这就是我们所预备发力的点。那么技术哲学研究中的熟知和自然状态表现为什么呢？主要有三种：

1. 技术哲学的研究指向具体的技术物。这样的态度之所以产生是基于自然与技术的区分这一传统。我们都知道从亚里士多德开始，一直到黑格尔那里，自然与技术的区分传统是非常深厚的。如果说对自然的研究属于自然哲学，那么另外一段呢？是否属于技术哲学？其实不然，技术哲学的发生只是后来晚期的事情，在这之前它被隐藏在艺术哲学中，技术哲学处在它的萌芽中。海德格尔的出现才打破了这一区分。在他那里，我们通常认为的自然物如河流（莱茵河），技术物如银盘、桥、壶等都成为现象学研究的核心。拙作《科技史视野中的海德格尔技术哲学》就专门分析了海德格尔技术哲学

① ［美］赫伯特·施皮格伯格：《现象学运动》，王炳文等译，商务印书馆1995年版，第921页。

② 同上书，第964页。

中的技术物品；《有用与无用：事物意义的逻辑基础》对物的理论传统变迁——从传统本质—属性理论向现象学生存论传统——给予了梳理及克服。这样做的目的是将技术理解从单纯的技术物理解中摆脱出来。但是很多人并没有理解海德格尔给予技术哲学的东西，仅仅停留在熟知中，单纯地看到了海德格尔对于技术物的分析，特别是器具的分析，而忽略了几个事实：首先是艺术与技术的关系；其次是技术与自然的关系；再次是"物"（thing）并非对象（object）。而当前技术哲学领域内单纯地对技术物进行研究，其原因一方面在于哲学传统的偏见；另一方面受制于传统偏见误解了海德格尔；再次是忽略了物与对象的区别。可以说，在很大程度上对于技术物的研究属于对技术装置、物品对象的研究。其突破取决于上述三个方面前提的突破。

2. 技术哲学的研究避开理论。实践与理论的区分一直被看成是西方哲学的主要传统。技术属于实践一端，科学与知识属于理论一端。所以科学哲学与技术哲学在根本对象上就被划上了严格的界限。近年来方法论逐渐开始融合，但是这一融合并非是根本的融合，只是方法层面的融合。打破二者的区分成为一种想法。

3. 技术哲学研究中的工具主义。既然技术被看成是技术物，如此工具主义传统的产生就成为必然。伦理反思是技术哲学研究中的一个基本特征。"双刃剑"是辩证表述技术问题的主导方式。但是，这恰恰是需要存疑的。

任何一种技术哲学研究如果往前走的话都会进入现象学中，但并非是纯粹的胡塞尔意义上的现象学，而更接近伊德的后现象学这一表述。每一个从事技术哲学研究的学者都可以反思，通过"悬置自然态度"，从而发现未来的路向，诠释自身的可能性。

在现象学中，怀疑—悬置方法让我们对以往成见的有效性给予悬置，不再依赖于这些成见。我们能否完全摆脱这些成见的影响？解释学让我们看到了成见的无可摆脱性。所以，我们最终会发现在怀疑—悬置的道路上，这一方法存在的不彻底性。我们可以摆脱成见，但是我们无法不依赖于新的"摆脱"成见。我们始终必须依赖于某种成见。所以，我们没有必要纠缠于悬置的彻底性。我们只需要理解悬置的目的就可以照常前行。悬置只是帮助我们聚焦于成见并且试图摆脱其纠缠，但是我们发现悬置的目的让我们真正发现了我们所预备悬置的成见与它们所制约的理解以及对象的构成之间的关系，这才是最重要的。所以，如果我们还要前行的话，就必须继续探索新的方法。这就是现象学还原本质直观的方法。

第二，现象学还原方法的使用。在现象学中，现象学还原意味着向直观的原本源泉的回复。在胡塞尔看来，"自我我思"就是原本的源泉，因为"世界的整个意义以及它存在的有效性都完全是从这些我思活动中获取的"①。现象学还原的一个成就是"自我我思诸我思对象的获得"②。在海德格尔看来，胡塞尔现象学是"将现象学目光从沉溺于事物以及人格世界的人之自然态度引回超越论的意识生活及其行思—所思体验，在这种体验中客体被构成意识相关项"③。在批判这种理解基础上，他指出，现象学还原是与现象学建构和现象学解构关联在一起的方法论。现象学还原意味着"研究目光从朴素被把握的存在者向存在的引回——这个意义上的方法我们称为现象学还原"。如此，对胡塞尔而言，根本问题是先验意识；对海德格尔而言，根本问题是存在问题。所以，现象学还原方法中强调的事实本身必然产生分歧——对于前者来说是存在，而对于后者来说是先验意识。当然，胡塞尔那里所发生的转变，很多学者是注意到的，"生活世界"完全取代了以往的"先验主体意识"。这是其一。其二，二者在理解还原的问题上，海德格尔的时间性决定了其把哲学认识与历史认识放在了一起，这的确是个突破；而在胡塞尔那里，还原是找到本质性的东西，还是认为哲学认识与本质认识相关，这些都是决定还原方法理解的关键。

那么对于技术现象学而言，还原方法的使用更多的是要借助海德格尔的

① ［德］胡塞尔：《笛卡尔沉思与巴黎演讲》，张宪译，人民出版社 2008 年版，第6 页。
② 同上书，第 24 页。
③ ［德］海德格尔：《现象学的基本问题》，丁耘译，上海译文出版社 2008 年版，第 25 页。

理解。他的工具分析就提出，工具之所以是工具取决于使用。当然，在后来的研究中我们发现了这一方法在运用过程中所存在的局限性。

第三，现象学本质直观方法的使用。现象学直观"是一种要求很高的操作，它要求将精神高度集中于被直观的对象上，而不要被它同化以至于再也不能批判地观察它"①。施皮格伯格的这一解读过于抽象化。现象学本质直观的方法实际上就是现象学的"看"。这种"看"要求"不去使用那些未经检验的哲学知识，同时也拒绝把大思想家的权威性带到谈话中来"②。索克罗斯基对本质直观的方法所给予的描述倒是非常容易理解，他指出，本质直观有三个阶段："典型、实证的普遍性和想象变异。"③ 在这个过程中，"创造性的想象"至关重要。可以看出，本质直观直面事物。但是我们也会发现某些问题所在，如格物致知。

如此，上述三种方法就成为技术现象学分析中使用的主要方法了。这些原则与方法决定了技术现象学研究的特殊形式，而且我们可以依据此来判定某些研究是否属于现象学的研究。

五　技术现象学的研究形式

上面对技术现象学的基本概念、基本原则和使用方法给予了正面的、比较简单的描述，这一描述是非常粗陋的、非常抽象的，它甚至需要经验式的研究来充实。但这一任务并非本书导言部分的主要任务，而是日后研究所关注的事情。接下来我们要对四种研究方式做一考察，看其在多大意义上能够称之为是技术现象学。这些方式在技术哲学领域中或多或少地存在着。简单说来，技术现象学存在着四种形式：其一，将现象学家关于技术问题的反思

---

① 〔美〕赫伯特·施皮格伯格：《现象学运动》，王炳文等译，商务印书馆1995年版，第922页。

② 〔德〕海德格尔：《面向思的事情》，陆小文、孙周兴等译，商务印书馆1999年版，第94页。

③ 〔美〕罗伯·索科罗斯基：《现象学十四讲》，李维伦译，心灵工坊第2004年版，第256—258页。

称之为技术现象学；其二，将现象学作为方法运用到技术哲学中，如现象学还原、悬置、先验还原、本质直观等；其三，将现象学之概念运用到技术问题的反思中；其四，是以技术问题为线索切入到哲学基本问题中，从而将自身显示为现象学式的研究，如对存在、本体的追问。

第一种形式强调对现象学家的技术思想进行梳理反思从而构成了技术现象学研究的主要范围。受此原则指导，沿此路径，很多学者主要对"现象学家"的技术思想给予研究。吴国盛教授曾提到七位现象学学者，如马克斯·舍勒、敖德嘉、海德格尔、德雷福斯、唐·伊德、伯格曼、斯蒂格勒。这一说法不够确切，严格说来，原创性的现象学家主要有四位：胡塞尔和海德格尔、萨特和梅洛—庞蒂。在这个问题上，首先需要确立哪些人属于现象学家。这个问题在不同的领域中是有所区别的。在纯粹现象学那里，现象学开始于胡塞尔，海德格尔开创了新的现象学路向。这两个人成为原始的现象学家，他们都有着不同的继承者。胡塞尔那里有梅洛—庞蒂，其他后继者如德里达、斯蒂格勒等法国人；海德格尔那里有萨特，后继者如伯格曼、德雷福斯等人。唐·伊德整合了现象学，他开创了后现象学传统。这是现象学家的基本情况。这些人的思想对科学技术哲学的影响是不同的，如胡塞尔的思想在科学哲学那里影响较大，而海德格尔对技术哲学的影响更大。所以在这个层次上，技术现象学主要是对海德格尔、伯格曼、德雷福斯、唐·伊德等人的技术思想给予研究。当然这并不是说只是局限在这些人身上，还可以扩展到后来的年轻学者身上，如荷兰的 P. P. 维贝克和唐·伊德的学生伊凡·森林格。这一层次的研究，其基础作用非常大。但是，我们发现这些研究还仅仅局限在海德格尔、伊德、伯格曼等少数人的身上，更多的研究还没有展开。

当然，这种研究还存在的一个问题是，在什么意义上他们属于现象学家？施皮格伯格曾经给出过一个判断标准，他认为自称是现象学家的人必须采用两种方法："a）作为一切知识的来源和最后检验标准的直接直观（其意义尚待阐明），对这种直观应尽可能如实地给文字的描述；b）对于本质结构的洞察，这是哲学知识的真正可能性和需要。"① 这一标准过于狭窄，仅限于知识论意义，如果按照这个标准，很多学者如萨特、唐·伊德等人都算不上现象学家。所以对这一标准的反思成为必然的事情。我们不能基于这样的认识来选取，因为他们是现象学家，所以需要研究他们的技术思想。这里恰恰隐含着上述所没有解决的问题。所以说，围绕人物来进行的研究有着很大的局限性。毕竟在人物的选取上如何确定标准将成为一个难题。如果没有相应的标准，那么我们如何确定这种研究的合法性，如何避免人物选择的偶然性和随意性？这显然有待于解决。

上述人物的选定还有待于现象学问题的解决，只有我们知晓了什么是现象学，我们才知道什么是现象学家，这个原点式的问题很显然是个非常困难的问题。在施皮格伯格那里，他明确指出，现象学这个名称很早就出现了。"这个用语在胡塞尔采用它和吸收它以前很久就存在了，这一点有时人们并没有充分认识到，至少在哲学家中间就是如此。"② 他将现象学分为哲学的和非哲学的。非哲学的科学哲学家如威廉·惠威尔、恩斯特·马赫、艾伯格·爱因斯坦、马克斯·普朗克等；哲学的代表人物如康德、黑格尔、洛采、哈特曼等。这些与胡塞尔、马克斯·舍勒所开启的，为海德格尔所继承，后承接于萨特、梅洛—庞蒂等人的现象学传统又形成了复杂的局面。如此，对现象学家的判定几乎成为不可能的事情了。所以，纵观这一层面上的人物研究，我们就会发现仅仅是思想观点的引介，缺乏深度和系统性，甚至不能说得上是现象学式的研究。但是，其意义却为进一步走进技术现象学奠定了基础。

第二种形式主要是把现象学看做是不同于社会批判、工程分析、人类学—文化分析的方法。吴国盛教授认为，技术哲学中有四个传统，此即"社会—政治批判传统"、"现象学—哲学批判传统"、"工程—分析传统"和"人类学—文化批判传统"。每个传统实际上对应着一种方法。如社会—政治批

---

① ［美］赫伯特·施皮格伯格：《现象学运动》，王炳文等译，商务印书馆1995年版，第40—41页。

② 同上书，第42页。

判传统主要依靠社会批判方法，现象学—哲学传统主要应用现象学的方法；工程分析传统主要依靠分析方法；人类学—文化批判传统主要依靠人类学方法和文化研究的方法。这一层次依赖于现象学文本的阅读，从阅读中获取概念，作为技术问题分析的基础。这个层次可以做的工作很多，因为现象学中有很多重要的概念和启示。这一层次的深入研究能够克服第一个层次中存在的问题，即技术现象学起源于海德格尔。

这一层面把现象学真正作为一种方法来看待，可以说真正接近了技术现象学的研究。但是相关的成果不多。即使有少数成果，其有效性也值得商榷。因为现象学给予技术哲学怎样的方法这个问题远远没有解决。

第三种形式是将现象学之概念、原则运用到技术问题的反思中。部分学者认为将现象学的概念运用于技术问题的分析会使得技术现象学的合法性存在问题。究其原因，一种最直接的担心是，现象学中的概念，从大到小，从重点到次要，可以说是无数。曾经有一个比喻，胡塞尔的现象学概念如同专业工匠所使用的工具一样，让人眼花缭乱。如此，如何判断哪一个概念的应用属于现象学研究呢？这的确是个难题。但是，这并不是说这种研究的合法性就无立足之处了。事实上，当我们转变对概念的看法之后，我们就会自然而然找寻到这一研究的合法性。这就是概念即方法。每一个概念都是一种方法，特别是现象学中的一些基本概念，如果加以运用，则会产生新的思想。我们可以看两个基本的概念：体验和空间性。体验是现象学的对象，意向性是体验的结构。"我们将要尝试表明，意向性就是体验本身的结构，而不是一种附加于作为心理状态的体验之上的可划归为另一类实在的东西。"① 空间性在胡塞尔、海德格尔、梅洛—庞蒂那里已成为重要的问题。当然还有其他概念，如身体、构成等等。对这些概念进行分析及应用到技术问题之中会产生意想不到的结果。概念的获得源自文本的阅读，只有进入现象学的文本中，才能够获得分析技术的有效概念。

---

① ［德］海德格尔：《时间概念史导论》，欧东明译，商务印书馆 2009 年版，第 33 页。

第四种形式将技术现象学看做是解决现象学所面对的问题，即以技术问题为线索切入哲学基本问题中，从而将自身显示为现象学式的研究，如对存在、本体的追问。"我们不讲现象学，而讲现象学所讲的。"① 那么现象学讲了什么样的问题？海德格尔将现象学的基本问题看做是存在问题。"探讨现象学的基本问题无非意味着，从根本上阐明：哲学是并且如它所述的是关于存在的科学，证明关于存在的绝对科学的可能性和必要性，并且通过研究的途径自身来演示该科学的特性。"② 当然这只是一家之言，没有必要完全遵从。但是有一点是一致的，胡塞尔、海德格尔、马克斯·舍勒、萨特、梅洛—庞蒂、伽达默尔等人所面对的问题是他们各自所处的时代，他们国家、民族的学者所共同面对的问题，是来自该民族的传统以及该民族所面对的问题。对这一问题的理解决定了现象学研究的不同走向。

六　技术现象学的未来取向

对技术现象学中的"现象学"不能从狭义的角度去理解，如胡塞尔或海德格尔、梅洛-庞蒂等人的现象学观念，又如意识现象学或生存论的观念。这里现象学主要是为整体现象学运动所认可的观念，"让事物如其自身般地呈现"。在这一观念下，个体性的局限被消除了。那么，我们该如何看待这一观念给予技术哲学反思所带来的可能性呢？我们有必要看一下传统现象学所给予我们的资源。

传统的现象学将意向性作为分析技术哲学的主要原则。这一贡献能够让我们打开与技术意义阐述的先验维度。对意向性的理解取其先天关联而去其仅限于意识的规定是主要的做法。但是，我们对唐·伊德、维贝克的做法却有些不赞同，尽管他们的分析是将不同于意识的事物维度给予揭示，而他们的分析将技术分析直接导向了琐碎的经验分析，遮蔽了其他多个维度的未来

---

① [德]海德格尔：《现象学的基本问题》，丁耘译，上海译文出版社 2008 年版，第 1 页。

② 同上书，第 13 页。

展开。此外，他们对于工具维度的揭示还不够彻底。

传统的现象学打开了事物（工具—器具）分析的可能性维度。在事物的分析路径上，主要是基于使用语境作出的。纵观现象学发展脉络，语境源自胡塞尔的视域性概念；使用源自海德格尔的上手概念，这二者奠定了技术现象学的理论基础，唐·伊德在胡塞尔本质变更概念基础上更加清晰化这一概念；而荷兰的维贝克则推进加强了这一特征。事物维度曾经是经典现象学的主要特征，"在这个时期（1907年左右），似乎甚至酒的香味和香烟的气味都可作为现象学即兴创作和讨论的合法论题"①。在胡塞尔本人看来，这是"图画书式的现象学"。

但是，从广义的现象学角度看，现象学的科学技术哲学作为研究纲领并不能仅仅停留在传统现象学的视域中，而是基于后现象学所展开的维度。从本质上看，技术现象学是"后现象学的"。"后现象学"并非仅仅是唐·伊德所专有的，而是代表着一种广义的现象学维度。简单说来，"后现象学"的特质主要表现为三个：空间、图像、事物。如此，事物转向、空间转向和图像转向就构成了技术现象学发展的三个转向。它们是现象学方法运用的结果，是技术哲学经验转向的深入，是技术语境化解读的表现。

广义的技术现象学即将揭示的是空间维度。空间转向是基于现象学空间性概念的结果。胡塞尔的空间性概念、海德格尔的空间性概念、梅洛—庞蒂的空间性概念成为技术哲学的生长点。在"空间性"这一概念基础上，一系列的现象被关注到。胡塞尔的空间性概念主要是对事物空间的知觉、空间意识构成问题分析。海德格尔的空间性概念主要是基于生存论的空间去远分析和定向、区域性分析。梅洛—庞蒂的空间性概念主要是对空间的知觉、身体空间的分析。这三个不同维度的空间性为技术哲学的后现象学特质提供了思想资源。特别是海德格尔的空间性概念为我们理解现代技术下的空间拉近现象提供了可能，而且这一空间体验已经基本上得到了阐述。

---

① ［美］赫伯特·施皮格伯格：《现象学运动》，王炳文等译，商务印书馆1995年版，第250页。

　　广义的技术现象学还将揭示的是事物维度。但这不同于唐·伊德、维贝克所揭示出来的维度。他们的揭示更多借助了人类学与社会学的资料，甚至我们很难将他们的后现象学分析与社会学的分析区别开来。当然，他们将技术物作为技术的经验分析的对象，这没有问题。但是这样做却遮蔽了一个充满探索可能性的维度："物"之维度。技术现象学对"物"维度的揭示应该注意到符号学领域。符号学揭示出超越物体功能的符号意义，并且为符号的意识形态批判提供了基础。这些还不足够，依然是停留在西方文化传统中所做的分析。中国思想传统提供了诸多关于"物"之分析。我们所注意到的两条通路：其一是基于老庄道家传统的分析；其二是基于朱熹的儒家传统的分析。前一条通路已经为众多学者所关注到，而且有相当的成果出来。但是，相关的成果主要基于物之超越通达道之境界；后者的道路却很少被关注到。两条道路都与主体性有关。

　　广义的技术现象学还将揭示图像维度。在现象学中，有一个较为重要的图像意识概念。这一概念为我们理解技术现象提供了非常重要的资源。这一问题也是艺术哲学中的问题。从艺术哲学的角度思考现代技术对于艺术图像所带来的冲击。如本雅明就着力思考这个问题，他从机械复制技术的角度思考着艺术作品所发生的变化。所以，围绕艺术图像就存在着现代技术对于艺术的新形势有着怎样的影响。此外，随着照相技术、摄影技术、电脑技术的出现，都为图像的大规模复制提供了可能。技术图像亦包括源出现代技术如卫星技术、医学影像技术等的图像。而如何借助现象学的图像意识概念来对科学图像、技术图像给予揭示就成为迫不及待的事情。

　　如何理解技术现象学？这成为我们最终所思的问题。技术现象学不应该停留在为技术提供一种解释方式，如果仅仅是这样，技术现象学只是将自身表现为一种解释理论，它与其他的理论无差别，如此，技术现象学自身沦为经验理论的一支，或许为后来的理论所扬弃；技术现象学是对技术有所揭示，它触及的是技术与人的关系。我们的目的不再是单纯地将技术剥离开它应有的地位，而是放置在它特有的关联中。与使用语境相关的技术显然不能满足我们的需求，语境更多的是一种文本学的意义，一种源自解释学思想的结果。我们通常所碰到的"作为生活方式的技术"过于日常化，每一种人都拥有一种生活方式，可是这种关系却遮蔽了生活方式与人的真实关联。如此，技术现象学应该是将人的意义给予呈现的场所。在此意义上，我们把技术与语言相并列、把技术与空间相并列。这一方向主要通过三个转向表现出来：事物转向、空间转向和图像转向。这三个转向并非经验堆积的结果，而是现象学自身逻辑的经验展开。这一逻辑的展开所形成的后现象学特质变得明显起来，而且超越了唐·伊德的"后现象学"限制。

七　总　结

本书所展开的是基于第一个维度——空间体验——而尝试的研究。从根本上来说，它是技术现象学研究的再深入。在2005年的《技术现象学初探》中，只是怀疑—悬置方法的使用，对工具主义观念的批判，但是缺乏深入。如今，在《现代技术下的空间拉近体验》一书中所展示的内容就是技术现象学的深入研究，这一领域的发现是现象学还原方法使用的结果。在本书中，全球化视野中的由现代技术所导致的空间拉近抑或时空压缩的文化现象将从现象学的视角得到分析。空间性是人自身的存在结构，现代技术的发展为人类提供了新的空间体验，这就是空间拉近。社会学、文化研究、后现代研究、传播学等甚至将其作为自身理论的出发点来讨论各种问题。但是，在技术现象学视野中，空间拉近是现代技术所引发的现象。传统技术下，人们的空间体验更多的是表现为远，而非近。现代技术的发展使得空间拉近体验具备了呈现的可能性条件。这种表现于技术之中的强烈的对比让每一个人都感受到空间距离的变化，这一现象改变着人类的空间体验结构，改变着社会生产方式以及人们的生活方式，但是相关的反思却没有展开。本书从现象学视角出发所进行的分析将直接指向空间拉近体验，并对其呈现的哲学基础、意义等问题给予研究。这种研究将为后来的空间构成分析提供前期基础。并且，我们将看到，在技术现象学的视野下，我们所看到的三个维度——空间、图像和事物——将陆续地展开自身。这是蕴涵在胚芽中的东西，技术现象学的目的是让这些胚芽中的因素自由地敞开。如果是这样，在未来我们可以说，技术现象学所呈现的可能性就被揭示出来了。

前言　一个基本前提的反思与关联整体的呈现

对技术的反思始终徘徊于哲学的外围。从外围出发意味着反思依然停留在一种非本质的思考上，这种思考也可以被称作外部式的反思，它与日常生活相吻合却远离我们的意愿。而我们欲寻求哲学式的反思，也就是一种内在的反思。非哲学式的思考以两种方式存在于日常对于技术的思考中，这就是日常生活中的意见和貌似哲学的主体性思考。

非哲学式的思考从根本上远离了哲学的基础，最明显的表现就是日常生活中的意见（doxa），① 如技术是工具、科学技术是双刃剑等等。意见将哲学理解为泛化的东西，任何一种思考、一种反思都可以成为哲学。这种理解牢固地存在于日常世界的视野中，左右、制约着人们，难以摆脱。日常生活中我们看到很多人都谈论着技术问题。双刃剑比喻随处可见，成为大多数人看待技术的主要方式，甚至这种方式被等同于辩证的思维。② 事实上，"双

---

① 区分意见和知识被看做是开启人类思想之可能的步骤，也就是在这一区分中，胡塞尔的态度转变——从自然观点向哲学观点的过渡——才能理解得准确。所以我们这里的分析也是延续着这样的一种思考，只有经历从外围性、主体性思考向哲学式反思的转变，对技术之反思才有所得。

② 双刃剑比喻作为阐述技术问题的常见观念的确是一个值得关注和分析的语言学现象。但是对这一现象的反思却很少有人关注，更多的是不加思考地把其作为自明的观念来运用。并且这一比喻逻辑推导出来这样一个问题：既然技术是双刃剑，如何能够把其好的一面更好地发挥出来？换句话说，如何把坏的效应给予最大程度的消除。但是问题是前提需要被反思，即为什么我们会用这样一个比喻来谈论技术问题？其真实的意思到底是什么？这一问题尚需专文给予论述。

刃剑比喻"的意义已经完全偏离于原意。古代的剑为双刃，一前一后，可以更好地实现剑的功能。有意思的是，在西方文化中，也存在着类似于双刃剑的比喻形象——约纳斯的面孔（Janus face）。约纳斯是古罗马中的神，他有两张"既有诅咒又有祝福"的面孔，一张朝前，另一张正好朝后，可以同时看，他的职责是看守门户，所以，两张面孔正好看"前和后、来和去、进入和离开"①。如今，这些原意已经完全消失。我们更多的是从价值判断的意义上——既有好又有坏的——去解释他们。但事实并非如此，需要我们给予澄清。此外，从历史上看，哲学家更青睐于理论和反思，如他们更喜欢沉思的与理性活动相关的生活，与此相比，其他一切活动在价值上都低于沉思，这导致他们对于实践形式存在的技术给予了完全的忽略；当然，这只是小哲学家所做的事情。直到海德格尔，技术摆脱了理性形而上学的束缚，不仅从实践维度，而且从生存方式上突破了这种束缚。"技术现象"成为哲学家所思考的"对象"②，也正是从他开始，整个20世纪中叶以后哲学家开始转向了技术现象，这被看做是哲学领域的"技术转向"，在中国这一转向出现在

---

　　① M. Arnold, On the Phenomenology of Technology: the "Janus-faces" of Mobile Phones, *Information and Organization* 13 (2003), p. 233, 这篇文章专门用约纳斯面孔比喻分析了移动电话的正负价值。

　　② "对象"已经成为日常生活中的主要词汇，但我们很少去思考这个词的真正含义。根据海德格尔辞典的词条"subject and object"的解释，我们可以对这个概念有更深入地了解。"German has two words for 'object', *Objekt* and *Gegenstand*, but only one for 'subject', *Subjekt*. *Objekt* comes from the Latin *obiectum*, literally what is thrown or placed against (*ob*); *Gegenstand* is Germanic and means literally what stands against (*gegen*) ... 'Object' and its German equivalents are ambiguous meaning: 1. a real object; 2. an intentional object, an object of a subject or of a intentional attitude such as knowledge, love, an curiosity... if every object is an object for subject, then Object and Gegenstand are used in sense 2, and not every being is an object, since e. g. natural processes occur without being object for a subject (XXIV, 22f.)" 海德格尔对这两个词的区分是 "Every Objekt is a Gegenstand, but not every Gegenstand (e. g. the thing in itself) is a possible Objekt (PT, 73/26), the category 'Gegenstand' was alien to the Greeks." (Michael Inwood, *A Heidegger Dictionary*, Blackwell Publishers Ltd., 1999, 202.)

2000 年前后。① 由技术所通达的问题并不是技术本身，而是思考由技术的本质所带来的诸多问题，现代性问题、全球化问题与合理性开始成为承载技术的基础；所以非哲学化的思考，意味着日常人们关注的技术是从与技术密切相关的领域中体现出来的，如管理学、社会学、人类学、经济学等领域内技术的身影随处可以见到，与发展、创新联系在一起的技术观念也被提炼了出来。

　　这成为一个有意思的现象。哲学家的淡漠与日常生活的热情形成了鲜明的对比。这两种截然冲突的态度成为我们迷惑的现象：为什么会这样？当然，现在的情况发生了极为明显的变化，这就是哲学家开始关注技术，但是，在技术的问题上，他们依然与日常世界存在着极大的冲突与对立。这种对立的现象如何给予理解？一种常见的解答是将理论与实践之间的对立作为解释这一现象的根源。② 但是，事实上，也许分歧远远超越于此。哲学家所理解的技术并不是孤立的物体，而是作为"技术系统"（埃吕尔）、"技术编码"（芬伯格）或"技术本质"（海德格尔）等这样的东西。而在日常世界中技术则被看做是孤立的东西，如技术被看做是人类文化现象之一、看做是待分析的对象。但是，这并不重要，重要的事情是哲学家一改往日的初衷，也开始密切关注技术。这种转变似乎让我们看到了不同的路途会走向同一个结果。事实真的是如此吗？现实所发生的事情让我们强烈地感受到二者之间的分歧并未比以前缩小。

　　如上所说，哲学家所关注的是非孤立的技术现象，在这一视野中技术并不是单独的物体，而是整体性的存在。孤立的反思一直是他们所反对和抗拒的。在他们的眼里，存在的是整体。但是，这个整体在开始无法言明。"人与技术的关系"并不是真正的整体形式，它恰恰是我们所欲批判的。这一整

---

　　① 《哲学研究》2001 年第 1 期曾推出"哲学为什么要关注技术"的系列笔谈，在全国引起了关注，这表明了我国哲学研究的"技术转向"。但是，后来有人给予质疑，如李河、颜青山。后者提出这种转向是"伦理转向"还是"技术转向"，认为整个转向应该是"伦理转向"（《哲学动态》2002 年第 10 期）。

　　② 这关系到技术的历史境遇，见杨庆峰《技术历史境遇的哲学分析》，《科学技术与辩证法》2002 年第 3 期。

体现在可以用"现象"来描述，技术是一种现象，哲学家所思考的技术事实上是"技术现象"，它将成为整体的描述概念。他们思考的目的是对现象进行反思从而获得一种真实的洞见，获得对事实本身的本质性的理解，这也是对"回到事物本身"这一口号的反映。他们在反思的时候，已经意识到，技术不仅仅是他们的对象。① 这意味着人类自身如此地纠缠于技术之中，人类就是技术性的存在。对技术现象的反思事实上就是对人类存在方式的继续思考。技术在这里并不是自然的现象，它不是时间和空间类的东西，以往的自然哲学所思考的对象并不是它们眼里的对象，技术也不完全是非自然的东西，它自身所拥有的自然性使得它与人相提并论，但是，它所拥有的显示着人的某种性质的特点却又使得它与人密切相关。传统的二元论无法说明这一现象，这种说明不是因为在表述技术时的困惑，而是这种二元论形式本身的不适用性。日常世界所关注的是技术环节，技术属于一种独立的物体。在更深的意义上看，技术呈现为与人相对的实体性存在。在整个日常世界中，技术与生活本身无涉，与人本身无涉，它如同自然对象一样存在于日常的意识中。经济增长中的技术、生产过程中的技术、创新过程中的技术受到更多地关注。这种工具主义的理解将技术理解为人类的祭祀品，成为满足人自身需求的一种器具。这样的结果往往是令人失望的，当它们碰在一起之时，它们之间无法对话。一个共同的语言——技术——终究无法消除分歧。

　　我们的目的是转向哲学式的思考。哲学式的思考意味着对技术的反思应该超越于意见和表象式的范围。日常世界的思考更多呈现为意见的形

---

　　① 反思意味着现象学态度的呼之欲出，但是走向何处确实需要选择。根据胡塞尔，当我们悬置自然观点的时候，我们将发生一种转变，在自然观点中，我们发现自己是在技术世界中的人，我使用着各种技术物品，并且每时每刻都会读到技术物品使用手册。当进入现象学观点后，技术物品将借助于认识意识而存在，如技术对我们说来是我的认识被认识着等等。但根据海德格尔，我们还需要突出这种意识哲学的限制，进入对物品的操劳这一维度。人们很容易在"操劳物品"与"使用物品"之间发生混淆，事实上操劳属于生存论概念，超越心理学分析，而使用物品则属于心理学概念，偏重人的需求分析。

式，片断性成为一种思考技术的明显表示，在其中我们感到的是一种思想的跳跃，而缺乏一种连贯性。表象式的结果也是如此。另外对技术的理解目前无法脱离一个概念，"方法和工具"。"方法和工具"已经是脱离表象的方式，这已经达到了概念的反思。但是，在这种反思中，我们所感到的并不是很满意，因为还是有一种实体化的味道。"作为方法和工具的技术"在这种视野中表现为技术非科学化的东西，不再是实体，与人完全无涉。哲学式的反思意味着对技术的反思应该超越于伦理的范围，作为一种独立的领域；伦理性的反思有其必要性，但是，如果把伦理性反思作为哲学的主要形式显然无从体现出哲学自身的特性。黑格尔曾经在历史哲学中谈到，在对历史的反思上，要摆脱良善精神的义愤，而进入一种概念的理性层面。伦理性的思考已经成为当前反思技术的一种明显的形式，"恶魔和天使"、"双刃剑"是最具表现形式的代表，在其中精神自身停留在一种伦理的层面上，概念无法表现出来。哲学式的思考意味着对技术的理解应该摆脱科学式的理解。技术可以被看做对象式的存在，但是毕竟它不是纯粹客体性的对象。必须深入到自身的内心去洞察这一思考方式对我们的影响，技术的整体性应该是时刻需要被意识到的一个本质的规定性：指向人的存在，甚至是超越的意义。

这些都是可以超越的过程，而且是容易达到的目标。摆脱表象式、伦理式和科学式的理解成为哲学思考的目标所在。但是，在深层次上，并不容易注意到一个真正的问题。在当前哲学思考的方式中所存在的偏见已经深深地影响着我们，必须对此加以注意。这就是主体性的思考。

主体性的思考已经脱离了表象式的反思和伦理式的反思，但是，它所具有的隐蔽性却很少得到人们的注意。所以当下的任务就是要思索在这一方式下我们对技术反思所产生的结果。

主体性的思考最具有明显代表性的是将自身呈现为一个关于技术的前提。在我们探索对技术的整体性规定时，一直避免使用一个熟知的观念：人—技术。我们所谈到的技术的整体性是技术现象，在现象之后的本质所连接的是人，所以"人—技术"的观念也只有在这个意义上才有其根本的价值所在，但是"人—技术"这一关联体很容易与我们经常提到的工具主义的理解联系在一起，而这一观念恰恰是需要反对的。所以我们尽量不使用"人—技术"这一概念，因为我们所要做的事情就是反思在这一观念下所蕴涵的主体性哲学。

"人—技术"这一前提观念是主体性哲学的充分体现。"人—技术"是由这一观念所表现出来的最先的命题。在主体性哲学中，主体被作为理论性的存在形式。只有在海德格尔那里，主体的理论性存在方式被作为次生的而不是原初的存在方式固定下来。然而，后来的学者开始应用时就出现了一种失误：主体的存在方式应该被理解为实践的方式或者活动才符合主体本身。目前所有对于技术哲学的研究就建立在这个前提之上，所产生的结果，即在技术的本质上，技术是人的活动，而这一观点恰恰是海德格尔所反思的观念。在对技术的反思上，把技术受忽略的原因归结为以往意识哲学或者说主体哲学的存在；但是现在看来，这种反思依然停留在主体哲学的范围内，只是从意识一极跨越到实践一极。这正是海德格尔曾经指出的问题所在，只是多少为人们所忽略了。之所以会这样是因为人的理解还是陷于主体性的模式中——主体要么是反思性的存在，要么是实践性的存在。如果说，没有跳出其中的任何一极，那么这种反思始终是处于这种模式当中。而且，无论是经验式的主体还是先验性的主体，都是主体哲学的表现。要避免对技术的思考继续停留在主体性哲学中，需要做的事情就是改变对技术本质理解的态度，这就是现象学态度的确立。技术应该从一种世界中获得理解，人是在技术之中存在，而不是反过来，技术是人手中的技术。这种确立则是现象学才能够完成的事情。

如此，我们所做的改变是一种完全的扭转：从"人—技术"向"人—技术—人"的转变。在前者中，人是主体性的，人的本质是理性或者是实践，技术或者表现为在理性中没有地位的东西或者表现为构成人类活动的工具。即使人的本质用活动性的技术来描述，但是这种描述却无法摆脱其主体特性。但是，在后者，我们所凸显的是：人是关系性的，处于一种关联体中，技术恰恰在这一关联体中展现出自身的存在。

　　我们直接指向事实本身。我们所关注的事实本身是沿着这样一条路途出来的。海德格尔曾经和胡塞尔在此问题上的争议是：事实本身是不是先验意识。海德格尔努力的目标是意图摆脱将事实本身限制在先验意识之上，但也反对把事实本身限制在实践性的东西的本身。这也是我们欲求的目标，在这里极力想探求的问题是：在对技术的思考中我们所欲传达出的人的规定性是什么？初步的结论是，人是一种关系性的存在，但是这种关系只有在技术中才能够充分显现出来。

　　在具体进入这一事实的描述之前，必须指明本书一个基本的思路：技术并不是通常工具主义、人类学意义上的技术，它不再将自身表现为方法和手段；不再将自身表现为器官的投射或延伸。技术也不是社会学和经济学领域内的技术，它不再将自身表现为现实经济生产活动中的技术；它也不是科学式思维的结果，不再将自身表现为脱离于世界的独立存在物。技术哲学所展现的是这样一个早已存在但却被忽略的事实：技术是通达作为事实本身的人的根本途径，是能够敞开人之存在的光亮。所以从这个角度看，技术受到前所未有的关注并非仅仅表现为注重实践的传统对于恰恰有着实践内核的东西的关注，而是取决于更深层次的必然性：技术能够使得我们通达人之自身的规定性，通达人自身的存在结构，如空间性结构。这是本书力图达到的根本目的。这样做恰恰符合哲学之本真的含义。正如历史上对自然哲学、艺术哲学的理解一样，二者是通达一般哲学的路径。表现在自然哲学那里，黑格尔将自然看做是实在的表现形式；表现在艺术哲学那里，谢林赋予艺术通达绝对本身地位；即便是海德格尔，后期也将艺术的阐述回归到德国自身的理想传统中。所以，技术哲学要真正显示出自身的特质，需要将其挣脱应用哲学的理解，摆脱知识论传统的理解，从而通达到事实本身，即人本身，而此处的人并非是以"需要"、"理性"、"实践"等面目出现的。

　　我们所要面对的真正问题是：我们所要描述的事实本身是什么？这是在扫除技术哲学中的障碍之后所必然面对的问题，这也是技术现象学最终要面对的问题。这里所要描述的问题是："人—技术—人"这一关联整体在什么意义上不同于"人—技术"？在新的关联整体中，技术对这一关联整体的存在产生了怎样的影响？新的关联整体究竟对人的规定性给予怎样的不同于上述面目的规定？在这个问题的探索上，需要分两步走：首先是对关联整体进行描述，而不是分析；其次是进入问题中，技术对这一关联整体产生着怎样的影响？

　　首先的问题是要对这一关联整体给予描述。这一关联整体的出现是对主体哲学批判的结果，对技术做出描述的不是作为活动的人或者作为意识的人，而是处于技术中的人，这是以往有所忽略的地方，很多人都认为对技术做出描述的是作为意识或活动的人。事实上，"人—技术—人"关联整体呼之欲出。人在与事物交往的过程中建构关系，成就自身，人在与人的相互交流中成就自身，上述是一种理解过程，当然人也可以在非理解的视域中成就着自身，如独白和把玩某个东西，如"盘"玉。在这一关联体中，技术以中介的形式存在。① 但是，这种中介并非工具，中介的用语很容易让我们对技术进行工具化的理解，如果真是这样，我们宁愿抛弃中介这一用语。事实上，技术是后出之中介。如果中介真的可以存在的话，我们最初的中介应该是语言，或者是语言之前的东西。但是，这无从考证。我们只是说，技术只是后发之中介。我们所关心的问题也许可以从这里得到一种启示。关于特殊形式语言的探讨，我们逐渐发现了这样一种观念：语言是存在的家。这一海德格尔的观念给我们指出了我们对待语言的方式。也正是从这里，我们可以通达到技术之中。这一新的中介形式恰恰是我们存在的家。换句话说，我们处于技术之中，我们是技术性的存在物，而且我们是以关系的形式存在。马克思指出的"从本质上看，人是一切社会关系的总和"，事实上已经指出人

---

　　① 中介，这个概念成为技术哲学特别是后现象学的主要关注概念。从这个概念本身看，现象学取消了"中介"概念的合法性。但是，后现象学如伊德却很不小心地恢复了它。但事实上，根据现象学本身，这一概念是没有意义的，因为在意向性中，"中介"的局限在于预设了内在与外在的区别，在这一区别基础上，才产生了二者的联系需要，也就是才有"中介"概念的合法性。

是关系性的存在。① 由此，我们看到，这一关联整体"人—技术—人"并不是一种类似于位于同一序列中的分割的点，而是呈现为关系性的存在整体，在技术之上成就了自身。

其次，需要面对的才是真正的问题，"人—技术"关联整体缺少一个本质性的根基。新的"人—技术—人"关联整体使得我们自身发生了某种显而易见的变化，由"语言关联体"到"技术关联体"的转变，将我们从语言性的存在转移到技术性的存在。那么我们所谈到的这种变化恰恰需要我们用细线条而不是粗线条加以勾勒，我们需要的不是一个草图，而是一个细致的描述，一个与自身生存有着关联的图像。这一任务具有无比重要的意义。"关联体"的奇妙在于可以将个体与个体之间的关联给予展示。两个人之间的爱情、两个民族之间的仇恨以及两个国家之间的关系都可以纳入这一关联体中。但是，关联体的描述依赖于我们要谈到的技术，关联体也依赖于我们的关心点。

所以说，进入本书视野的技术并不是脱离于人而作为对象存在的技术物，尽管我们在谈技术物，但是并非孤立的技术物，而是有助于探寻技术本质乃至人类本质的技术物，甚至可能开启超越物之本质，如自由。日常生活中的技术现象将成为我们所思考的对象，思考也许会将误解引入进来，但这并不可怕，按照解释学的看法，理解所依赖的成见在某种意义上存在着两种可能——要么成为误解，要么成为正解，一切取决于某种意识的把握。我们希望的是将与技术紧密联系的生活世界给予展示，统摄在生活世界这一概念之下，展示出自身是包括审美与历史等意义世界的。而要做到这一点，反思是无从达到的，只有描述才可以完成这个任务。本文所说的技术可以被纳入"现代技术"之中，更具体地说，是通信技术之类的东西，从古代的烽火到近代的书信再到现代的电话以至今天的短信，我们自身与此关联，生活在其

---

①　我们通常认为，马克思最早提出人是关系性存在物。但是这一观点是有问题的，马克思只是最早提出人是社会关系性存在物，而在古典哲学家费希特那里，已经有着把人看做是关系性存在物的观点。他指出，人要不断建构自己的关系。费希特所提到的建构关系则更多的是指自我与非我之间的理智性关系，即人是理智性关系的存在物。

中，却又脱离于其外，总也是说不清道不明的关系。那么，一种客观的描述将会显示出来，描述出为这些技术所关联起来的关系性的存在。在生活世界中，被关联的不是某一特殊的东西，而是与此在本质存在关联在一起的。面对危险，诸侯点燃了烽火，烽火传递着一种求救的信号，盟友看到烽火时做出救援行为。求救者与救援者之间的依存关系被描述了出来，这种事实就是在战争中所体现出来的一种生活。我们在这里看不到个体身上所熟悉的情感。爱、恨没有体现；但是，在书信所构成的共同体上，被关联起来的是一种情感，思念情人、思念家乡的情绪在这种关联中涌现出来，在这一关联整体中被呈现出来。这就是我们所需要面对的事实本身。当电话响起，轻轻拿起，感受到的是一种真切的存在，关联体一下子涌现了出来。短信尤其如此，轻轻一摁，心中的东西就被传递了出去。

但是，我们依然要清楚地意识到，"关联整体"的形成离不开关联本身。中介是关联的环节，被关联者因关联而连接。语言、情感、想象、血缘、政治、技术都是关联的中介，每一种关联起来的整体曾经、现在以及未来都继续渗入我们人类的生活中。限于本书主旨所在，我们无从考察其他的关联体。我们只是把视野放置在技术及其相关的关联方式之上。渐渐的，被描述的整体开始清楚起来：一种由技术所呈现出来的关联体，也就是"人—技术—人"。那么问题是为技术所关联出来的、构成人自身的东西到底是怎样的？在技术的每次变化中，被关联出来的东西是否发生了变化？我们与古人是否有了根本的区别？

为了对这一问题做出探索，我们需要抓住一个关键的概念，这就是"空间性"概念。① 也只有从这个概念入手，我们才不至于陷入以往的"理性"与"实践"传统的纠缠中，陷入具体生活的烦琐之中。"人—技术—人"

---

① 空间性概念更多的是海德格尔意义上的，而非胡塞尔意义上的。二者都在谈论空间性概念，但是显然有着很大的区别。胡塞尔在《事物与空间》（1907 年）中专门论述身体在空间运动中的作用，多感知意义；而海德格尔的空间性概念是生存论意义上的，如定向（上/下和左/右）、物的远/近等。我们整个著作就是基于生存论的空间概念，如对拉近体验的考察以及未来对于远之体验的考察都是基于此来完成的。

这一关联整体中为技术所关联的"人—人"是空间性的，这一本质结构的出现让我们看到了一种希望。"此在（Dasein）是空间性（Spatial）的存在"① 这一现象学的命题为我们奠定了基本的前提，也是在这里，我们找到了自身坚实的根基。人类的空间性本质在于去远（deseverance）和定向（directionality）。这里由于论题的需要我们只是尽力将重点放置在去远之上。这一"去远"将超越现实物理层面的"去远"，而是将自身展现在人之关联整体的理解之中，竭力深入到超越物理—心理的体验层面。"去远"意味着关联整体的呈现，"去远"意味着主体间性的涌现。当然，"去远"并不是单纯他者的出现，而是一关联整体的出现，涌现出来的是"人—他者"的整体性存在。"去远"意味着空间的消除，首先是物理空间距离的消除，事实上人的存在首先是物理性的存在；其次才是世界的融合。现象学所提供给我们的思想道路为我们探索这一问题提供了可能性。无论是生活世界的融合、视域的融合都是这一可能性的体现。在这一关联整体之中，世界融合是其前提，空间存在但又融合是关联整体的实质。

接下来的问题就清楚了：关联整体的描述依赖于被关联者之间世界的关系，现代技术所承担的关联作用明显地存在着，与语言、想象相并列。于是，展示出在技术作用下的关联整体的变化，描述任何一个微小的变化就成为整个研究的任务所在。

所以，任务开始清楚起来，我们所要揭示的是一种体验，为每个人所熟悉、所熟知的与空间有关的体验，这就是有关空间消除、拉近的体验。媒介

---

① 此在是海德格尔的专有概念。根据《海德格尔辞典》，对 dasein 做出如下解释，"Mark Twain complained that some German words seem to mean everything. One such word is *da*. It means 'there' (there they go) and 'here' (here they come), as well as 'then', 'since', etc. Prefixed to sein, 'to be' it forms *dasein*, 'to be there, present, available, to exist'. In the seventeenth century the infinitive was nominalized as (*das*) *Dasein*, originally in the sense of 'presence'. In the eighteenth century *Dasein* came to be used by philosophers as an alternative to the latinate *Existenz* (the existence of God), and poets used it in the sense of 'life'." 此在在《存在与时间》中是在如下意义上使用的：1. 人类的存在；2. 具有这种存在的人或者实体。（Michael Inwood, *A Heidegger Dictionary*, Blackwell Publishers Ltd., 1999, p. 42.）

文化研究已经揭示出空间拉近体验的重要性，如麦克卢汉；社会学研究也已揭示出空间拉近体验的实践意义，如齐美尔。如今这一体验已经变成了实在，问题是我们如何认识这种体验？这是个非常有意思的问题。美国技术哲学家唐·伊德也关注到了这个现象，而且把之称为现象学的现象。"就赛博空间或交流空间而言，地理上的距离消失了。而且，这是一种现象，一种现象学的现象。"① 所以，这一现象学的现象就成为我们研究的对象所在。

我们将从海德格尔的一个观念入手，在他那里，他对此在在世的揭示给予我们一条基本的线索，使我们能够探索这个问题，对这里所说的体验有所理解。这就是"此在在世的本质是去远"这一现象学命题。去远，也就是空间拉近，是此在的本质。如此，我们可以从这个观念开始我们的探索，探索这一体验本身、探索认识这一体验的方式。但是在采用这一观念进行分析的过程中，我们需要对这一命题做出限制，因为我们将看到，尽管这一命题极其有效，但是却无从解释与现代技术伴生的一些现象，如为什么人类是地方性的存在物以及现代技术对这一规定带来了怎样的影响等诸如此类的问题，

----

① 转引自曹继东《现象学与技术哲学——唐·伊德教授访谈录》，《哲学动态》2006 年第 12 期。但是，由于伊德并没有明确说明"现象学的现象"之内在规定性，所以他的观点——地理上距离的消失之现象属于现象学的现象缺乏一定的说服力。但这并不意味着他所提出的"现象学的现象"概念的无效性。在本书中，还是采纳了他的这一观点，其主要理由是胡塞尔明确地提出过"现象学意义上的纯粹现象"，所以他这一概念本身的使用还是具有理论根基的，但是更进一步的描述则似乎没有根据，即我们无从断定地理上距离的消失这一现象属于现象学的现象。根据胡塞尔的文本，他明确地提出过"现象学意义上的纯粹现象"这一概念，并且把之与心理学现象区别出来（胡塞尔：《现象学的观念》，倪梁康译，人民出版社 2007 年版，第 37 页）。如果对"现象学意义上的纯粹现象"作出规定，基本上可以概括出 5 个基本的特征：（1）不同于心理学的现象，但是与心理学的现象之间的关系是符合关系，而这一点只有借助现象学的还原方法才可以明了；（2）是被还原的结果；（3）其内在本质是绝对的被给予性；（4）只能被纯粹内在所把握；（5）它是在纯粹直观中所呈现出来的。胡塞尔对于现象学意义上的纯粹现象做出了分类，如认识现象、想象现象、审美现象、评价现象等等。如此，在胡塞尔现象学意义上，"纯粹现象"是与心理现象、自然现象等超越性现象相区别的。只有对这些超越性进行悬置、加括号，才能够获得纯粹现象（那么如此看来，伊德对"现象学的现象"之把握存在问题，这一点有待于专文进行论述，这里只是提及）。此外，海德格尔专门论述过现象一词，他给出的专门定义是"自身显现自身的东西"（参见《存在与时间》和《时间概念史导论》）。

这一任务将在正文中给予完成。对这一体验，我们将通过现代技术的变迁来说明。根据上述观念，我们显然可以对技术的进步做出如下的概括：技术呈现出此在的空间性，而技术进步则显示了人类此在空间性结构的不断实现。① 的确，至少就通信技术而言，其进步明显的是通过空间的拉近来完成的。如今，借助电话，我们很快就可以听到千里之外亲人的声音，甚至可以看到他们的相貌，仿佛就在身边一样，3G 手机的出现就是证明。这一切发生得太快了，事实不容我们有所反思就发生了。空间拉近成为日常普遍现象。千里之外的距离，要步行是无法计量时间的，但是坐飞机只需要几个小时，电话连线只需要几毫秒。② 当然，这一体验的实现是建立在时间的基础上的，空间的拉近是通过时间的压缩来完成的。随着上述体验的出现，意义世界也发生着变化，一个基本的问题开始重新浮现出来：技术所带给我们的空间拉近是否是我们所追求的切近呢？这一发问将我们带至齐美尔与海德格尔的面前，因为他们最先提出了这一问题，也许这就是我们所寻求的事实本身。一个有待于我们去面对的、需要返回的问题，也就是对于本真之近的追问。

---

① 此观点的具体展开参见杨庆峰《空间性：技术及其进步的先验基础》，《自然辩证法研究》2008 年第 5 期。当然，这一观点并不能够展现问题的全部所在，去远在本文中甚至被放置在对西方形而上学性质的规定上，即整个西方形而上学似乎将自身表现为强调"拉近"、强调距离消除的传统。如此，与在场的形而上学不同，西方形而上学是拉近的形而上学。

② 声音的传递需要时间，声音的速度是 340 米/秒。目前通信线路有两种主要方式，电通信与光通信。电通信出现于 19 世纪初，通过含有铜芯的电话线传递，缺点是保真度低、传输损耗较大。光通信则出现在 1977 年，优点是保真度高、损耗小，光纤损耗降低到 1 分贝/公里。在通常面对面言谈的时候，声音传递可以看做是不需要时间的。电话是利用电信号的传递来实现的，简单来说，就是把声音首先转换为电子信号，然后通过线路传递，再通过接收装置转为声音。目前电话线多是 0.5 毫米和 0.6 毫米直径的铜线，电信号通过铜线传递。电缆中信号速度与光速相同，为 300000 千米/秒。所以在一般尺度下，即 30 万公里以内，信号转化、传递所需的时间可以视为 0。对于光纤通信而言，也是如此。

第一章　现象学、体验与技术体验

第一节　体验在现象学中的地位

对技术现象学领域的探讨必须找寻到一个基点，这个基点类似于黑格尔在逻辑学中寻求的出发点。他认为，逻辑学应该找到一个出发点作为未来体系的终点。那么这个出发点是什么呢？他探索的结果即"开端是纯有"①。在此基础上他向我们展示了整个绝对精神运动的过程，他的做法对我们理解技术现象学非常重要。同样，出发点在技术现象学乃至对于整体技术哲学来说都是非常重要的。那么技术现象学采取什么作为其开端呢？

作为开端的东西是"纯粹的直接物"，更重要的是以开端的东西为基础的前进。"离开开端而前进，应当看做只不过是开端的进一步规定，所以开端的东西仍然是一切后继者的基础，并不因后继者而消灭。"②"技术"曾经被作为技术哲学的基本开端而确立了下来，大部分技术哲学的首要问题是界定技术。但是，我们发现这样的确立对于问题的探索没有丝毫的帮助。技术概念因为其复杂性而变得异常模糊，如技术是一种物品？还是一个过程？还

---

① 〔德〕黑格尔：《逻辑学》，杨一之译，商务印书馆 1996 年版，第 54 页。
② 同上书，第 56 页。

是一种知识？这些都有待于回答。① 还有一种方式是以"技术事件"作为技术探讨的出发点，但同样也不适用于我们的问题。如此，就有必要在进行技术现象学的探索时，寻求新的出发点作为技术现象学的基点。

　　为了找寻到这一开端，我们从理论的探索和现实的发问开始。我们初步把"体验"作为原初点，并在其基础上对"体验"作出规定，从而导出"技术体验"和"空间体验"② 作为技术现象学的出发点，以下的探索都是为这一基点的确立而建立起来的。但是，基点并不意味着逻辑推理的起点，我们惊喜地发现，胡塞尔对笛卡尔的批判与我们使用黑格尔的观念是如此的一致。他指出，笛卡尔之所以错过现象学，主要是因为他把基点看做是逻辑推理的起点环节，"可惜在笛卡尔那里，那个隐约的、但却极为不幸的转折便是如此情况，它把那个自我变成了思维着的实体（substantia cogitans），变成了被分离出来的人类灵魂（animus），变成了根据因果原则推理的起点环节，简言之，通过这个转折，他成为了荒谬的先验实在论之父"③。所以对我们来说，不能把基点看做是逻辑推演的起点，那么如何处理这一基点呢？很清楚的是，基点必须被看做是揭示出"一个崭新的无限存在领域"。所以如果说"技术体验"与"空间体验"成为我们这里所说的基点，我们并不希望从这个基点推演出一系列的命题，而是对这一无限领域给予描述，揭示出其丰富的可能性内涵。胡塞尔从这个无限存在领域的阐述中获得了整个现象学，而我们从技术体验领域的阐述中获得的仅仅是技术现象学。当然事先要说明的是，我们最终要得到的"技术体验"已经脱离了传统胡塞尔的语境，而是从生活世界出发的结果。

---

　　① 常见的技术观念从技术本体论、技术工具论、技术知识论和技术实践论等四个层面表现出来，具体分析见杨庆峰《技术现象学初探》，上海三联书店 2005 年版。

　　② 我们所使用的"空间体验"有着自身的规定性，与戴维·哈维那里的"空间体验"完全不同，他主要强调作为文化体验核心的空间体验。在后文中也会对这个问题给予分析。

　　③ ［德］胡塞尔：《笛卡尔沉思与巴黎演讲》，张宪译，人民出版社 2008 年版，第 8 页。

一　体验概念在不同现象学家思想中的地位

我们需要从"体验"概念的发展史谈起。从词语的角度看，汉语"体验"所对应的英语词是 experience，在德语中有两个词与之相对应：Erlebnis 和 Erfahrung。① 所以面对这一极易产生的混淆，我们需要在开始之前明确规定出我们将从现象学和解释学的这段历史中描述出"体验"概念的发展历程及概念内涵。这段历史将涉及狄尔泰、胡塞尔、海德格尔和伽达默尔等人，因为"体验"概念在他们的思想中如同跳动的精灵活跃在他们对基本问题的思考中。另外将"体验"确立为技术现象学的基本出发点主要是来自胡塞尔强调意识的传统。② 在他那里，"体验"是认识论意义上的体验，更多的是指感知体验。

狄尔泰将"体验"奠定为精神科学的基础，这经历了一个由心理学向解释学转变的过程，而且他的这一转变过程曾受到了胡塞尔的影响。他的"体验"概念即表现出这种影响。最初的时候，体验概念是指对"心理关联的直接把握"。"在其早期的著作中，狄尔泰主要关注的是建立他的与传统说明性方法相对的描述性、分析的方法，因而并未在区分'体验'（erlebnis）与理解（verstehen）方面做出任何的努力。在他为心理生命的整体性做论证时，

---

① 根据《海德格尔辞典》对 experience 的解释，"German has two verbs meaning 'to experience'：1. *erleben* from *leben*，'to live'，has the flavour of 'live through'. One can experience，*erleben*，e. g. fear by feeling it or by witnessing it. An *Erlebnis* is an experience with an intense effect on one's inner life，but not necessarily externally，as in 'That was quite an experience'. 2. *erfahren* from *fahren*，to go，travel，etc. hence lit. 'go forth'，has a more external quality. It can mean 'to learn，find out，hear of，but also to receive，undergo'，something. An *Erfahrung* is an experience as，or of，an external，objective event，and the lessons one learns from such events."（Michael Inwood，*A Heidegger Dictionary*，Blackwell Publishers Ltd. ，1999，p. 62.）

② 胡塞尔也是在上述意义上区分着 Erlebnis 和 Erfahrung，即前者和内在对象，如感觉和意向行为联系，而后者和外在对象联系。

两个词几乎可以互换使用，都指对心理关联的直接把握。"① 但后来，他在"理解"和"体验"的关系上发生了极大的转变。"狄尔泰似乎赋予'体验'一种直接的意义，不过，这种直接的意义仍有待于加以说明。""尽管理解有其自己独特的贡献，然而，它仍然以'体验'为先决条件。"② 在他对心理结构的分析中，他发现了胡塞尔，两个人的"体验"概念发生了碰撞，产生了意想不到的结果。"狄尔泰从由现象学所唤起的对心理结构的分析，转向了对于'体验'及其表达的具体构成的研究。"③ 可以看出，当现象学为他知晓后，他对心理结构的分析进入了一个全新的阶段，这表现在其对"体验"概念的理解上。"现在，狄尔泰宣称，甚至体验描述也将包含着一种客观所指。"④ "因此，狄尔泰指出，'体验'中所拥有的对象，最终将表明在某种意义上独立于'体验'。"⑤ 在狄尔泰那里，体验被看做是把握对象的方式之一，另外一种方式是感性直观。

胡塞尔给自己的现象学任务的定位是对"知识问题"进行研究，而知识问题最后凝结在体验概念中。正如《纯粹现象学通论》编者指出，"于是在以后十年中⑥胡塞尔所继续的工作主要在于全面解决一个越来越复杂的问题，他把这个问题列入彼此十分不同而又广泛相互一致的领域名目下加以把握，这就是：知识批判，知识论，现象学的理性批判，系统的现象学或一般现象学"⑦。随后的一段时间内，知识问题、判断问题与知识现象学等问题成为他讲座的主要问题，判断等问题成为他的思想主题。在研究过程中，逐渐地一些"低层次的理智层面"被挖掘出来了。这就是知觉、感觉、想象表象、形象表象、记忆等。与知识问题相关的现象都是体验。另外，体验和他

① ［美］鲁道夫·马克瑞尔：《狄尔泰传》，李超杰译，商务印书馆2003年版，第230页。

② 同上书，第235页。

③ 同上书，第250页。

④ 同上书，第259页。

⑤ 同上书，第261页。

⑥ 以后十年指的是《逻辑研究》之后的1901—1911年期间。

⑦ ［德］胡塞尔：《纯粹现象学通论》，李幼蒸译，商务印书馆1996年版，第3页。

的现象学基本主题是关联在一起的。在他的整个哲学中，"意识"是现象学的基本主题。"让我们把研究主题加以更精确的限制。它的标题是：意识，或更明确些说，在一种最广意义上的一般意识体验，幸而不需对它精确界定。这样一种界定并不存在于我们此刻所进行的分析的开端，而是在进行巨大努力之后的结果。作为起始点，我们在严格的、一开始自行显示的意义上理解意识，我们可以最简单地用笛卡尔的词 cogito（我思）来表示它。众所周知，'我思'被笛卡尔如此广义地理解，以至于它包含着'我知觉、我记忆、我想象、我判断、我感觉、我渴望、我意愿'中的每一项，以及包括在其无数流动的特殊形态中的一切类似的自我体验。它们全部与自我本身相关，或自我以各种不同方式在它们中间积极地、消极地或自发地'体验着'，以感受的或其他的方式'行为着'，这个自我，以及任何意义上的自我，在开始时将被我们排除于考察之外。"①

在他看来，"体验"概念是一个基本的、与现象学核心——意识——相关的概念。意识包罗了一切体验。"在广义上，意识这个词（那时肯定不那么适当地）包含着一切体验。"② 胡塞尔认为体验不可能数学化，而只可以在形态学概念中加以把握。我们将首先从直接对我们显示的东西开始，因为我们想显示的那个存在只不过是我为了本质的理由称作"纯粹体验"的东西，称作一方面具有纯"意识相关物"的，而另一方面具有其"纯粹自我"的"纯粹意识"，我们将从在自然态度中呈现的这个自我、这个意识、这个体验开始进行考察。

所以，在胡塞尔那里，"体验"是他的现象学中的核心观念。"现象学显然是一门具体本质学科。它的范围由'体验'本质构成，后者不是抽象物而是具体物。"③ "就其最普遍的特征而言，现象学家的处境并无不同，现象学

① ［德］胡塞尔：《纯粹现象学通论》，李幼蒸译，商务印书馆1996年版，第102页。

② 同上书，第100页。

③ 同上书，第178页。

家研究的是被还原的'体验'和它们的本质相关项。"① 在胡塞尔那里，"体验"概念和意识概念是统一在一起的，可以被看做是同一个概念。"于是对于现象学来说，它被看做是用现象学态度观察的先验纯粹体验的描述性本质学科；而且像任何其他不起基础结构作用并且不按观念化方式进行的描述性学科一样，它具有其内在的合法性。无论什么在纯粹直观中可被把握作属于被还原的'体验'的东西，不论作为真实的组成部分还是作为后者的意向相关物，都是属于现象学的，而且对现象学来说这是绝对认识的一大源泉。"② 可以明显地感觉到，由于现象学把对象放置在意识中，"体验"这个概念被意识化了。"对于这后两者，生活和'体验'都是原发的、本身自明的意义源泉，只是狄尔泰讲的生活有一个明显的历史维度，而胡塞尔讲的'体验'则更多地表现为纯意向或纯意识的。"

　　"体验"在海德格尔那里发生了一个奇特的变化。③ 他早期的时候，就开始使用这个"原体验"概念，后期就不再应用了。"虽然，'体验'一词后来海德格尔已不再愿使用，但这种想法本身在海德格尔后来的著作和讲稿中经常出现，对于海德格尔的读者来说，也是最熟悉的一个词。"④ 1921—1922 年期间的海德格尔非常关注这样一个问题，"在我们对现实做科学的处理、或价值的处理或世界观处理之前，我们是如何'体验'现实的。"⑤ 在这个问题下，"原初体验"概念开始出现。在进入到"原初体验"的问题上，他选择了"讲台"体验。通过这一"体验"，一个奇迹被察觉到了，这就是

----

　　① ［德］胡塞尔：《纯粹现象学通论》，李幼蒸译，商务印书馆 1996 年版，第 173 页。

　　② 同上书，第 181 页。

　　③ "生活"与"体验"这两个词显示出海德格尔所受到的狄尔泰和胡塞尔的影响。对于这后两者，生活和"体验"都是原发的、本身自明的意义源泉，只是狄尔泰讲的生活有一个明显的历史维度，而胡塞尔讲的"体验"则更多地表现为纯意向或纯意识的。海德格尔则居于两者的交点上，取其原发性而拥其"世界观"的类型论（狄尔泰）和意识内在性（胡塞尔）。

　　④ ［日］高田珠树：《海德格尔——存在的历史》，刘文柱译，河北教育出版社 2001 年版，第 93 页。

　　⑤ ［德］吕迪格尔·萨弗兰斯基：《海德格尔传》，靳希平译，商务印书馆 1999 年版，第 130 页。

存在问题的出现。1927 年之后的研究中，"体验"这一概念已经为"此在"概念所取代，再后来，"体验"概念更少出现。简单说来，在海德格尔这里，"体验"作为原初的体验概念成为理性科学的基础。

相比海德格尔，伽达默尔更加看重体验概念。他在《真理与方法》中重点回溯了体验概念的历史。可以说，在他这里，"体验"概念的完整历史被勾勒了出来。"'体验'一词是在 19 世纪 70 年代才成了与'经历'（Erle-ben）一词相区别的惯常用词。18 世纪这个词还根本不存在，就连席勒与歌德也不知道这个词。"① 伽达默尔非常重视狄尔泰关于"体验"的论述。从解释学上说，我们只有经过"体验"才能达到理解。所以，伽达默尔在《真理与方法》中用了很多篇幅专门研究"体验"，并且认为"体验"是通过其意义而得到建构的，反过来它对解释学又具有建构的意义。

可以看出，"体验"在现象学中有着独特的核心地位。从狄尔泰、胡塞尔、海德格尔、伽达默尔的思想历程中，我们都可以追踪到"体验"所具有的重要意义。"体验"即事物本身。但是随着实用主义的出现，体验概念又发生了一些转变，需要注意到，鉴于研究问题所限，我们只是简单地提及。

目前，实用主义在技术哲学领域内的重要性越来越受到重视。"随着实用主义的复兴，其在技术哲学领域中的地位日益受到人们的重视，2003 年12 月 12 日至 15 日召开于日本的以 21 世纪的实用主义和技术哲学为主题的国际会议提供了很好的例证。此次会议以……'实用主义和技术哲学'为议题，展开了热烈的讨论……"② 如此，更有必要对技术哲学与实用主义③的关系进行探讨，这一关系发展的结果是出现了伊德的后现象学。伊德的后现象学受到了实用主义的极大影响，他对现象学做出了实用主义的改造。实用

---

① ［德］伽达默尔：《真理与方法》，洪汉鼎译，上海译文出版社 2004 年版，第 77页。

② 陈凡、庞丹、王健：《实用主义视野中的技术哲学》，《科学技术与辩证法》2005年第 4 期。

③ 关于批判理论的实用主义特征已经有人给予指出。见希克曼、曾誉铭《批判理论的实用主义转向》，《江海学刊》2003 年第 5 期；庞丹、陈凡《实用主义视野中的技术创新初探》，《沈阳师范大学学报》（社会科学版）2004 年第 2 期。

主义与现象学发生关联主要表现在从"体验"到"经验"的转变中得以完成。也就是说，实用主义"经验"概念取代了现象学中的"体验"概念，意味着这种改造的完成，从另外一个角度可以说，现象学得以实用主义化，而这就体现在这两个概念的转变中。我们可以具体看一下。

　　"经验"概念在英文中是 experience。这个概念也被翻译为"体验"。这使得在汉语中两个概念很容易发生混淆。这个概念在整个近代哲学史上有着极其重要的地位，特别是经过实用主义改造之后，更是如此。在这里我们完全是从实用主义的传统中看经验概念处于怎样的地位。对"实用主义"的分析和"经验"概念是无法分开的。如果没有理解它的经验概念，那么，实用主义本身也无法获得真切的理解。"实用主义不是援引先验的思维方式，而是试图在经验的范围内使自己具有恒定性。它把经验理解为是所有可能行为的概括，是感知，是人以一定方式面对事物时可以得到和即将得到的感知。"①

　　我们知道，整个实用主义的发展历经了皮尔士、詹姆士、杜威、奎因和罗蒂等人。"实用主义发展至杜威，完成了它的第一个发展阶段。杜威之后，整个实用主义的发展进入低潮……美国哲学基本上笼罩在分析哲学的阴影之下，实用主义的发展给人以苟延残喘之感。正是在这一背景下，出现了奎因的逻辑实用主义……当代新实用主义最突出的代表人物，当推罗蒂无疑……"② 这段历史，贯穿着一条明显的属于实用主义的线索，这就是"经验"概念。几乎每一个人都开始于对传统"经验"概念的批判和改造，而改造在每个人那里都是不一样的。

　　综观实用主义的历史，对经验概念进行改造并且开始使用，始于詹姆士。"除此以外，古典实用主义的最重要特征之一，即对于传统'经验'概

---

① ［德］费迪南·费尔曼：《生命哲学》，李健鸣译，华夏出版社 2000 年版，第78页。

② 陈亚军：《实用主义：从皮尔士到普特南》，湖南教育出版社 1999 年版，第205—209 页。

念的系统的哲学改造，也是从詹姆士这儿开始的。"① "……詹姆士的学术资源主要来自英国经验主义。重视经验，强调经验，站在经验主义立场上谈问题，是詹姆士的一贯特点，对经验问题的深入研究和实用主义学说的阐述相辅相成并行不悖的。"② 詹姆士首先把实用主义称作"极端的经验主义"。詹姆士的经验概念意味着"世界上只有一种原始的素材和质料，一切事物都由这种素材构成。这种素材就是'纯粹经验'。它是连续的，'似乎是完全流动的'……只是由于后来的反思，由于概念的切入，这种纯粹经验才被分割、归类……由连续、流动而变成了分离、固定的事物……由于我们已习惯了概念式的思维，反而忘掉了纯粹经验"③。我们可以看他自己所说的："我把直接的生活之流叫做'纯粹经验'，这种直接的生活之流给我们后来的反思与其概念性的范畴以物质材料。"④ 在他看来，"最初的经验是一种模糊的、边缘并不清晰的东西"⑤。

　　当前，杜威的实用主义思想更加受到关注，而且，在技术哲学领域内，杜威的实用主义思想受到了极大的关注。⑥ 我们主要从他这里开始观察这样一个基本的事实：经验概念在其思想中的地位。

　　"詹姆士的这套主张确立了古典实用主义的又一个重要的论题……经验可以说是古典实用主义者们所关注的主要问题，杜威就是在詹姆士的地基上建构起自己的经验学说体系的。"杜威拓展了传统的经验概念并把他演变为一种方法——经验方法。⑦ 这种拓展的结果是形成了他的经验概念，更加倾

---

① 陈亚军：《实用主义：从皮尔士到普特南》，湖南教育出版社 1999 年版，第 106 页。

② 同上书，第 107 页。

③ 同上书，第 97 页。

④ 庞景仁编著：《詹姆士：彻底的经验主义》，上海人民出版社 1987 年版，第 49 页。

⑤ 陈亚军：《实用主义：从皮尔士到普特南》，湖南教育出版社 1999 年版，第 95 页。

⑥ 陈凡、庞丹、王健：《实用主义视野中的技术哲学》，《科学技术与辩证法》2005 年第 4 期。

⑦ 陈怡：《试论杜威经验的方法对传统经验概念的重建》，《哲学研究》1999 年第 3 期。

向于生命。"杜威的经验概念以生命活动的历程作为其最基本的样式，并且使经验体现为生命的功能（life function）……""杜威以生命活动的图式使得经验概念得以摆脱传统知识论的限制，从而在人与自然的内在连续性的基础上获得其生命力。这种拓展，从表层来看，似乎是经验范围或经验所指涉的领域的扩大；但事实上，这种扩大是基于对传统经验概念所从属的哲学前提的变更，这种变更使得哲学本身得以在一个更为广阔的视域内获得重建。"① 这样的理解只是为我们展开了一幅生命哲学图景中的经验。但事实并不仅仅如此。那么，杜威本人的经验概念到底是一个怎样的概念呢？一种有效的理解从他对经验双重性的分析中展现了出来。我们知道，杜威区分了"原初经验（primary experience）"和"反思经验（reflective experience）"，在这种区分中我们看到了一个关键性的东西——"原初经验"。在杜威那里，"原初经验"便是"日常生活"，在"其原初的整合性中认识到行为和质料、主体和客体之间没有分裂，从而经验把它们包容在一个未被区分的整体之中"。关于杜威的道路，这样的描述是非常有效的，"杜威在经验概念中所秉承的'实验主义'精神，却在于经验的方法所必须遵循的这样一条道路，即从'原初经验'的整合性出发，经由理智性'第二经验'所包含的区分与反思的历程，最终必将返回至'原初经验'"②。

可以看出，在实用主义历史上，詹姆士提出了他的"纯粹经验"，杜威提出了他的"原初经验"。他们都是对传统反思性视域中的"经验"概念进行了改造，在反思性视域中，这一概念与理性、必然性相对立。改造后的经验完全摆脱了反思性的视域，而是将自身集中在对"直接的生活之流"（詹姆士）、"原初经验"的描述上。这种规定的获得将使我们看到一种可能性：实用主义的"经验"可以与现象学"体验"概念沟通彼此。

我们返回去看看现象学那里的情况。在现象学那里，"回到事物自身"是他们的最大口号。胡塞尔把事物自身看做是"意识体验"，海德格尔把事

---

① 陈怡：《试论杜威经验的方法对传统经验概念的重建》，《哲学研究》1999 年第 3 期。

② 同上。

物自身看做是"原初体验"①。

二者的相似性显而易见。现象学是对传统哲学的一种克服，克服的是来自于笛卡尔的主体、客体的区分，克服的是科学理性的越界。在胡塞尔那里，就是如此。他的"意识体验"尽管充满了先验性和内在性，但是它却是克服主客体分裂的有效方法；后期，他的"生活世界"、"经验"概念的提出是对反思理性的克服；海德格尔的问题是关注"原初的体验"和"最切近的交往方式"，那么必须对反思性的体验（科学的、世界观的、价值的）给予反思，揭示出更深层次的东西来。再看看实用主义那里，一切都明白了。一种融合的可能性跳跃了出来。

二　感知体验传统在技术哲学研究中的影响

上述分析将体验概念在不同现象学家思想中的规定给予了描述。在胡塞尔那里，体验主要以感知的形式表现出来。如此，胡塞尔把"感知"作为通达现象学中心主题——意识（体验）——的基本起点。在感知中，"知觉"、"感觉"是基本的表达形式。也正是在对胡塞尔阐述的基础上，梅洛—庞蒂发展出他的知觉现象学体系。在技术哲学的研究中，我们发现了一个有趣的现象：关于技术对人类自身的影响，西方研究主要是沿着一条感知传统，其中主要是对知觉、感觉的影响。而这主要体现在"器官的延伸"这一人类学观点中。②

首先，在对生产技术的研究中体现出这个趋势。马克思作为对生产技术关注的杰出代表，明显地体现出这一趋势。他对生产技术的研究结果显示，他把生产技术看做是器官的延伸。这一观点已经为人们所揭示出来。如从用手挖土、到用铁锹挖土再到用挖土机挖土这一生产技术发展的过程恰恰体现

---

① 后来，"存在"成为事物自身。但他表述事物自身的词语不一样。

② "延伸"被看做是延长，而延长意味着原先的东西具有的特性是有局限的，通过某种方式就能够给予扩展。在延长过程中，原先的东西的特性是不变的。

出人手的延伸的结果。①

其次，法国哲学家梅洛—庞蒂曾经举到了盲人的拐杖这样的一个例子说明他关于技术的观点——技术是身体的延伸。"用手杖探索物体也是知觉习惯的例子。当手杖成了一件习惯工具，触觉物体的世界就后退了，不再从手的皮肤开始，而是从手杖的尖端开始……对手和手杖的压力不再产生，手杖不再是盲人能感知到的一个物体，而是盲人用它来感知的工具。手杖成了身体的一个附件，身体综合的一种延伸。相应地，外部物体不是一系列透视的几何图或不变者，而是手杖把我们引向的一个物体，按照知觉的明证，透视不是物体的迹象，而是物体的外观。"② 盲人的身体通过拐杖而延伸，成为他的身体的一部分。对于盲人而言，这二者已经合为一了。

再次，在对媒介技术的研究中也体现出这个趋势。西方传媒研究的很多学者都是从传媒信息内容入手的，但是马歇尔·麦克卢汉（Herbert Marshall McLuhan）开启了一条对传媒本身进行研究的方式。从 1963 年开始到 1980 年去世的这段时间内，他一直对传媒进行研究。在研究过程中，他始终坚持这样一条原则：从感知入手，研究新传媒对人的影响。比如，1962 年 2 月 1 日在致沃尔特·翁的一封信中，他指出，"实际上，我想包括我们身体的功能和感知的一切外化；我们身体的功能和感知是一切技术的根源，这个外化功能使技术能够脱离我们的身体而存在"③。当然，他的这一原则并不是来自于自身的创见，在他之前已经有人使用这一方法论原则了，如爱德华·T. 霍尔（Hall，Edward T.）。④ "请看霍尔《无声的语言》第 79 页。

----

① 刘则渊：《马克思和卡普：工程学传统的技术哲学比较》，《哲学研究》2002 年第 2 期。

② ［法］梅洛—庞蒂：《知觉现象学》，姜志辉译，商务印书馆 2001 年版，第 201 页。

③ ［加］梅蒂·莫利纳罗等：《麦克卢汉书简》，何道宽等译，中国人民大学出版社 2005 年版，第 325 页。

④ Hall，Edward T. (1914—　) 人类学家，跨文化研究者，主要研究兴趣为空间的文化知觉（cultural perceptions of space）。他首先创立了个体空间的概念（proxemics，personal spaces）。他在《超越文化》（1976）中提出概念 "Extension transference" 来描述我们自身的进化速度将随着技术等东西的出现而加快的现象。他的观点也可以看做是人类学的表现。

他在那里指出的方法，难道不是我们在这里研究媒介的方法吗？就是说，一切技术是感觉器官和官能的分离——难道不是吗？难道不是分离的封闭系统——用一种变形的力量重新进入到我们的感知了吗？我的一切媒介研究都以这个假设为前提。"①

如此，可以看出，他把技术看做是"感知"的外化。在他看来，"历史上早就有以技术形态出现的感知外化。感知外化的例子有：轮子、拼音字母表、广播和照片。外化的技术构成了封闭的系统，封闭的系统以巨大的转化力量侵犯我们感觉器官的开放系统……电视形象是第一种使触觉外化的技术……"②

此外，他在描述他的原则来源时只是说明与其相似的一些人物，而没有太多地提到别人的思想对他的影响。这一事实并不重要，重要的是我们能够勾画出借助"感知"进行到技术研究中的路径来。

他指出了爱德华·T. 霍尔的方法就是从感知外化角度来研究技术的，而爱德华·T. 霍尔的思想③则是从巴克敏斯特·富勒④那里学来的。另外，威廉·布莱克的核心思想也是这样的，这些人都被看做是学院派。他从根本上是不抱希望的。1963 年他的文化与技术研究所成立后，他把研究所的基础看做是"研究作为人体延伸的一切技术"。"延伸"是器官的延伸，感官的延伸。"我们的一切文化和技术都是我们身体、感官和中枢神经系统的延伸。但是每一种延伸都产生迥然不同的心理和社会影响。"⑤ 他的这一成果体现在 1964 年出版的《理解媒介：论人的延伸》中。他特别谈到了电气技术和以前机械技术的最大区别在于，"中枢神经系统的电气技术延伸，是前所未

---

① ［加］梅蒂·莫利纳罗等：《麦克卢汉书简》，何道宽等译，中国人民大学出版社2005 年版，第 327 页。

② 同上书，第 329 页。

③ 这里主要是指他谈到了技术是人生物体的延伸，而且其发展对生物体的进化产生了推动。这就是他的"延伸转化（Extension transference）"概念。http：//en. wikipedia. org/wiki/Edward ＿ T. ＿ Hall.

④ Fuller, Buckminster（1895—1983）美国建筑学家、工程师。

⑤ ［加］梅蒂·莫利纳罗等：《麦克卢汉书简》，何道宽等译，中国人民大学出版社2005 年版，第 334 页。

有的"。可以看出，麦克卢汉主要是从感知的延伸和外化角度谈论技术。①

另外，将感知与技术联系起来研究的当属美国技术哲学家唐·伊德。他主要是对科学研究中的技术器具给予研究，如望远镜、显微镜等等。但是，在他那里，他所分析的人与技术的关系体现在四大方式中。受他影响，荷兰技术哲学家 P. P. 维贝克则在批判伊德的基础上提出了另外三种"人—技术"的关系。如表 1-1 所示：

表 1-1　　　　　　　　　　人—技术关系（Ihde 1990）②

人物	关系类型	关系结构	代表物品
唐·伊德 中介意向性 （mediation intentionality）	具身关系 （embodiment relation）	（人—技术）→世界	眼镜
	解释学关系 （hermeneutic relation）	人→（技术—世界）	温度计
	他者关系 （alterity relation）	人→技术（—世界）	ATM （自动取款机）
	背景关系 （background relation）	人（—技术—世界）	冰箱中央供暖系统 启动声音、电脑 启动噪声

---

　　① 在麦克卢汉这里，外化与延伸并没有区别，而是等同的。但是这二者有着明显的区别，embodiment 与 extension 是外化、延伸的英文单词。关于 embodiment 有专门的文章，见孟伟的《embodiment 概念辨析》，《科学技术与辩证法》2007 年第 1 期。

　　② P. P. Verbeek，Cyborg intentionality：rethinking the phenomenology of human technology relation，*Phenomenology Cognitive Science*（2008）7：389. 箭头 "→" 表示技术意向性。维贝克关于赛博格意向性的分析值得关注，这里仅就其思想大体轮廓给予对比，具体另文分析。他还在 *Beyond Human Eye* 文章中提到：对中介认识的后人类视野（posthuman visions）可以做出三种不同意向性的区分，强化意向性、建构意向性和自反意向性。*Beyond Human Eye*，http：//www. utwente. nl/ceptes/research _ staff/verbeek/。

续表

人物	关系类型	关系结构	代表物品
P. P. 维贝克 赛博格意向性 (cyborg intentionality)	赛博格关系 (cyborg relaiton)	（人/技术）→世界	
	组合关系 (composite relation)	人→（技术→世界）	
	增强意向性 (augmented intentionality)		高速摄像机① （100 万帧/秒） Wouter Hooijmas 的作品
	建构意向性 (constructive intentionality)		三维立体摄影机
	自反意向性 (reflexive intentionality)	技术→（人→世界）	Esther Polak 的 项目（2002）②

注：建构意向性关系结构为"人→（技术→世界）"。

　　可以看出，具身关系是"感官延伸"的一个方面。在伊德那里，其他多种关系以感知体验作为理解技术的本质，并已经形成了一个传统；而 P. P. 维贝克则凸显了以赛博格意向性为主的技术意向性特征。这里的意义有待于深入挖掘。我们着重反思伊德所表现出的传统。正如我们已经看到的表现为"技术体现为器官、身体的延伸"这一哲学人类学的思路。但是，我们所要反思的恰恰是这样一种来自西方传统的对于技术反思的思路。这种思路与心

---

　　① 这是增强意向性的例子，通常人的肉眼、一般摄影机无法拍摄到这些现象，如血流中的细胞情况、子弹穿越物体瞬间的情况。所以对于极其高速运动的物体或者微观世界的物体的运动状态只有借助现代摄影技术才能够为我们所知。日常一般摄影机为 25 帧/秒，常用快门速度为 1/50 或 1/60 秒，此即每秒拍摄 25 张 1/50 或 1/60 秒的图片，当然还有 25 张 1/40 秒的空格。但是在特殊研究领域，往往使用高速或者超高速摄影机。如高端 dSLR（比如 Nikon D3）每秒可拍下 11 张。UCLA（加州大学柏克莱分校）的 Henry Samueli 工程与应用科学学院根据 STEAM 技术（"连续时间编码放大显微法"）研制的高速摄像机每秒可拍下 610 万张照片，快门速度约 440 兆分之一秒。这种技术主要可用来拍摄在快速流动的血液中侦测到异常细胞，比如肿瘤细胞。

　　② Esther Polak，荷兰阿姆斯特丹市艺术家，研究新媒体。2002 年承担的项目目的是用 GPS 记载私人路线，使得实验者能够知晓自己的运动，甚至会产生一种新鲜的体验。

理主义对技术的反思——技术的本质、发展及其多样性源自人的需要——是等同的，都无助于深入阐述技术所具有的意义。① 当他们提到，电话等电子技术的出现使得人的神经系统延伸出来，实际上将问题放置在一种局限中。我们的问题是，如何看待技术的进步？当人类的通信方式发生了一系列的变化，从前纸张时期到纸张时期再到电子方式，如何理解这一变化的历史呢？这难道仅仅是人的神经系统、视觉器官延伸的结果？根据这一延伸观点，无法理解技术发展质的变化，也无法对技术进步做出解释。我们认为，事实上，在技术发展背后隐含着一个世界的变迁，意义世界在发生着变化，而感知传统无法关注到这一点。这就使得我们不得不将体验的理解从感知传统中摆脱出来而进入意义世界中。也只有这样，我们才能够看清我们的问题所在，恰当地理解意义世界所发生的变化。在这一变化中，至关重要的情感、思念、文化、想象等发生的变化也将被勾画出来。

三 作为与意义世界相关联的体验

如此，胡塞尔对"体验"的理解无法作为我们以后研究的基础。我们需要做的是重新把"体验"概念确立起来，体验不是认识论意义上的与感知有关系的体验，而是与意义世界相关联的体验。当体验从认识论的范围内摆脱出来的时候，我们获得的是对体验的全新认识。此时，新的被建构起来的体验概念所包含的特点主要表现为：

（一）作为意向性的体验

胡塞尔所揭示出的"意识的意向性"概念是一个伟大的成就，它的提出

① 对技术的心理主义解释在日常生活中比较流行，这种解释认为需求是技术产生、发展以及多样化的原因。对这一观点的批判如乔治·巴萨拉，他在《技术发展简史》中指出，需求是对技术物品多样性之所以存在的不正确的，但却流行的解释。他提出进化论来解释这一多样性现象的存在。关于巴萨拉观点的具体分析见杨庆峰《技术现象学初探》，上海三联书店 2005 年版，第 141—142 页。

结束了意识被作为一个封闭的、孤立的实体而存在，与外部世界之间毫无关联。可以说，这一概念的提出为认识论提供了一种新的思路。在传统的认识论中，一个为人们所追问的问题是：自我如何超越自身而切中外在世界并且获得对这个世界真实的认识？正如胡塞尔所说："传统认识论的问题是超越性的问题。"① 当意识（自我）被看做是封闭的、与现实世界无关联的东西时，这个问题就成为难以理解的事情；如果人们坚持意识与外部世界的同一性，那么则会陷入唯心论的窠臼中。"意识意向性"概念的提出，则为这一问题的解决提供了一种可能性。②

　　当然，我们在提出胡塞尔的体验概念对于我们研究的不适用性时已经意味着"意向性"概念不再是在认识论意义上使用的。③ 摆脱了认识论意义上的意向性不再是"意识意向性"，而是将自身呈现为两个维度：其一是海德格尔式的"操劳意向性"，人操劳、操心于事和物，或者用马克思的术语来说，属于"实践意向性"，实践所指向的东西；其二是我们所强调的，"意识意向性"所强调的是作为认识论如感知、判断、评价等的体验特征，但是当我们把它作为我们奠定意义世界的基础时，我们发现，我们全然摆脱了认识论，进入我们在考察中已经作为意义世界中的东西。在这层意义上，体验是对意义的体验，是指向意义世界的。我们可能会进入与想象、思念和情感相关的意向性上。所以说，在体验问题上我们并没有走向"实践意向性"，而是指向在我们对技术的考察中被解释为关联体的东西："人—技术—人"的关联体，但是，这种关联体并不是单向的，并不是我们通常理解的如同光线从光源发出来，沿着一个方向前进，而是"规定和揭示"的关系。原有的由

---

① ［德］胡塞尔：《笛卡尔沉思与巴黎演讲》，张宪译，人民出版社 2008 年版，第29 页。

② 胡塞尔现象学理论所突破的一个方向实现了自我与超越物之间的无间距性，也就是自我与超越物达到了切近状态，如果说现象学超越传统形而上学理论的话，那么在达到自我与超越物之间切近这个维度上，更进一步。至少胡塞尔与传统形而上学关系密切，这一点更加突出。"切中"即追寻一种近。

③ 认识论意义即强调基于概念的反思，但我们这里所提出的体验是从非概念意义上使用的。

技术所关联的意义世界"规定"着此在在世存在的存在方式，此刻在世存在则"揭示"出技术物的意义；整体关联所"揭示"出的世界并不能为意义的享有者所认识到。

如此，存在着一种进入意义世界的可能性途径，这就是意向性的方法所给予我们的东西。

（二）作为非知识性的体验

作为"知识性的体验"，意味着体验成为知识论的基础，成为认识论的基础。在胡塞尔那里，体验就是以知识性的方式被看待。"知觉"是一种体验，而这一体验则是对知觉物的把握。"在作为一种知觉活动的严格意义的知觉中，我朝向对象，（例如）朝向那张纸，我把它把握为这个此时此地的存在物。把握行为（Erfassen）是一种选出行为（Herausfassen），任何被知觉物都有一个经验背景。在这张纸周围有书、铅笔、墨水瓶等等，这些被知觉物也以某种方式在'直观场'中被知觉为在那儿；但当我朝向这张纸时，我一点也未朝向和把握它们。"① 尽管他也进入对意义世界的体验，但是，我们却发现依然是从知觉行为中生长出来的，和知觉行为有着一种平行关系。后期胡塞尔为我们呈现出"生活世界"这样一个不同于科学世界的形式，但是只能说在他这里形成了意义世界的胚胎，而这一胚胎的展开则是在海德格尔那里获得的。

严格说来，海德格尔为我们所打开的意义世界，只有在其后期才是可能的。尽管他前期对用具进行过分析，但是总是指向此在自身，指向作为操心的此在。在后期特别是对物的分析中，指向了一个包含天、地、神和终有一死者的四方整体。这就是海德格尔为我们打开的意义世界。当然这一意义世界具有西方理论无法摆脱的局限，即基于属性的特点。②

----

① ［德］胡塞尔：《纯粹现象学通论》，李幼蒸译，商务印书馆1996年版，第103页。

② 关于海德格尔现象学生存论的物理论的具体分析，见杨庆峰《有用与无用：事物意义的逻辑基础》，《南京社会科学》2009年第4期。

这显然不能为我们所接受。意义世界所具有的属性特点无法作为我们理解意义世界的前提性注解。在中国的传统文化中，并不存在认识论的规定，对于物的理解也没有完全基于事物的属性，但是意义世界的阐述却堪称一绝，它开辟出一条与无用相关的途径，与西方的有用途径相呼应。①所以说，我们需要新的进入意义世界的途径，而这一条路是有待于描述的。

（三）作为意义世界的体验

如果体验是关联意义世界的体验，那么体验则会有新的特征。我们可以比较分析认识论与存在论视野中不同的情况。面对最原初的事物，如一片片枯黄的树叶、一轮圆月或一弯缺月，在认识论的视野中，则会呈现为一个一个的理论性的抽象问题。面对一片片枯黄的树叶，树叶为什么会由绿变黄？问题油然而生，发问者进入对树叶本身的变化之中来，这是两个完全不同的世界，一个是由树叶构成的物质世界，另一个是由发问者构成的生活世界。通过对这一独特现象的关注，生活世界出现了，对外部世界现象的理解成为发问者的本质的规定。同样，月亮为什么会由圆变缺？这一现象在天文学上称为"月相"，有"朔"、"望"之别，"朔"为新月，我们看不到月亮；"望"为满月，就是通常所说的圆月。由"望"到"朔"的往返变化就是我们所说月亮由圆变缺的变化。在认识论的视野中，面对这一现象，就会产生一个问题：解释者会通过眼睛的错觉告诉自己，之所以看到这些变化，是因为太阳、地球和月亮的运动位置不同所导致。如果沿着此解释继续前进，则会出

---

① 这与一种通常的认识相关联：如西方思想强调"有"，强调存在（者）；而中国思想则凸显"无"。我们这里则从属性角度考察了具体的情况，如西方物之理论奠定于有用属性，而中国物之理论探讨更加凸显了无用这一超越属性的维度。还有很多值得关注的地方，如从上述胡塞尔对视域的分析中我们就发现可以从远与近之角度给予比较的地方，当胡塞尔指出在知觉过程中，背景尽管会被忽略，但还是源源不断地呈现出来，这意味着无限的可能性被拉至先验主体的面前，这属于"近"之描述的状态；但是在中国思想中，却强调"远"对于物之呈现的作用，如宋代郭熙在《林泉高致》中提出"高远"、"深远"、"平远"等"三远"，韩拙在《山水纯全集》中补充了"阔远"、"迷远"与"幽远"等"三远"，此为中国文化中的"六远"。

现"运动"范畴，以保证解释"太阳、地球和月亮的运动位置"这一论断的有效性。这全然展开的是认识论视野中的问题，而非意义世界。① 但是以意义角度看，则圆月、缺月会呈现出不同的意义世界。以圆月而论，意义世界的敞开则让我们感受到了一个基于情感的世界，如李白的《静夜思》中所描述的那样，"床前明月光，疑是地上霜。举头望明月，低头思故乡"②。从明月、月光之中看到的是故乡，明月与故乡相连，意义世界完全跨越了科学世界所设置的界限。而以缺月论，我们会看到很多唯美的描述，如直接表达缺月的，苏轼的《卜算子·黄州定慧院寓居作》有"缺月挂疏桐，漏断人初静"③之句，以"缺月"意象渲染出"孤高出尘的境界"。如果看明刊本的《诗馀画谱》中的《卜算子》一画，立刻能够感受到其中的意境所在；间接表达缺月的，如张九龄有《赋得自君之出矣》之诗，"自君之出矣，不复理残机。思君如满月，夜夜减清辉"④。其中"思君如满月，夜夜减清辉"就以满月变残月的意象道出了思念之甚、容颜渐失的意境。

如是，意义世界关联的是审美体验的世界，关联到人的情感体验的世界。在文学上有一个概念——"咏物抒情"⑤，实际上就指出了存在于物与人之间的情感世界的关系，而这将构成我们所说的出发点。如思念家乡、思念情人、思念亲人，情人与亲人哪一个更重？情人更重，多了一个 g，而亲人则轻一些，缺了一个 g。当看到枯黄的秋叶下落，我们感慨万千，"感慨"揭示出一个丰富的意义世界，在这个世界里，感慨的是世界的变化、人生的变化。看到月亮缺了，油然生出一种缺憾和怅然。看到花落，产生的是与人生之命运相关的想法，如我们在《葬花吟》中就体会到了一个全新的意义世

① 认识论把握世界的方式是基于概念的，也被称为概念式的。这个角度所展开的是主体与世界的关系，海德格尔现象学所开启的关系是为认识关系奠基的，实践概念过于宏观无法作为其基础。

② 周汝昌等撰：《唐诗鉴赏辞典》，上海辞书出版社 2006 年版，第 252 页。

③ 夏承焘等撰：《宋词鉴赏辞典》，上海辞书出版社 2006 年版，第 375 页。

④ 周汝昌等撰：《唐诗鉴赏辞典》，上海辞书出版社 2006 年版，第 73 页。

⑤ 在中国古代文学中，咏物抒情成为惯常的手法，但是这种手法实际上展现了人与物的关系。

界，这一世界基于"落花"与"人生"的彼此对应："残花渐落"与"红颜老死"相对应，"花落"与"人亡"相对应。物之状态与人之状态彼此相对应，通过这种方式展开了一个独特的意义世界。①

第二节　技术体验

如果说，当我们把技术体验作为技术现象学的基本开端，但并非逻辑推演的开端，而是无限领域呈现的开端；那么，技术现象学在前进的过程中必然面临这样的任务：对技术体验做出进一步的规定。第一节的考察已经描述了我们所需要的体验的初步规定，从认识论意义上的体验向非认识论意义上体验的过渡。但是这并不够，不足以让我们理解和把握问题的真正内涵。于是需要进一步作出规定。

这个概念应该给予一定的限制，否则容易让人产生混乱。唐·伊德通过"中介性体验"谈到了技术体验这个概念，在他那里，技术是一种中介性的东西，技术体验也是一种中介性的体验。mediated experiences 充分说明了这一点。但我们所使用的"技术体验"并非如此，应当对这里所使用的这个概念进行一种限制。

技术体验主要基于这样的问题：技术对我们的体验产生了怎样的影响？在技术的条件下，我们的体验发生着怎样的变化？② 对这个问题的分析构成了我们这里所说的"技术体验"的内涵。简单说来，就是与空间拉近密切相关的体验形式。我们已在"传媒文化"研究中感受到这一问题的存在，如由加拿大学者麦克卢汉开创的传媒文化研究，主要是针对传媒如何影响着我们自身的感知这一问题的发问，事实上，如果把我们的角度"体验"放置在这

---

① 杨庆峰：《有用与无用：事物意义的逻辑基础》，《南京社会科学》2009 年第 4 期。

② 在我们的具体考察中，现代技术导致了空间拉近，这是我们所体验到的。但是如何理解这一新的体验形式这是需要进一步深入研究的问题。

个问题的视域之中，我们就会发现相同的地方，我们所关心的基本问题是对我们的体验对于技术产生了怎样的影响？"技术体验"也正是在这个意义上使用的。那么我们所说的"技术体验"究竟是怎样的一种东西呢？简单说来，技术体验将自身展现为与技术、空间、情感和亲密等因素有关的体验形式。

一　与技术有关的体验

技术体验是与技术有关的体验。实际上这是考察技术对我们的影响，但是，这种影响不应该理解为客体与主体之间的关系，仿佛技术是一个外在于人的东西，从而对人产生了若干影响。事实上，我们想表明的是：技术构成了此在在世的方式。对人而言，技术即人的世界。海德格尔的"在世界之中"也同样适合这里，人处在技术世界之中，与技术发生着关联，或为技术主导，或主导技术。

本书所要考察和牵涉到的技术主要有两类：其一是通信技术；其二是交通技术。前者主要是指用来交流信息的技术，与通信有关的技术；后者主要是指交通技术，可以传输信息或使人发生流动可能性的技术。这样选择只是因为研究的限制，事实上，为了显示研究视角的宏大，技术选择应该更广泛些，这样才能够将问题呈现出来，如电视与网络。

进入我们考察视野中的通信技术主要是被限制在这样的范围内：以电子技术的产生为分水岭，电子技术产生之前主要是包括造纸技术产生前后的时期。前期主要是纸张出现之前，人们用来传递信息的载体，主要表现为非纸张材料，如绢、丝绸、布等形式；后期主要是纸张出现之后。电子技术产生之后的通信技术主要是指电话、电报等形式，在这之后出现的网络也属于此类，当然，网络技术的出现意味着一种新的情况，它造成了通信技术的革命，因为以往的技术都是单个系统自立发展的，而计算机网络技术的出现则起到了整合作用，所以不能够把计算机技术仅仅看做是一种单纯的现代技术，而是看做能够起到整合作用的技术系统，如计算机技术的出现整合了电话、卫星、电视等等。① 如果说传统的通信在同一时间内只能实现一对一的交流信息，但是网络却能够实现一对多的交流信息的形式。通信技术的进步主要表现为传播媒介逐渐转化为一种无形的方式。

进入我们考察视野中的交通技术主要是指交通工具。以电子传输方式为界限，以光速传递信息之前的方式主要是借助自然力和人力；随后是汽车、火车、飞机等现代交通工具；再接着是电子传递信息的方式。交通技术的进步主要是以速度作为衡量指标的，其进步也就表现在速度的增长上，很明显，借助风速传递信息要远远低于光速的传递。

如此，与技术有关的体验，主要集中在这样一个范围内，在传统的通信方式和交通方式下，人们的体验呈现为一种极其特殊的样式。这一样式构成了当时人的在世方式，我们知道交流应该是一种交流双方的在场状态。在场状态又将自身呈现为空间的体验。那么传统的通信方式——如书信，与传统的交通方式，自然力如何构筑起一个别样的空间，如何构成了交流双方的在场状态，这就是非常有趣的事情了。同样，在电子的方式下，通信方式是电话、手机、信息，传输的方式是电子的方式，在场状态又发生了怎样的变化？交流双方之间的空间与传统相比，发生了怎样的改变？这都需要进一步考察。为了有效地进行考察，我们把考察的范围主要放在中国文化之内。通信技术的历史就表现为：前纸张时期，如绢、布等；纸张时期，如书信；后纸张时期，如电话、信息等。而传送的方式由自然力如风、鱼等，到人力如汽车、火车、飞机等，再到非人力如电子等。体验也就是在这样的技术下产生出来的体验。

---

① 我们通常只是谈及现代技术与传统技术之间的差异，殊不知现代技术内部也存在着差异，正如我们这里所说的，在现代技术内部，存在着单个自足的技术与具有整合力的技术区别。为什么后来的技术能够聚会其他技术，这是有意思的事情，似乎与海德格尔所说的聚集、会聚有关系。现代技术会聚的并非作为对象的物品，而是技术自身。如会聚技术的出现就是如此，当然这还需要进一步阐述。这有点类似于空间生产。在列斐伏尔那里，不再是空间中物品的生产了，而是空间自身的生产。

二　与空间有关的体验

技术体验是与空间有关的体验。我们所要描述的体验涉及了空间概念。希腊语没有"空间"（space）这个词（海德格尔）。这个概念是整合的结果，是海德格尔对古希腊的三种空间经验整合的结果，这三种空间经验是：处所（place）经验、虚空经验和广延（extension）经验。整合之后才成为近代意义上的空间（space）概念。我们这里更多地涉及与处所有关的体验，在处所与处所之间的距离的跨越就构成了我们这里即将研究的问题。但是，我们的研究表明：我们所关心的并非是空间认知，而是一种基于空间变化的体验。这种技术体验不仅仅是与技术有关的体验，而是将自身体现为与空间有关的体验。

首先要区分的是空间的类型及其关系。为了有效、清晰地说明，将用图1-1来表明两种空间及其关系。

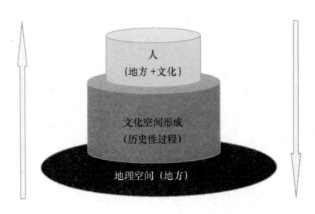

图1-1　地理空间与文化空间与人的结构（纵截面）

从图1-1可以看出，我们这里有两个基本的空间类型，这就是地理空间和文化空间。[①]"地理空间"是"文化世界"得以存在的基础；文化只

---

　　① 但是，"文化空间"这一概念不适合于这里的使用，本书以后均使用"文化世界"、"意义世界"等范畴来代替。

有在地方①上产生出来，而且不同的地方产生着不同的文化形式和文明形式。如世界范围内，非洲的埃及文明与亚洲的中国文明是两种不同的文明，其地域特点也是不一样的；在中国范围内，黄河流域和长江流域所产生的文化也是不同的。另外，文化空间、文化世界的形成是一个历史的过程，正如我们所看到的"文化"是一种长期积累和沉淀的东西，稳定的东西，能够成为人的特殊标识的东西。② 而且，文化和文明造就了当地人的类型。在黑格尔那里，他就描述过希腊文明与希腊人的关联；后来的胡塞尔也描述了拥有欧洲科学的欧洲人如何表现为"只重事实的人"的形象。所以在上述意义上，我们得出了人是地方性的存在和文化性的存在，二者的统一就表现在这图 1-1 当中。

　　另外的两个箭头表示着两种不同的关系。左面，地理空间造就地方文化，地方文化养育地方人，我们经常说，"一方水土养育一方人"，地方与地方性文化塑造着生长于斯的人；右面，人依恋自己的文化，依恋自己的故土。我们经常说，"月是故乡明"，它所表现的是人对地方性文化、地方的感情。文化对于人来说，不仅仅是一种标识，更是一种归属的象征。地方往往意味着故乡、故土、家乡。而联系起来的这些却是文化世界，而在个体感情的作用下，这一关联更加密切。于是在这个基础上，我们可以探究有关空间的体验。

　　这就是我们首先通过空间类型所分析出来的结构。借助上面的分析，我们看看家乡的情况，我们通常有两个家乡，家乡一是现实地理意义上的，也就被看做是地方的家乡，如我的家乡在陕西白水县，这个意义上的家乡属于科学式的，我们可以从网上查到关于它的具体介绍——"白水县位于陕西省东北部。东经 109°16′—109°45′，北纬 35°4′—35°27′。东隔洛河与澄城县相望，南接蒲城县有五龙山相隔，西接铜川市郊区与渭北黑腰带相连，北以黄龙山、雁门山为界，与宜君、黄龙、洛川三县毗邻。总面积 920 平方千米/

---

　　① 　地方，即 place，又被译为地域。我们主要从这个意义上来谈论问题。
　　② 　当前文化研究视野中把文化当作现象来看待，一切都成为文化，但是，我们这里所采取的出发点是把文化看做是稳定不变的东西。

986.6 平方千米。总人口 28 万人（2004 年）。"① 家乡二是记忆和想念的哲学意义上的，这一家乡是对于远离家乡或者很久没有回去的人来说而产生的，在这一问题上，家乡是他记忆所指向的、想象所指向的对象，用现象学的语言来说，家乡是由人在意识中构成的对象。此处的意识不再是认识意识——判断、评价——这些内容，而是与情感——伤感、思念——相关。这在宋词中体现极其明显，如周邦彦的《点绛唇·伤感》中有"辽鹤归来，故乡多少伤心地"一句，就说出了故乡是伤心地，而并非仅仅是作为地点的家乡。如评论者指出，"……将自己比作离家千年的辽东鹤，一旦飞回故乡，事事处处都引起对往昔生活的深情回忆，触发起无限伤感的情怀……"② 因此家乡是回忆的家乡，勾起无限伤感情怀、让人产生无限怀念的家乡。这一层面有着特定的条件限制，在传统的社会中，人们很少离开家乡，所以这个意义上的家乡很少被呈现出来。只有随着社会发展，人们外出的时候，这个意义上的家乡才被呈现出来，在家乡越久，出来后呈现得越清晰，离家乡越久，呈现得越强烈。所以说，我们的分析并非指向科学意义上的地理空间，而是指向与我们体验密切关联的文化空间，也就是我们所说的意义世界。

在这一结构的基础上，我们可以进一步看空间体验的不同形式了。空间的体验形式多样，我们可以简单进行一下分类，如空间拉近的体验、空间扩展的体验、空间变化的体验等三类。在不同的研究领域中，对于空间体验的关注是不同的。

首先来看一下空间拉近的体验。在这一基础上，我们感受到了人类通过技术实现着去远的本质，如通信技术、传媒技术和交通技术。通信技术可以将信息从一个地点传送到另外一个地点，从一个人传递到另外一个人。如此，从一个地点到另外一个地点之间的距离就是空间，从一个人到另外一个人之间的距离也是空间。前者是地理意义上的空间；后者是社会意义上的空间，更具体地说是心理意义上的空间。传媒技术被理解为器官的延伸，延伸

① 白水县，http://www.xzqh.org/quhua/61sx/0527bs.htm.
② 夏承焘等撰：《宋词鉴赏辞典》，上海辞书出版社 2006 年版，第 747 页。

意味着身体的扩展，意味着空间上的拉近。这些媒介的速度决定了跨越空间所需要的时间。此外，交通技术更是如此，能够使得主体在一定时间内跨越空间上的距离，这就是拉近。

其次是空间扩展的体验。这一体验主要表现在城市文化研究中。目前城市研究主要是对城市郊区化问题的关注。当然，在城市文化研究领域中，表述这个问题的概念是"城市化问题"。而这一问题就是城市空间的扩展。[①]有资料显示，2050 年中国的城市化率将达到 75%。当然，这种扩展不仅仅是地理空间的扩展，而且也包含着文化空间的扩展。对于郊区来说，在扩展过程中会发生猛烈的文化撞击。这就是文化空间的撞击。[②] 这个问题极其复杂，在文化空间之间发生碰撞时，空间的扩展与空间的挤压是辩证发生的。

空间变化的体验，更多的是对牛顿绝对时空观批判的结果。全球化所提到的一个重要现象就是技术、知识、资本等在不同空间内的流动。当然，这一流动是有一个基本方向的：资本从富国流向穷国、技术从拥有方流向需求方，而在这一流动中，资本、技术感受到的是空间的不同转化。对于大多数人来说，目前最大的体验也许正是来自这里，随着户籍的取消，人才流动将成为惯常的事情，对于人才来说，只是空间的变动。

本书研究的是与空间拉近有关的体验，更具体地说，在其中隐含着这样的问题：如果说地理意义上的空间是现实存在着的，那么心理意义上的空间如何在地理意义上的空间建立起来？如果地理意义上的空间能够消失，通过极力缩短时间来达到消失的体验，那么心理意义上的空间有着怎样的变化？但是，我们发现，随着地理意义上的空间的消失，心理意义上的空间在急剧

---

① 1949 年中国内地只有 69 座城市，约 2000 个县城及建制镇，城市人口 5765 万，占全国人口的 10.64%，到 1999 年，城市人口增加到了 38892 万人。贺雪峰：《中国农村发展的中长期前景及目前的对策——兼论乡村建设的极端重要性》，http：//www.legaltheory. com. cn/info. asp? id=2671。

② 市场经济的渗透和现代传媒的侵入，破坏了村庄本身的共同体意识，村民越来越被整个社会所吞噬，越来越认同于一个强大的外在于村庄的世界，而越来越脱离于村庄对自己的控制。村民之间的联系急剧减弱，村庄共同体意识迅速解体，村庄舆论的作用越来越小，村民之间原来作为长远投资的人情礼让越来越缺乏村庄基础，农民之间的人情交往淡薄了。

地萎缩，意义世界在坍塌。那么我们就需要重新来认识心理意义上的空间，支撑起意义世界。那么，是什么建构起这一心理空间和意义世界呢？

当然，更重要的是这样一个现象的出现：处所自身变得无关紧要起来，人们甚至可以通过交通技术的进步跨越这一原始的束缚。对一个主体来说，从一个处所到达另外一个处所已经成为非常容易的事情。这已经成为我们普遍的一种经验了。而且这也涉及了"去远"。我们最终要描述的体验是"空间拉近"这一体验。[①] 而这一体验是和"去远"、"情意"和"亲密"联系在一起的。

三 与空间拉近有关的体验

技术体验是与空间拉近有关的体验。前面已经指出，这种体验与跨越空间，实现从一个地点到另外一个地点的转变有关。我们用拉近来表述这一活动跨越空间的过程。但是对这一现象的理解取决于一种生存论概念，即海德格尔指出的"去远"是人的此在在世的方式。事实上，不仅如此，技术的进步也表现出人的此在实现的过程。从借助马匹、骆驼等自然力、借助人力等方式到现代借助飞机、火车、超音速飞机等方式，人类能够把自身从一个地方传送到另外一个地方。从信息的传递角度来看，电子的方式意味着一个伟大的变革，这使得跨越空间成为瞬间的事情。这就使得"去远"本身达到了极致；特别是在信息的传递上，我们更加关注的是心理空间的"去远"，而非仅仅是物理空间的拉近。但这并不意味着我们将空间去远全看做是心理学的。

心理空间意味着一个心理的世界。这个世界所呈现的空间构成是非常有意思的。在我们即将考察的前纸张时代、纸张时代、电子时代中，意义世界发生着奇特的变化，考察这一意义世界的变迁是非常有意思的事情。它将使

---

① 空间变化的体验，表现种类很多。传媒文化研究关注的是其他地方的事情能够越过空间为我这里所关注；城市文化研究关注的是城市空间的变化，如扩展和萎缩及消亡；全球化关注的是物品在不同空间的流动等等。我们所关心的是空间拉近的体验。

我们看到我们生活中的一些有意思的事情。当然，我们会着重从意义世界的构成入手，"去远"的过程实际上是瓦解意义世界构成的过程。在一个情意的世界中，拉近实际上是瓦解情意的过程。我们所考察的体验也将展示出情意世界的拉近体验。

当然，需要说明的是，拉近是特定角度描述的结果。空间的变化形式多样，正如我们上面已经提出过的。那么，如何理解空间的变化？为什么是拉近？这是我们所选取的一个角度，如果从情感、在场角度来看，拉近是有绝对的理由的。但是，在不同的理解方式中，这种变化也许就是一种扩展、一种流动。

四　与情感有关的体验

技术体验是与情感有关的体验所关注到的体验，如果具体到通信技术的发展过程中，我们就会发现一个有意思的事情：书信构成了一个情感世界。如果按照我们以前的说法，技术与意义世界相关；那么在这里我们将通过后面的考察发现，前电子时代存在着一个情意的世界，人们所感受到的体验更加情意化，而由于时代的变化，电子技术在我们生活中异常普遍，我们开始无从完整地感受到这一意义世界的变迁。电话、短信、MSN 成为人与人之间的交流方式，情感世界发生了某种变迁。

我们要描述的是这种体验。一种从历史的变迁——通信方式与交通方式——角度来观看体验被构筑起来的方式。我们并不是想回到某种古老的体验中，但是，我们所要揭示的问题就是对体验的变迁过程给予一种揭示。从鱼传尺素的时代到短信传情的时代，一种美好的体验本身发生了怎样的变化？美好体验的构成方式如何变化？这就是我们所意图揭示出来的问题。①在考察过程中，我们所能够借助的一种领域就是传媒技术对感知方式的影响。在整个过程中，我们用"体验"这个概念来达到我们的目的，而这恰恰

---

① 这一考察将为我们揭示出去远体验构成的基础之不同。

开始于现象学的方式。

为了更有效地说明这一点，我们把情感看做是一种方式，它与技术不同，在导致空间拉近体验上造就了不同的结果，如"海内存知己，天涯若比邻"就是如此——知己作为先在的情感，它有着超越时间和空间的特征，所以即便是身隔两地，也能够产生出空间拉近的感觉。

五 与亲密有关的体验

技术体验是与亲密有关的体验。我们把亲密看做是用来表达人与人之间、国家与国家之间、主体与他者之间空间性的主要概念。在现象学的意义上，"亲密"不再是一种对象客观的状态，而是一种体验，我们用"亲密感"或者"亲密体验"来表达亲密。"亲密"是一种状态的描述，描述出主体彼此之间空间距离上的无限拉近状态。

那么，如何理解亲密感？首先我们将进入"亲密"自身的哲学考察中。"亲密"是一种关系的描述还是一种主体的体验？现象学的路径决定了我们将把"亲密"作为体验来对待，"亲密"意味着亲密体验；在技术构筑起新的亲密体验之前，我们将考察整个人类历史上的"亲密"概念，试图勾勒出"亲密"的哲学本质；随后，将对"中介"体验，也就是技术所带来的亲密体验给出分析，进入我们分析视野的还有"全球性亲密感"；另外，我们将从"空间"概念进入到问题的分析中。"亲密"是个空间性极强的概念。作为一种关系，"亲密"意味着无间，即没有距离。因此，为了理解亲密感，我们也将把"距离"作为一个逼近这一问题的线索。但是，此时距离并不意味着直线意义上的距离，而是一种空间意义上的距离。

人类历史上使得亲密得以可能的前提性条件隐含在语言、宗教、政治、血缘等因素中。不同的方式产生了不同的亲密体验。语言作为存在之所，注定了他承担起表现出亲密、去远的责任来。但是，我们发现语言最终让我们失望了。不同民族、不同国家之间的语言、地方性语言的存在导致了混乱、误解和偏见；与语言同样古老的一样东西承担起了语言原有的责任，这就是技术。话语性的此在逐渐偏向了技术性的存在。这种偏向显示出技术的一种无限的能力来：去远，导致亲密感。除了语言，还有其他的方式，如宗教、政治等因素也是达到亲密感的不同方式。宗教所产生的亲密感是一种指向上帝或者超越物的亲密；政治所产生的亲密感则是指向某一政治目标的，如《共产党宣言》所描述的"全世界无产者联合起来"的结果就是无产阶级之间的亲密战友关系，这是世界不同无产阶级由于共同的境遇、共同的政治目标而导致的；血缘所产生的亲密感不同于上述情况，血缘所导致的亲密往往是不需要言明的，存在一种天然的亲密感；这应该是最基本的亲密感产生的地方，然后才是语言、宗教、政治等因素的亲密感的形成。当然这些方式属于非技术的因素。应该更为关注技术所产生的亲密感，即由技术所实现的亲密感是否可能的问题。

技术携带着的力量终于在全球化的今天表现了出来，在全球化进程中，一种新的亲密感逐渐表现了出来，而最直接的原因是依赖于技术自身。所以说，随着技术的发展，"亲近感"的问题被带到了面前。如此，我们面临着一个二律背反：

其一，"技术亲密感"带给我们的是这样的体验：人与人之间空间距离的拉近，人们愈加认为可以触摸到远方的对象之存在，可以感知到微小物体的存在。如麦克卢汉所说，"今天，在一个多世纪的电子技术之后，我们已经把自己的中枢神经系统本身延伸到了全球的怀抱之中，就我们这个星球所关注的而言，我们已经废除了空间和时间"①。

其二，在现代社会，技术所带给我们更多的是异化，一种人与自身之根基距离上的拉远。齐美尔指出，由现代科技、货币所导致的近之本质，即在现代技术所导致的空间拉近，其结果是导致了"原初的和人亲近的东西遥不可及"。"我们首先可以把这一点描述为，相对来说外在的方面被征服的距离越多，内在方面增加的距离也就越大……呈现在我们面前的全景图当然意味着真正内在的关系中的距离日益拉大，而外在关系中的距离日渐缩小。文化

---

① ［美］戴维·哈维：《后现代状况》，阎嘉译，商务印书馆2004年版，第367页。

的进程显示出，以前无意识地、本能地做出的事情后来出现时都带上了清清楚楚的可计算性，以及支离破碎的意识；而另一方面，起初需要小心翼翼和自觉地努力才能获得的东西在现代变成了机械式的例行公事、本能的理所当然的东西。故而相应地，在这里最遥远的东西离人近了，付出的代价是原初的和人亲近的东西却越来越遥不可及。"①

　　如何解释这一空间拉近体验现象？② 这成为困惑我们的问题，以下的探讨将试图对这一二律背反给予分析，这种分析的基础则是现象学的理论。

---

　　①　[德]齐美尔：《货币哲学》，陈戎女译，华夏出版社2007年版，第387页。
　　②　这里存在着一个最基本、容易让人产生困惑的问题，即去远与空间拉近的关系。后文的分析即建立在对此关系的特定预设之上："去远"是海德格尔现象学中阐述空间性的特定概念，但是这一概念在其生存论语境中先验化色彩过于浓厚，从技术哲学研究的经验转向与后现象学的视角来看，这是需要克服的地方。去远需要具象化，这一结果即空间拉近现象的出现。"空间拉近"、"时空压缩"是文化研究、社会学领域所关注的全球化条件下的现象。学科的专业化使得我们模糊了二者之间的关系。从分析方法来说，"去远"是现象学的方法，是空间性概念的具体形式，而空间拉近是我们生活世界中所发生的现象，借助去远概念我们能够有效理解空间拉近现象；但是，如果仅仅是从方法角度来理解这种做法，那么降低我们研究的理论意义，我们的研究目的是"把现象学从先验层面拉至地面"的尝试，这一目的是在以前的《技术现象学初探》（2005）一书中明确提出的，但那时只是一种有待于实现的想法。至于如何实现？这种实现是否有效？都显得模糊，摆在读者面前的《现代技术下的空间拉近体验》则是这种尝试实现的具体化表现，当然其有效性有待于读者的检验。此外，我们提出这一问题的时候实际上认同了"达到切近符合人之规定性"这一现象学理论，但是随着研究的深入，我们逐渐发现这里所提出的二律背反所依赖的前提。如果就此前提进行检验的话，则会发现"切近符合人之规定性"所存在的问题。中国思想传统中有着对于远的强调，远被看做事物呈现自身的主要方式。但是，由于研究主题限制，对这一萌芽中所包含的东西将在以后给予专门探讨。

第二章　去远、此在在世与空间拉近

对技术体验问题的探讨并非单纯地围绕对技术本身的探讨，而是必然指向与人的存在结构相关的问题。理解技术意味着对人展开理解，即获得一种关于人之为人的规定性。传统所给予我们的对于人的规定性是表象性的或者形而上学的理性存在物。"形而上学则把人表象为 animal［动物］，表象为生物。即使 ratio［理性］完全支配了 animalitas［动物性］，人之存在还是由生命和体验来规定的。"① 所以尽管关于人之存在的规定由理性规定成为历史，但是未来却是开放的。海德格尔提供的基于生命和体验的规定，却不能为我们所用，当然他还提供了其他的基本线索，即人的空间性存在，这可以作为我们出发的地方。我们这里主要关注人类自身存在的空间性存在结构，空间不仅仅意味着人类存在的一种状态，如同人生活在自然界之中；而更意味着这是人的空间性结构的体现。空间性的两个基本概念——去远与定向——决定了人类表达自身空间存在的方式，"去远"概念意味着跨越、消除空间距离，"定向"即方位的确定。对本书而言，"去远"更为重要。有两位学者在这里使我们对这个问题有所了解：哲学家海德格尔与地理学家爱德华·W. 苏贾（Edward W. Soja）。海德格尔使用这个概念标示人的存在特

---

① Martin Heidegger, *Poetry Language Thought*, trans., Albert Hofstadter, New York: Harper Colophon Books, 1975, p. 179.

性，"人类把最大的距离抛在后面，从而以最小的距离把一切都带到自己面前"①。爱德华·W. 苏贾也指出了人类在地理意义上的"去远"这一规定性。"为人者，不仅需要创造各种距离，而且还要力图跨越这些距离，通过目的、情感、参与和依附来转换这些距离。"②

第一节　去远与此在在世

为了更好地为人作为空间性存在物规定性的出场做准备，我们需要对海德格尔的文本给予分析。在这些文本的分析中，我们将有效地把握到他所提出的空间性规定这一线索。

他在描述此在的存在方式时，使用了"空间性"这个概念，这是我们所能够获得的最主要的线索。这个概念通常和空间一起解释。③ 在他看来，此在是空间性的存在，"去远"与"定向"是两种主要表现形式。"……此在的空间性不可能意味着摆在'世界空间'中的一个地点上；但也不意味着在一个位置上上手存在……此在在世界'之中'。其意义是它操劳着熟悉地同世内照面的存在者打交道。所以，无论空间性以何种方式附属于此在，都只有根据这种'在之中'才是可能的。而'在之中'的空间性显示出去远与定向的……"④ "去远"与"定向"被海德格尔作为描述此在空间性存在的基本词汇，他对这两个词汇作了很明确的说明。"去远"概念成为他使用描述此在空间性的一个基本概念之一。我们的描述从这里开始。首先我们看看这个

---

① ［德］海德格尔：《演讲与论文集》，孙周兴译，上海三联书店 2005 年版，第172 页。

② ［美］爱德华·W. 苏贾：《后现代地理学——重申批判社会理论中的空间》，王文斌译，商务印书馆 2004 年版，第 202 页。

③ Michael Inwood, *A Heidegger Dictionary*, Blackwell Publishers Ltd., 1999, pp. 199—200.

④ ［德］海德格尔：《存在与时间》，陈嘉映译，上海三联书店 1999 年版，第 122页。

概念的具体规定。根据权威的《海德格尔辞典》，"此在空间性的重要方面是去远（Ent-fernung, deseverance）"。① 当然，也有学者认为，在海德格尔那里，此在空间性有三种表现形式：去远、定向和区域（Arisaka, Yoko, 1995, 1996），本书并不关心两种形式、三种形式何种有效，而是取其"去远"概念来理解技术。

一　去远、定向与此在在世②

在 1927 年的《存在与时间》中，海德格尔把"去远"看做是此在在世的方式。"去远是此在在世的一种存在方式。我们所领会的去远并非相去之远（相近），更非距离这一类东西。我们在一种积极的及物的含义下使用去远这个术语。它意指此在的一种存在建构。"③ 那么他认为什么是"去远"呢？

"去远"在海德格尔那里有着特殊的规定，在他看来，"去远"意味着消除距离。根据海德格尔，去远概念主要是指事物与此在的距离而言。"去远说的是使相去之距消失不见，也就是说，是去某物之远而使之近。此在在本质上就是有所去远的，它作为它所是的存在者让向来存在着的东

---

① 海德格尔主要在以下 4 个方面使用了这个词（Entfernung）："1. *Entfernung* pertains to the distance of things from Dasein, not the distance between things, *Abstand*. 2. Distances from Dasein are, unlike an *Abstand*, estimated not in quantitative but everyday terms: to go over yonder is 'a good walk', a stone's throw, as long as it takes to smoke a pipe, (BT, 105) . 3. It is used in an active and transtitive menaing, i. e. It means the activity by which we *entfernen* something (BT, 105). 4. *Entfernung* and *entfernen* have a sense almost the opposite of their standard meaning: Since *fern* means 'far, remote' and *entr* can be privative."（*A Heidegger Dictionary*, pp. 199-200.）

② 由于论述主题，本书着重对去远概念给予分析，定向概念将在其他著作中给予分析。Directionality 这个概念由陈嘉映先生翻译为"定向"。这一翻译值得商榷，因为 direction 为方向之说，而 directionality 应该翻译为方向性较好，而且能够有效地理解与"去远"的关系。

③ ［德］海德格尔：《存在与时间》，陈嘉映译，上海三联书店 1999 年版，第 122 页。

西到近处来照面。"① 他对"去远"做出了生存论的把握。"在此在之中有
一种求近的本质倾向。我们当今或多或少都被迫一道提高速度，而提高速度
的一切方式都以克服相去之远为目的。"② 他把无线电技术的出现看做是技
术"去远"的一个典型。"无线电的出现使此在如今在扩展和破坏日常周围
世界的道路上迈出了一大步，去'世界'如此之远对此在意味着什么尚无法
一目了然呢。"③ 从这里可以看出，海德格尔将现代技术——无线电技
术——看做是消除空间距离、追求近的主要方式。不仅如此，在后来的作品
中他还揭示出，其他现代技术都导致了相同的结果，如飞机、电影和电视。
1950 年，他在以《物》为题的演讲中就指出了这一点："时间和空间中的一
切距离都在缩小。过去人们要以数周和数月的时间才能到达的地方，现在坐
飞机一夜之间就可以到达了。早先人们要在数年之后才能了解到的或者根本
就了解不到的事情，现在通过无线电随时就可以知道了。植物的萌芽和生
长，原先完全在季节的轮换中遮蔽着，现在人们却可以通过电影在一分钟内
展现出来。电影显示出各种最古老文化的那些遥远遗址，仿佛它们眼下就在
今天的街道交通中。此外，电影同时展示出摄像机以及操作人员，由此还证
实了它所展示的东西。电视机达到了对一切可能的遥远距离的消除的极
顶……人类在最短的时间内走过了最漫长的路程。人类把最大的距离抛在后
面，从而以最小的距离把一切都带到了自己面前。"④ 其中主要探讨切近之
本质——物——的问题。那么什么是物？⑤ 这个问题比较复杂，结合海德格

---

① ［德］海德格尔：《存在与时间》，陈嘉映译，上海三联书店 1999 年版，第 122
页。
② 同上书，第 123 页。
③ 同上。
④ ［德］海德格尔：《演讲与论文集》，孙周兴译，上海三联书店 2005 年版，第
172 页。
⑤ 根据《海德格尔辞典》，作为事物的物不同于事实的物。"*Ding*, 'thing', is
distinct from *Sach*, 'thing', (subject-) matter, affair. *Sache*, like the Latin *res*, orig-
inally denoted a legal case or a matter of concern, while *Ding was* the 'court' or
'assembly' before which a case was discussed（D, 166ff. /174f）." （*A Heidegger
Dictionary*, pp. 199-200.）

尔的思想历程，大体上主要分为三个阶段：1927 年、1930 和 1950 年。①

　　在这段小小的历程中，海德格尔对于空间去远的分析有着一个转变：在前期他将去远理解为"去某物之远而使之近"，后期则是理解为"切近之追寻"。这是完全不同的阶段。在前者的解答中，探讨的是器具或者某物何谓近？他通过"上手与现成"的范畴来进行分析，认为只有在上手中，某物与此在才是切近的。"切近的上手事物的特性就在于：它在其上手状态中就仿佛抽身而去，为的是恰恰能本真地上手。日常打交道也非首先持留于工具本身；工件、正在制作着的东西，才是原本被操劳着的东西，因而也就是上手的东西。"② 而在后期，则并非局限于探寻的是某物与此在之近，而是将切近之中的物给予揭示。在此阶段，切近意味着"物物化（Das Ding dingt）。物化之际，物居留大地和天空，诸神和终有一死者；居留之际，物使在它们的疏远中的四方相互趋近，这一带近即是近化（das Nähren）。近化乃切近的本质。切近使疏远近化（Nähe nähert das Ferne），并且是作为疏远来近化。切近保持疏远。在保持疏远之际，切近在其近化中成其本质。如此这般近化之际，切近遮蔽自身并且按其方式保持为最切近者"③。可以看出，此在与物的切近转变为物自身之四方整体被聚集起来保持趋近和带近的结果。

　　由于后期的追寻过于超验化，所以我们更多地关注其前期对于用具的分析。这方面我们可以更多地参看格瑞汉姆·哈曼（Graham Harman）的研究结果。④ 对我们而言，海德格尔对这种距离消除——物理空间距离的消除

---

　　① 1927 年海德格尔用现成在手（present-at-hand）表示物，1930 年代，在扩展的意义上使用物这个概念，1950 年以后探讨物的词源学。Michael Inwood, *A Heidegger Dictionary*, Blackwell Publishers Ltd. , 1999, pp. 214-215.

　　② Martin Heidegger, *Being and Time*, translated by John Macquarrie&Edward Robinson, China Social Sciences Publishing House Chengcheng Books Ltd. , 1999, p. 99.

　　③ ［德］海德格尔：《演讲与论文集》，孙周兴译，上海三联书店 2005 年版，第 185—186 页。

　　④ Graham Harman, 1968 年生，埃及开罗美国大学教授，主要研究形而上学问题，以海德格尔的工具分析与物的分析为主要研究对象，著作为 *Tool-Being: Heidegger and the Metaphysics of Objects*（2002）；*Heidegger Explained: From Phenomenon to Thing*（2007）。

——并不看好，而是提出了他的生存论理解，这从他所使用的例子中看得非常明显。他说，"到那里有一程好走，有一箭之遥，要一袋烟的工夫"①。在他看来，这些尺度不仅表示不可用它们来量，而且还要表示估计出来的相去之远属于人们正操劳寻视着的某个存在者，如箭、一袋烟。这种操劳寻视将烟袋作为农民生存论世界中的典型物品。我们可以在一些艺术作品中看到这种形象，如王胜利的《黄河谣》（1997）。②

图 2-1　王胜利作品《黄河谣》③

这幅作品所展现的老农民形象是非常成功的，但更多的是理想主义色彩，毕竟作为壶口瀑布的背景与这一形象之间的关联并不大，作者的处理主要是凸显人物。但是却没能刻画出其生存论的特质来。简言之，农民形象完

①　[德]海德格尔：《存在与时间》，陈嘉映译，上海三联书店1999年版，第123页。"一袋烟"的表达非常形象，中国西北地区的农民的一个标志性物品就是烟袋。但是，并不是拿着烟袋、吸着烟袋，陈嘉映先生的翻译很容易让我们联系起一个吸着袋烟的农民形象，但是，这种形象不符合他们的习惯。

②　陕北农民和烟袋这一物品联系在一起，成为农民生存论世界中的物品，陕北人的烟袋一般插在腰间，但是王胜利所捕捉到这个形象中，最具特征的又粗又长的老烟袋插在他的脖子后边，更显示了其非常憨厚、善良，透着勤劳质朴的美感。

③　王胜利：《黄河谣》，《中国美术研究》2008年第4期，封二。

全符号化了，从其世界中被剥离出来。当然，分析这一形象并非根本目的，我们的目的是揭示出一种特定的表达和某种生存论的世界有关。比如走一段路要多久？有两种表达，"一袋烟的工夫"和"30分钟"。前者对于我们而言，对于看这本书的读者或者从事其他职业的人来说，这一表达显得极其遥远，难以理解，我们无从度量一袋烟到底是多长时间，多长距离。"一袋烟的工夫"这种表达只有在上述陕北农民这样一个形象的生活世界中才有意义；而"半个钟头，30分钟"这样的表达似乎对每一个人来说都是可以理解的。但我们知道30分钟所呈现的是科学世界，而非生活世界。半个钟头是"一段绵延，而绵延根本没有时间延伸之量那种意义上的长度"①。它将生活世界变成可度量的东西，那种特质的生活世界反而离我们更远了。任何一个受过科学训练的人都能够说出"半个钟头"，这一表达对所有人来说都是一样的。但很明显的是，这一表达对于他们来说却是远离生活世界的，而非切近。只有基于自身的生活世界，将其与寻视操劳关联起来，才有真正的近之产生的可能性，这也就是说，寻视操劳决定着远近。"决定从周围世界首先上到手头的东西之远近的，乃是寻视操劳。"② 在海德格尔那里，"去远"对此在而言有着重要的意义。"此在在世本质上保持在去远的活动中。"③ 此在本质就是去远，而去远恰恰体现了由空间性概念所揭示出来的东西。具体到上述《黄河谣》画作中，烟袋对于老农民是切近的，这一切近并非是烟袋天天带在身上或插在脖子后边，而是一种生存论世界中的近。对我们来说是远的东西，对于这位农民来说却是切近的。

　　除了"去远"，"定向"也是规定着此在空间性存在的基本概念。"定向"是去远之后的一个逻辑连续的概念。正如海德格尔所指出的，"凡接近着总已先行采取了向着一定场所的方向，被去远的东西就从这一方向而来接近，以便我们能够就其位置发现它。寻视操劳活动就是制定着方向的

---

① ［德］海德格尔：《存在与时间》，陈嘉映译，上海三联书店1999年版，第123页。

② 同上书，第125页。

③ 同上。

去远活动"①。"定向"同样是由寻视操劳活动所引导的。

他从"左、右"解释了定向概念。在他看来，左右这些固定的方向都源自这种定向活动，"此在始终是携带这些方向，一如其随身携带着它的去远"②。他批判把左右看做是主体对之有所感觉的主观性的东西这一观点，指出左右被"定向到一个总已上到手头的世界里面去的方向"③。那么何谓定向呢？他的一个例子也许有助于我们理解这个概念。"假设我走进一间熟悉但却昏暗的屋子。我不在的时候，这间屋子完全重新安排过了，凡本来在右边的东西现在都移到了左边。我若要为自己制定方向，除非我把握到了一件确定的对象，否则对我两侧之'区别的单纯感觉'是毫无助益的。"④

"去远"与"定向"相比，"去远"更符合我们书中所说的"空间拉近"体验。也正是在海德格尔的这一概念上，我们获得了这一体验的真实含义。

当然，我们这里所说的"定向"已经具有一种特殊的意义了。"定向"意味着对方向有着一个明确的理解而且做出生存论的解释。我们与地方的关系就涉及定向的问题。当我把自己归属为哪里人的时候这就是一个"定向"。当我为自己寻找一个本质的规定时，这就是定向。传统的户籍和国籍这种方式的存在就是显示"定向"的最好例子。

二　去远与语言、文字、图像

在前面的分析中，我们已经把握到此在的在世方式是去远与定向，我们主要关注去远，我们将从"语言"角度来看这一在世方式是如何实现的。当然，这不可避免地涉及语言学中的若干东西。

我们从语言的功能开始。在关于语言的功能分析中，我们可以看到，一

---

① ［德］海德格尔：《存在与时间》，陈嘉映译，上海三联书店 1999 年版，第 126 页。

② 同上。

③ 同上书，第 127 页。

④ 同上。

种体现去远的东西显现在其中。在心灵主义的古老理论中，也包含着类似的理论认识。"心灵主义理论假设，人类行为之所以有可变性，是由于某种非物质因素的参与，也就是每一个人内在的精神，意志或者心理的参与。根据心灵主义的观点，这种精神和物质的东西是完全不同的，因而它所遵循的是另外一种因果律，或者根本没有。"① 如此，我们可以看到，在心灵主义理论之中，精神的本性就涉及了一种人们去远的渴望。除了能够在心灵主义之中看到这一观念，在功能主义模式中更是如此。我们先采取布龙菲尔德的一个模式。② 他从"刺激—感应"模式对语言的功能进行了分析。他指出，"语言可以在一个人受到刺激（S）时让另外一个人去做出反应（R）"。语言在其中的作用就是架起一座桥梁。"说话人和听话人身体之间原有一段距离——两个互不相连的神经系统——由声波做了桥梁。"③ 可以看出，功能主义凭借一种外在的去远而解释着语言。其他的关于语言的描述也显示出"去远"的特点。如洪堡特在分析语言的分音节时就是如此说的。"分音节从一个人的胸中迸发出来，为的是在另一个人身上引起反响，并且重新折回到前者的耳中，为他所感受到。经过这样做，一个人于是发现，在他周围还存在着一些生物，他们与他有着一样的需求，因此能够对包含在他的感觉中的种种欲望做出反应。"④

　　另外，除了语言自身所隐含着的"去远"特性外，还有一个重要的方面，这就是语言的功能。语言的一个主要功能是：比喻和象征。在我们所说的"去远"体验中，语言以其比喻和象征完成了"去远"这一空间此在性。这主要表现在与语言密切相关联的现代电子通信技术中，在这里，现代电子

---

　　① ［美］布龙菲尔德：《语言论》，袁加骅、赵世开、甘世福译，商务印书馆 2004 年版，第 35 页。

　　② 布龙菲尔德，1887—1949，美国语言学家，以研究菲律宾的他加禄语、马来—波利尼西亚诸语言出名。

　　③ ［美］布龙菲尔德：《语言论》，袁加骅、赵世开、甘世福译，商务印书馆 2004 年版，第 26 页。

　　④ ［德］威廉·冯·洪堡特：《论人类语言结构的差异及其对人类精神发展的影响》，冯小平译，商务印书馆 2004 年版，第 45 页。

通信技术借助自身的时间性完成了语言的比喻和象征功能，从而也达到了去远的规定性。这一点将在后面给予仔细的分析（见图6-5）。

除了语言，文字与图像可以看做是去远的其他方式。在语言与文字的关系上，西方文字属于拼音文字，所以二者无法分开；而中国文字属于注音文字，二者有着极大区别。"因为西方人的语言和文字差不多一致……反之，中国文字是注音的，语言和文字在很古的时期就已经不一致……"① 在不同民族文字的优劣问题上，我们往往会碰到西方中心主义的观点，即拼音文字最优化的观点，如认为拼音文字是最好的文字、精神的文字等等。② 这意味着在理解空间去远问题上有着不同的特点，此处只是提及，后文将给予详细说明。

三　去远与技术

前面的分析已经可以使我们把握出，此在在世的方式是"去远"。语言、文字与图像实现着去远，更准确地说，这些因素都是去远空间性的体现。另外，与语言一样古老的技术也是如此。这些使我们获得了理解技术及其进步发展的一个哲学基础。在这个基础上，技术是此在本质的表现，而技术进步则标志着此在去远本质的不断实现。③ 当然，更重要的问题需要提前提出来，如果说我们"去远"获得近，那么这个过程是否真的达到了切近？通过技术的方式，我们是否真的达到了与事物、与自身的切近呢？首先我们来看一下技术，进入我们视野中的主要是通信技术和交通技术。而通信技术中，诸如电话、短信等电子形式和传媒技术是一致的。

---

① 唐兰：《中国文字学》，世纪出版集团、上海古籍出版社2006年版，第3页。

② 在西方，拼音文字具有无比的权威，被看做是"最简便、最具智慧的文字"，甚至被看做是"其他文字如象形文字的扬弃"（德里达：《文字学》，第33页）。德里达认为，这种观点是黑格尔提出的，他曾经对声音所具有的特权、拼音文字的优点给予过分析（德里达：《文字学》，第15页），甚至有些中国学者提出汉字也应该拼音化。

③ 杨庆峰：《空间性：技术及其进步的先验基础》，《自然辩证法研究》2008年第5期。

(一) 通信技术和传媒技术

需要事先说明一下这里所使用的概念。我们要描述的现象是用来通信的技术载体。但是，我们并不想使用"传媒技术"这个概念，传媒技术是一个专门的词汇，用来特指"口语、书本、电视、电影、网络"等传播信息的载体。而我们这里要考察的现象决定了我们所使用的技术载体具有一些独特的地方。我们专门对通信方式进行考察，如书信：前纸张时期，如素、绢、石块；纸张时期，如纸；电子时期，如电话、电报、手机、短信及网络等。当然，从这里可以看出，它属于传媒技术。但是，我们只是从个体与个体之间的信息传递来进行考察。

我们所考察的时代决定了传媒的技术载体。为了方便起见，我们把技术时期分为三个时期：前纸张时期、纸张时期、电子时期。① 之所以采取这样的分期，主要是由特殊的考察对象决定的，因为研究需要对中国的文化形式——诗词——进行考察，这就决定了传媒技术的分期所存在的特殊性。

前纸张时期：由于将对古代传递书信的方式进行考察，如此，非纸质的传情方式就受到关注。中国文化中充满了情意绵绵的东西，而不像西方缺乏这些。如"寄寓梅花"是以一种非文字的形式来传情达意；至于文字，则多写在素、绢上。

纸张时期：纸张的大量使用使得书信成为一种重要的形式，这种形式一直延续到了现代，甚至以电子纸张的形式体现出来。

电子时期：在中国历史上，使用电话通信的历史是非常短的，从电话传入中国到普及，开始是非常缓慢的，直到后来发生了巨大变化。不到五十年的时间里，电话、短信、E-mail、QQ成为主要的形式。

---

① 这种分期在很多西方传媒学者那里被分为口语时代、纸张时代、电子时代。我们不赞成使用"口语时代"，因为以口传信的方式在中国历史上的状况不是很普遍。当然口信在文化中也处于相当的地位，如皇帝的口谕，如同圣旨一样具有威慑力；老百姓之间的口信也是比较普遍的。但是，相对来说，以素、绢、竹简的方式为更多。

(二) 交通技术

交通技术也是值得我们关注的现代技术之一。我们知道实现"去远"必须借助技术，而交通技术最为重要，它是跨越物理距离的主要方式。靠步行、风、流水等自然力要实现信息的传递是很花费时间的，也许会永远到达不了目的地；借助畜力，如马、牛车、骆驼，速度相对快了很多，准确性也大了不少，但是时间上却也很浪费；在汽车、火车、飞机等现代化交通工具产生之后，速度增加了不少；随着我们的信息转化为电子的形式，信息以光速传递，远方的人几乎同时就可以感受到对方的存在。

所以，技术的进步越来越显示出"去远"，也即拉近的实现。从靠风力到现在借助光速，跨越距离越来越成为现实。

但是现代技术的进步却给我们带来了生存论上的难题，尽管跨越空间的效率有了提高，但是生存论的难题却开始出现。如步行，虽然效率很低，但是通过步行却能够让我们领悟到"脚踏实地"、"不积跬步，无以至千里"的意义所在。这些在后文中都会探讨。

(三) 社会管理技术

我们这里还要提到社会管理技术，这主要是将人们与地方之间的关联建立起来的方式。从思想观念上看，将"国"、"家"、"乡土"、"故土"等观念输入到人们的意识中，从而为人们确立起地方的观念；[①] 从政治制度来说，通过"国籍"、"户籍"制度来加强人们的地方观念。通过观念培养起来的并不是一种知识性的认识，而是一种感情，一种对家乡的爱，对故乡的留恋和向往；通过政治制度培养起来的是一种宏观的关于地方的认识。但是，在这里我们可以看到，社会管理技术——思想观念的输入和政治制度的确立——都有效地加强了我们与地方的联系。

但是，一种情况改变了人们与地方的关联。在西方，国籍是可以有很多

① 爱国主义教育实际上是提出"国家"与人的关系来。

的，而在中国绝对不允许多重国籍，因为它会减弱人们对于国家的认同意识；另外，随着中国户籍制度的改革，人们与地方的关联也在发生着某种变化。人们开始看到了在不同地方之间进行流动的可能性，当然，这一切的实现都与信息管理技术、人们的认知方式有着很大的关联。

四　去远与地方

"去远"意味着去除距离、拉近距离。而距离意味着一个地方与另外一个地方的间距。"地方"成为我们所观看的一个最主要的概念。在海德格尔那里，"地方"即处所，是空间经验的一种特别形式，我们也遵循着这个规定。①

"地方"的基础是独特性的体现，不同的地方有着不同的文化。如世界范围内，平原地区有独特的平原文化，山地地区有独特的山地文化，岛屿地区有独特的岛屿文化。钱穆曾经对这样关联于地方的文化做过精彩的描述。"……各地文化精神之不同，穷其根源，最先还是由于自然环境有分别，而影响其生活方式。再由生活方式影响到文化精神……人类文化，由源头处看，大别不外三型。一、游牧文化，二、农耕文化，三、商业文化。游牧文化发源在高寒的草原地带，农耕文化发源在河流灌溉的平原，商业文化发源在滨海地带以及近海之岛屿。三种自然环境，决定了三种生活方式，三种生活方式形成了三种文化型……"② 他对于"自然环境"的使用，实际上就涉及了"地方"概念。在地方基础上，更细致处的文化也根本上被决定了。

"地方"更重要的是决定了其与人的关系。人和地方的联系从文化传统中可以看出一斑。在我们这里有图 2-2 可以描述出人与地方的关联。这是

---

① 但是，一些西方学者以二元的观念看待"地方"与"空间"的关系，如凯西（Edward S. Casey），著有 *Getting Back into Place*，Indiana University Press，1993 和 *The Fate of Place：A Philosophical History*，Berkeley，California：University of California Press，1997。他和唐·伊德在同一个学校，University of New York at Stony Brook。

② 钱穆：《中国文化史导论》，商务印书馆 2002 年版，第 2 页。

前面图1-1的横截面图。

如此，人与地方之间的关联呈现为这样一个模式：人与地方之间以文化空间为中介。

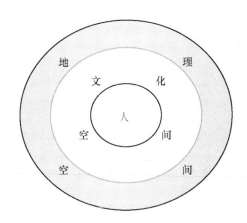

图 2-2　地理空间、文化空间与人的结构图（横截面）

"地方"意味着地理位置上的生活空间。文化则是建立在地方基础上形成的生活空间。作为核心的人实际上生活在由地方、文化所构筑的一个生活世界中。这个世界并不是由两个并列的元素——地方、文化——所构成的，不如说，人生活的世界是不断深入的世界，最先我们看到的是地方的支撑，但接着我们会感受到地方文化的空间。如此，人是生活在地方中的人，而文化则决定了地方所决定的特点。

国籍和户籍，这一传统制度实际上是地方与人之间关联的一种表现。"国籍"意味着不同国家的地方性区域限定；而户籍则是一个国家内部不同地区的地方性限制。政府通过这样一种方式给人加上了地方性的限制。①

而文化则是显示为与地方融合在一起的东西。在国籍、户籍背后，更有

_____

① 户籍体现出地域性。历代政府千方百计将人口控制在特定的地域范围中，限制其流动，甚至把任意离开户口所在地视为一种犯罪而加以惩处。如金朝规定："避役之户举家逃于他所者，元贯及所寓司县官同罪。"明朝规定："其令四民务在各守本业。医、卜者土著，不得远。"（江立华：《我国户籍制度的历史考察》，《西北人口》2002年第1期。）

着文化这种特殊东西的存在。

"去远"则意味着将地方之间的距离拉近,为对方所知道。目前户籍的取消、一个人具有多重国籍的现象实际上说明了"地方"所发生的变化。

五　去远与在场

如果使用"在场"这一概念,"去远"更意味着使不在同一空间内的主体处在同一空间,从而实现同一空间的"在场"。但要理解这一点必须实现对"在场"概念的转变,使其从形而上学的主体概念转变为显示主体间性的概念。

在海德格尔那里,"在场"是个占据着西方历史的概念。他指出,"自希腊文化的早期时代直至我们这个世纪的晚期时代,'存在'(Sein)都意味着:在场(Anwesen)。任何一种现存和呈现都来源于在场状态之居有事件"[①]。"在场"的基本特征是"无蔽状态本身作为解蔽","被遮蔽者入于无蔽状态的涌现"[②]。他曾通过自然概念来说明在场化的概念。他指出,"通向自然的自然道路乃是入于在场化的出现的一种方式,在其中,在场化的去处、来处和方式都始终如一。自然是通向涌现的通道,但因而却是一种向自身的返回,返回到保持为一种涌现的自身"[③]。

可以看出,"在场"意味着发生事物的呈现。我们这里所取的意思,是将主体间性展现出来。"在场"意味着处于不同场所的主体,如位于不同地点、不同空间的主体之间的空间被拉近的过程,拉近是一个不断的过程,如同花开放一样。拉近本身能够成为事情本身这是重要的事情。在"拉近"、"去远"的事情中,拉近、去远在场化,呈现为人们通过技术的方式拉近彼此的过程。

我们根据上图 2-2 来说明"去远"与"在场"的内涵。上述研究已经

---

① [德]海德格尔:《路标》,孙周兴译,商务印书馆 2004 年版,第 471 页。

② 同上书,第 269 页。

③ 同上书,第 341 页。

指出，"去远"意味着去除距离，使不同主体实现在场化。"去远"首先意味着脱离"地方"，到达另外一个地方；"去远"更意味着脱离"文化"，习惯另外一种文化。当一个农村青年来到城市，他就是浅层次意义上的"去远"；当他习得城市文化，而摆脱了原来的文化，这才是真正意义上的"去远"。但是，这个过程是一个特殊的过程。用伽达默尔的话说，是一个"视域融合"的过程。问题并不是发生在改变之后，而是恰恰出现在将变之时。

所以，"去远"意味着在场化的"实现"，意味着世界的融合过程，但这个过程本身却充满了众多的可能性。

上述描述已经指出，在海德格尔现象学中，"去远"这一概念是存在论视域中的专有概念，正如我们将看到的，这一概念自身所具有的分析我们所关注的空间拉近现象的可能性会被逐渐展开。所以，更重要的问题是：这种拉近本身应该如何理解？我们如何理解这一新的体验？我们是否达到了近的状态？我们的世界又发生着怎样的变化？在进入这些问题之前，我们需要对空间拉近体验的普遍性有所了解。

第二节　空间拉近的普遍性

"技术世界"已经成为我们所存在的世界的最大特征，我们"在机器之中"（A. 芬伯格）早已不再适用现在这个时代，那是工业化时期，也就是说19世纪的人们才是这样的特征，20世纪乃至当前的人们则生活在媒介之中、生活在信息之中，如此我们也就明了了"媒介时代"、"信息时代"这些概念的意义。但是，无论具体的技术形式怎样，我们都可以采取一种普遍的表达来说明我们自身的状况：我们"在技术之中"[①]。"在技术之中"就构成了我们在世的本质结构。如此带来的一个问题是，探索在技术之中的我们自

---

① "在技术之中"源自海德格尔对于此在存在结构"在世界之中"的分析，不应该与日常"生活在技术之中"之类的表达混淆。后者是一种经验表述，而前者是此在存在结构先验的描述。

身发生了怎样的变化?

　　这个问题是一个很纯然的哲学问题,旨在质问人自身的变化。为了能有所答,我们需要寻求一恰当的方法进入这个问题的探索中,这一方法就是现象学的方法。现象学对于"体验"的关注恰恰是我们所找寻的东西。在胡塞尔那里,现象学直接指向体验,但他所指的体验并非我们所需要的,我们主要偏重基于技术、空间相关的体验,而非基于意识的体验,便于我们考察发生在我们自身的一种体验变迁。为了有效地表达出这里所说的意思,我们需要改变一种思考方式。我们不再说技术世界对我们的影响是什么,这种表达方式把技术与我们的关系表现为主体、客体的模式,这恰恰是我们所拒绝的,仿佛我们是一种被动的存在,任凭技术之狂风刮来。事实却是:我们自身体现为"在技术之中"的存在,技术即我们的世界,使我们呈现自身的场所。如此,我们对自身体验变迁的研究就获得了一个方法论的基础。

　　在所获得的基础上,我们就开始质问这一体验究竟是什么?事实上,这一体验已经为人们所关注到。西方社会学、传媒技术研究等各个领域都已经揭示了这一体验的存在。而且这一揭示是在现代性与全球化的背景下表现出来的。这就是与空间性有关的"去远"体验。"去远"意味着在空间上的拉近,意味着增加彼此之间的亲密感。当前一个最为明显的现象是:人与人之间的亲密感愈加紧密。其他众多研究领域的学者都从各个方面支持这一现象。国外对全球化问题的研究就指出了全球化增强了亲密感。约翰·汤姆林森(John Tomlinson)用"联结"(connectivity)概念来说明这一情况。"全球化理论的主要任务就是,既要理解这种复杂的联结的状况之起源,又要阐述它跨越了社会存在的不同领域的含义……联结的概念可以被视为是预示着日益增加的、全球—空间的亲近感……"①"阿尔君·阿帕杜莱(Arjun Appadurai)指出,随着蒸汽机、汽车、飞机、照相机、计算机和电话的问

---

　　① [英]约翰·汤姆林森:《全球化与文化》,郭英剑译,南京大学出版社 2002 年版,第 3 页。

世，我们的生活条件发生了翻天覆地的变化，现在即使是那些距离我们最为遥远的人亦可谓之天涯若比邻了。"① 麦克卢汉对传媒技术的研究也说明了这一点，如地球村概念的提出。

生活在技术之中的我们随着世界的改变自身也发生着变化，最明显的是空间体验的多样化。众多的体验应运而生，随着计算机技术、仿真技术的出现，我们体验到了虚拟的真实，虚拟体验如同真的体验一样，让人相信它。随着技术世界的变化，我们自身也发生着变化。面对众多体验，我们需要找寻一个普遍的体验来进行描述。这就是对空间的体验。空间被拉近了，电话响起，远在千里、万里之外的亲人、朋友瞬间就可以拿起电话彼此倾诉感情，空间一下子就被跨越了。我们不再感受到空间的存在，而只是感觉到时间的先后。

一　现代性视域中的空间拉近

对空间性问题的反思有着复杂的过程。生存论角度是最具代表性的。但是人文地理学、现代性、后现代研究的学者往往忽略了这一点。从生存论角度表达出"空间性"概念的第一声应该开始于 1927 年。海德格尔在他的《存在与时间》中明确地提出了这个问题。但是，很多关于人文地理学、传播文化研究的学者的错误就在于他们一致认定，20 世纪 60 年代后期"后现代批判人文地理学给予第一声执著的呼喊"。随后空间性的思想平息了十多年，直到 20 世纪 80 年代，才开始有了声音。

在空间问题出现的历程中，西方马克思主义的贡献是不可忽视的。"正是从西方马克思主义这种边缘性潮流出发，才最后出现了对空间的重申和对历史决定论的批评。"② 按照西方马克思主义者的理解，"19 世纪末的马克

① ［英］格立宾夫妇（Mary and John Gribbin）：《时间与空间》，叶李华译，猫头鹰出版社 2006 年版，第 64 页。
② ［美］爱德华·W. 苏贾：《后现代地理学——重申批判社会理论中的空间》，王文斌译，商务印书馆 2004 年版，第 47 页。

思主义依然岿然不动地包裹于历史决定论。"① 爱德华·W. 苏贾在 20 世纪
80 年代末的《后现代地理学》中指出了与他同样的设想，"我希望建立的这
一主要论点，不仅仅在于空间性在批判社会理论处于从属地位，而且空间的
工具性在政治和实践话语里逐渐在人们的视野里消失"②。西方思想家对于
空间问题的注意开始于对"历史决定论"的批判。"历史决定论"也许对于
我们来说非常熟悉，但是，他们却对之做出了另外一种说明。如果说我们对
历史决定论的理解停留在"历史"之中，他们对历史决定论的挖掘则到达了
时间层面。的确，20 世纪 60 年代时，"社会批判思想的主流依然习惯于对
空间的漠视……"对历史决定论的反思开始于亨利·列斐伏尔。"在这些呼
吁空间化的声音中，最具有毅力、最执著并最坚持不懈的声音，当推法国马
克思主义哲学家亨利·列斐伏尔。"③ 另外，福柯也因此特别受到关注。

　　在现代性批判理论那里，从"时间性"向"空间性"的转化有一个过
程。我们从马克思开始说起，从而过渡到马克思之后的注重空间问题的社会
批判理论。

（一）马克思的"空间拉近"

　　马克思（1818—1883）的"空间"问题已经成为一个非常受人关注的问
题，特别是随着后现代学者对于他的空间思想的挖掘，这一点更加明显。当
然，仅仅按照海德格尔的理解，我们是无法明白这一点的。他指出，马克思
的唯物主义在关注"历史性"问题上高人一筹，这意味着他也只是关注到了
马克思唯物主义的时间性维度，却忽略了空间性维度。在后来者那里，如列
斐伏尔、苏贾等这些后现代学者对于他的空间思想就给予了足够的重视。早
在 20 世纪 80 年代末期，爱德华·苏贾就指出了批判理论的"空间化"已露
出端倪。"对于批判理论目前刚露端倪的空间化，若要做出一个全面而又肯

---

① ［美］爱德华·W. 苏贾：《后现代地理学——重申批判社会理论中的空间》，王
文斌译，商务印书馆 2004 年版，第 51 页。
② 同上书，第 53 页。
③ 同上书，第 24 页。

定的认识论上的陈述，我们现在尚未具备足够的把握，因为对一种仍然处于不断变化中的话语做出一种为时过早的总结，尚有太多的不确定因素。"①如今近二十年的时间过去了，似乎可以对这种话语做一番总结。当然这并不是本书力图做的事情，我们只想勾勒出马克思思想中与空间拉近有关的体验，而且是从社会学的批判理论视野中。我们可以期盼，他们能够贡献出更多的资源，因为他们恰恰批判的是这个。

马克思谈到了空间的拉近，这是很多人所忽略的地方，当然他的思想只是处于萌芽状态，并没有明确地说出在工业时代人们在空间上的拉近。的确如此，卢德主义拼命实践着捣毁机器的纲领，他们所给予我们的是机器导致了人与自然的异化，导致了人自身的异化，这并无任何的亲近可能性。马克思所面临的任务是如何提供一条正确的途径以摆脱机器的异化，而不是去描述机器带给无产阶级的新的体验形式。这就是在资本主义条件下，机器导致了人与人之间的冷漠无情，但是也正是在这一条件下，机器却使得无产阶级明白了彼此共同的历史境遇，出现了一种由工业技术普遍应用所产生的可能性。他在《共产党宣言》中指出，"全世界无产者联合起来"的口号事实上有着一个基本的前提：这就是工业技术使得不同地区乃至全世界的由工业技术所导致的无产者之间在心理空间乃至社会空间上具有拉近的可能性，也只有这样团结才是可能的，联合才是可能的。这些都是面对共同历史境遇而导致的结果。但是，更多的学者把这一事实解读为逻辑上的事实，看做是马克思的逻辑起点，然后借此推演出无产阶级联合的可能性，推演出资本主义必然被推翻的历史命运。但是或许情况不仅仅如此，如果运用现象学的方法解读，那么我们则会看到马克思描述出的资本主义制度下机器给予现代无产阶级的生存体验以及未来无产阶级所具有的生存可能性。这一点，在后来的后现代学者那里可以得到一点印证。如爱德华·W. 苏贾指出过一个有趣的现象，这就是马克思在空间问题上，关注到一种空间消失的现象。"马克思将

----

① ［美］爱德华·W. 苏贾：《后现代地理学——重申批判社会理论中的空间》，王文斌译，商务印书馆 2004 年版，第 18 页。

空间主要处理为一种自然语境，即生产的各种处所、各种不同市场的区域、距离天然摩擦源头等方面的总体，而这一总体将会通过时间和资本日益解脱束缚的运作而被'消灭'。"① 这完全不同于我们通常所理解的将技术看做是逻辑推演的起点。

（二）格奥尔格·齐美尔的"空间拉近"概念

在对现代性进行批判的问题上，齐美尔大概是研究空间距离消失问题的第一人。甚至可以说，在我们的空间拉近体验问题研究史上可以说得上是第一人。后来的社会学家如丹尼尔·贝尔（Bell，Daniel）、吉登斯（Giddens，A）、戴维·哈维（David Harvey）、鲍曼（Zygmunt Bauman）对这个问题的论述都是在他的基础上展开的。齐美尔对空间的理解始终是顺着古典的属性路线展开的，即对空间的不同属性加以论述，他揭示出了空间的五种特性：独占、分隔、固定、距离和运动。其中"距离"和"运动"奠定了后来社会学领域中空间研究转向的基础。当然，他的探讨最终服务于社会学的需要：研究现代性与社会关系的变迁。

那么"距离"是什么？在齐美尔看来，"距离"意味着间距，空间距离是价值、美感生成的源泉，是社会共同体存在的基础。"一个经常用以描述生活内容之构成的形象，是把它们围成一个圆圈，圆圈的中心是真正的自我。有一种关联的模式存在于这个自我同事物、他人、观念、兴趣之间，我们只能称为这两方面的距离。无论我们的客体是什么，它能够在内容保持不变的情况下，更靠近我们视野圈和兴趣圈的中心或者外围。但是这不会使我们与该客体的内在关系发生任何变化，相反，我们只能借着对两者距离的一种确定的或变化的直观的象征，来描述自我与其内容间的特定关系。当我们把内在的存在分裂成一个处于中心的自我和一系列排列在四周的内容时，从一开始我们就已经对这个难以言传的事态创造了一种象征性的表达方式。"②

---

① ［美］爱德华·W. 苏贾：《后现代地理学——重申批判社会理论中的空间》，王文斌译，商务印书馆 2004 年版，第 192 页。
② ［德］齐美尔：《货币哲学》，陈戎女译，华夏出版社 2007 年版，第 384 页。

如此，空间的距离属性意味着"处于某种关系的个体相互之间距离的远和近"。人类的存在就是围绕距离展开的，其中消除距离与保持距离构成了空间距离的辩证法。"远离与接近在实践中是两个互补的概念，其中每一个都假定了另一个，它们是我们与客体关系的两面，我们称之为主观上是我们的需要，客观上是它们的价值。"①

与距离相对，运动属性不断消解和重构着距离。"运动"意味着"社会群体从一个空间位置转移到另外一个空间位置的可能性"②。这种转移过程实际上是空间距离的消解和重构过程。齐美尔的工作已经揭示出人们从一个空间转移到另外一个空间的可能性，也就是我们所关注的空间拉近体验的一个方面。如今空间的运动属性使得我们强烈感受到了现代全球化下的空间的流动与空间的压缩。时代过去了将近一百年，我们陡然发现，这一可能性成为现实；人们在消除着彼此的距离，而且渴望得如此强烈。

那么，齐美尔对空间距离的意义做出了怎样的论述呢？他把空间距离的存在看做是美感的诞生、价值的客观化及艺术风格的根源。

美感源自距离增长的结果。"在那些情形里它提供了现实的快乐，我们对于客体的欣赏并不特别是美感的，而是实践的，它仅仅是在作为距离增长、抽象化与升华的结果才成了美感的……因此同样也发现了美的光辉与超验，它来自真实动机的临时距离，在其中我们发现了美感。"③ 这一论述成功地把美感奠基在人与事物的距离基础上。的确，在日常相处中，我们发现距离造就了美感，特别是男女异性相处，距离的存在是爱情和美感存在的基础，我们经常看到的是，当两个人之间的距离过于靠近或者消失的时候，也就是爱情和美感走到了危机的时刻。

另外，价值的客观化起源于距离。这与我们通常所理解的价值源自人的使用不同，在齐美尔那里，价值源于距离的生成。"所以价值并不源于愉悦

---

① ［德］齐美尔：《货币哲学》，陈戎女译，华夏出版社 2007 年版，第 17 页。

② 成伯清：《格奥尔格·齐美尔：现代性的诊断》，杭州大学出版社 1999 年版，第 162 页。

③ ［德］齐美尔：《货币哲学》，陈戎女译，华夏出版社 2007 年版，第 16 页。

时刻的不可打破的统一，而是源于主体与作为客体的愉悦内容的分离，这个客体作为某种被欲求的东西站立在主体的对立面，并且唯有通过克服距离、障碍与困难才能够得到它。"① 于是，价值的客观化也基于这一距离的存在。"对象的从实用价值到美学价值的整体发展是一个客观化的过程。……价值的客观化起源于出现在客体价值的直接主体来源与我们关于客体的一时情感之间的距离。"② 不同的价值形式，如经济价值、审美价值也都与距离的改变相关。③

还有艺术风格，这一标志着人文学科特性的东西也是将自身确立在距离的保持上，艺术风格、文学风格即如此。"艺术风格的内在含义可以解释为各种艺术风格在我们和事物之间产生的远近不同的距离造成的后果。……风格存在的纯粹事实本身就是距离化最重要的一个特征。"④ 齐美尔注重对风格的起源做出论述，后来，卡西尔对风格的概念进行了集中论述。"每一门

① ［德］齐美尔：《货币哲学》，陈戎女译，华夏出版社 2007 年版，第 10 页。

② 同上书，第 17 页。

③ 在齐美尔的论述中存在着一个被忽略的问题：他指出价值和审美感源于距离的确立，但是，由于他对于二者之间的距离关系没有给予有效的说明，使得我们会碰到一个有趣的问题：唯美判断对于价值判断的遮蔽。如对于战争，我们的价值判断会产生不同的结果，对于 2003 年美国入侵伊拉克的战争，很容易做出"这场战争是恶的"价值判断，但是，对于世界各地通过电视了解这场战争的人来说，相应的价值判断却相当地弱，而通过电视感受到的战争美却印象深刻，如导弹在夜晚天空中划过的曲线让人惊叹，还有拉倒萨达姆雕像的快感更让人感到清晰。这就是在距离不断变化的过程中，面对战争，审美判断不断遮蔽了价值判断的表现。相比之下，在空间距离上，审美判断远于价值判断，价值判断是近距离的利害关系，而审美判断则是保持一定距离的结果。例如，我们很容易想象，杀死面对面的人会产生很深的罪责感，而借用技术手段，这种罪责感会极大减弱。反而会对技术手段所表现出的效率感到惊叹。这在《现代性与大屠杀》中有相关的描述。当然，还有一种情况，看古龙的小说，为其唯美所震撼，如描写刀的快，没有用任何的形容词，而是其他的手法，"拔刀时就是死亡时"。"难道刀法也得到了没有变化时，才是刀法的巅峰？"参见古龙《天涯·明月·刀》一书。这或许是文学手法应用的结果。但是，我们却发现在整个故事中，价值判断完全为唯美判断所遮蔽。而这种唯美则是超越距离的结果，与上述保持距离则是不同的。这也能够理解一种观点，保持距离与距离的消除同样能够产生审美判断。这或许是审美辩证法的一个体现。

④ ［德］齐美尔：《货币哲学》，陈戎女译，华夏出版社 2007 年版，第 384 页。

独特的人文科学都能创制出一套特定的形式概念和风格概念，并能使用这些概念做系统性的全面观察，和把这一科学所要处理的现象加以分类和区别。"① 这些概念自身具有一种不确定性。这一不确定性或许和距离有关系，但是，卡西尔并没有关注到这个问题，他更关心对风格概念进行逻辑分析，阐述其不同于价值和历史概念的地方。

在距离的基础上，齐美尔揭示出现代社会的一个结果是对距离的克服。这种克服是人类知识增长、保持某种社会关系稳定的根本。

在他看来，距离的缩短具有与距离的保持同样重要的作用。如人类与事物之间距离的缩短能够促进人类知识的增长，如在现代科学技术发展中的体现。这种体现被齐美尔解读为征服。"我们与事物之间无穷无尽的距离已经借助于显微镜和望远镜被征服了。"② 在科学消除距离的问题上，齐美尔从器物——显微镜、望远镜——入手的做法，如果唐·伊德知道，会非常高兴，这和他本人的思路极其吻合。但是，齐美尔的揭示没有触及科学之本质性的法则层面，这一点可以在卡西尔那里得到说明。他指出科学对距离的克服是通过普遍法则来完成的。"那遥远中的一切，都迷失于暗晦与重雾之中。而就在这一关键上，科学展开其功用。科学之所以能克服那遥远的领域，是因为它把其自身提升到普遍法则知识的层面上去，而对于此一法则而言，'近'与'远'根本上是没有分别的。"③

另外，消除空间距离以及实现空间拉近的主要意义是维系某些团体性质的持久性。在他看来，社会中人与人之间距离的缩短对于共同体的维持至关重要。"第一眼就令人坚信，通过原则上相同的利益、力量、思想意识维系团结的两种联合，将会根据它们的参与者在空间上是否接触，或者相互隔离，而改变它们的性质。也就是说，不仅在整个关系的某种区别的不言而喻

---

① [德] 卡西尔：《人文科学的逻辑》，关之尹译，上海译文出版社2004年版，第94页。

② [德] 齐美尔：《货币哲学》，陈戎女译，华夏出版社2007年版，第387页。

③ [德] 卡西尔：《人文科学的逻辑》，关之尹译，上海译文出版社2004年版，第122页。

的意义上，因为除了那种关系以外，在内心还补充着独立于它的、由于形体的接近而形成的一些关系，而且从空间上进行阐述的相互作用也会大大改变前一种——哪怕可能还有距离的——关系。经济的卡特尔也好，友谊也好，集邮协会也好，宗教团体也好，都可能长久地或暂时地放弃个人的接触，但是，如果无须克服距离，那么立即就会显示出维系团结一致的纽带的无数的量的和质的改变的可能性。"①

在齐美尔看来，宗教的东西和某些心灵的结合则需要克服时间和空间的条件。"随着这些极端丧失其纯洁性程度的增加，就愈发需要在地点上的接近：倘若那些由客观阐述的关系出现一些漏洞，且它们又只能通过一些逻辑上无法把握的、难以预言的事物来填补，或者倘若纯粹内在的需求不能脱离外在感官需求的某一种并列对应物，那么就更加需要在地点上的接近。从这种观点看，社会的整个相互作用也许产生一种分级化：空间上的接近或者空间上的距离在什么样的程度上要求或者容忍现在的形式和内容的某种社会化。"②

所以，他把空间距离的消除看做是维系社会团体关系、宗教关系等的关键。那么，如何实现空间距离的消除呢？齐美尔从"思维"角度进行了论述。他向我们揭示了空间距离与抽象思维的关系。他认为，各种远距离的关系是以人的智力发展为前提的。"意识越是原始，就越不能想象空间上分开的东西具有的共同的归属性，或者空间上接近的东西不具有的共同的归属性。"③ 在现代社会中，由于抽象能力的增强，现代人习惯了空间上最切近的东西是无所谓的这一状况，而能够想象出远距离的事物所具备的亲近感。或者说，现代人比原始人能够清晰地认识到远距离的东西中蕴涵着相似性，蕴涵着切近这样的东西。"一种社会化在空间上的张力容量在相同的感情和利益条件下，取决于抽象能力的现有程度。意识越是原始，就越不能想象空

----

① ［德］齐美尔：《社会是如何可能的》，林荣远编译，广西师范大学出版社2002年版，第305页。

② 同上书，第306页。

③ 同上。

间上分开的东西具有的共同的归属性，或者空间上接近的东西不具有的共同的归属性。"① 在小城镇里，邻里的关系和对邻里的兴趣是非常紧密的，完全不同于大城市。"在大城市里由于外在生活景象的错综复杂和混乱，人们变得习惯于持续不断地抽象，习惯于对空间上最贴近的东西无所谓和同空间上很遥远的东西有密切的关系。"②

　　齐美尔把空间距离看做是普遍的"人类命运"，而非作为一种针对个人人格的事实。这非常有意思。远距离的关系首先是以智力的某种发展作为前提的；而近距离关系是以感情发展作为基础的。他还对空间上的贴近的人的关系给予了描述，十分有意思。"有一条很古老的经验：住在同一所房屋里的居民，只能是要么关系友好，要么关系敌对。"③

　　缩短空间距离的主要方式，除了上面所提到的科技之外，最主要的形式就是货币、艺术。

　　货币在距离克服的过程中所起到的作用不容忽视。"货币实现了我们与目的之间进行距离化的功能，与其他技术手段所作的同出一辙，但货币干得更纯粹、更彻底；在这里，货币也表明自己不是孤单单的，只不过它是对距离化这一倾向——在一系列低阶段的现象中也表现出来——最完美无缺的表达而已。"④ 如果按照齐美尔的观点，距离是价值与艺术产生的根源，那么这二者消失的根源即距离的消失。人类克服距离的过程也是价值与艺术走向终结的过程。传统社会中价值与艺术是如此的完备，人与物、人与人之间的空间距离不会发生变化；但是现代社会却使得价值和艺术的崩溃与空间距离的拉近成为并行的现象。

　　当然，在空间距离的消除上，货币只是单方面地完成了这一功能，而在艺术身上，齐美尔为我们揭示了隐含在其中的空间辩证法：消除空间距离的

---

　　①　[德]齐美尔：《社会是如何可能的》，林荣远编译，广西师范大学出版社2002年版，第306页。

　　②　同上书，第307页。

　　③　同上书，第309页。

　　④　[德]齐美尔：《货币哲学》，陈戎女译，华夏出版社2007年版，第395页。

过程同时也是疏远产生的过程。

有一类克服空间距离的方式我们需要提到，这就是艺术。但是，在艺术身上，体现出的不仅仅是对距离的克服这一面，还有对距离的保持。齐美尔特别提醒人们需要注意到表现在艺术中的空间辩证法。前面已经提到，艺术风格基于距离。艺术在消除人与现实空间距离的时候还产生了与现实的疏远。"艺术风格的内在涵义可以解释为各种艺术风格在我们和事物之间产生的远近不同的距离造成的后果。一切艺术均改变了我们原初地、自然地置身于现实时的视界（Blickweite）。一方面艺术使我们离现实更近，艺术使现实独特的最深层的涵义与我们发生一种更为直接的关系；艺术向我们揭示了隐藏在外部世界冰冷的陌生型背后的存在之灵魂性（Beseetheit），通过这种灵魂性使存在与人相关，为人所理解。然而在此之外，一切艺术还产生了疏远（Entfernung）事物的直接性；艺术使刺激的具体性消退，在我们与艺术刺激之间拉起了一层纱，仿佛笼罩在远山上淡蓝色的细细薄雾。艺术拉近和疏离人与现实之间的距离的两种效果有同样强烈的吸引力；它们二者之间的张力，这种张力在多种多样的对艺术品的要求中的分配，赋予每一种艺术更具体的特色。是的，风格存在的纯粹事实本身就是距离化（Distanzierung/distancing）最重要的一个例证。"① 如此，我们感受到艺术中存在着空间辩证法的可能性。

但是，体现在艺术中的空间辩证法在现代社会中存在的可能性不断被削弱。艺术让我们看到了空间辩证法，但是，艺术在科学时代的削弱也预示着空间辩证法的削弱。即便是基于科技之上的艺术形式似乎复活了古老艺术的精神，但真正看来，这种"科学的艺术"无法做到在保持距离中让我们接近事物。这是因为"科学的艺术"将我们与事物的接近理解为科学的距离了。所以，在谈到人类的状况时，齐美尔指出，由现代科技、货币所导致的近之本质，即现代技术所导致的空间拉近，其结果是导致了"原初的和人亲近的东西遥不可及"。齐美尔的这个隐含的因素在卡西尔那里得到了显示，"（在

---

① ［德］齐美尔：《货币哲学》，陈戎女译，华夏出版社 2007 年版，第 384 页。

卡西尔看来）谨慎无休止地创造出新的名相与图像；然而它却没有理解到，这些创造并不能使他与神明接近，相反地与之日益远离。"①

如此，齐美尔对空间考察的启示关注到了空间体验两个辩证的方面：一方面，人类在保持距离中实现了与事物的近；另一方面，我们在距离消失中导致了与事物的远。对这两个方面保持清醒的意识是不可缺少的。

从上面的分析中我们可以看到，齐美尔通过空间距离的本体论地位及其变化揭示出艺术、价值、知识、风格等的起源。他更重要的作用是揭示出空间上的辩证现象。我们更为关注他对于科学技术之于空间距离关系的揭示，因为我们的根本问题是研究现代技术之于人的空间拉近。他指出科学研究中的仪器——望远镜和显微镜——使得我们不断靠近事物的本质，人们与事物之间的距离随着科学的进步不断缩小，这也是知识增长的过程。当然，在他看来，科学所导致的人与对象之间的近并非原初的，当他把科学看做是计算性思维的源泉的时候，也就注定了将科学所导致的人与对象之间的近看做是一种负面的东西了，也就是最终这种拉近却导致了与原初事物的疏远。

应该说，齐美尔对空间距离的分析具有经典性的奠基意义，正如他本人是社会学的奠基人一样，他提出的"原初的和人亲近的东西遥不可及"，显示了人已经远离了原初的和亲近的东西，用现代的范畴表述就是"无根状态"、"失乐园"（homeless）、无地方化（placeless）等概念。这些已经成为现代性、全球化反思中的核心话语范畴。他对空间距离的意义及其在社会中的变化现象的揭示充满了辩证色彩。这与海德格尔的"去远"论述形成了遥相呼应的局面，在这个问题上，社会学与哲学的同一深刻地体现了出来。

但是，他的分析也存在着局限。其一，他的"空间拉近"现象的分析更多地从艺术、科学、货币等社会现象入手，其根源只是追溯到人的抽象能力这一思维层面。海德格尔的去远分析则更多的是从人与事物的打交道

---

① ［德］卡西尔：《人文科学的逻辑》，关之尹译，上海译文出版社 2004 年版，第170 页。

过程中事物的"抽身而去"而展开的。社会学的粗犷线条与现象学的细腻描述形成了鲜明对比。其二，他对于空间体验之于人自身的意义的揭示还没有触及人自身的存在结构。这也是第一个局限中所推演出的必然逻辑结论。从上述的分析可以看出，他的揭示中充满了社会学和心理学的色彩。我们称之为心理主义的。"就当前时代而言，我曾经强调过，灵魂的精神性和专心镇静在自然科技时代喧嚣的辉煌中麻木了，造成了紧张和茫然地追求的某种模糊感的恶果，造成了一种感觉……我相信，在意识阈限之下的内心深处这种隐秘的不安……这不仅是现代生活的紧张忙碌所致，而且反过来，通常也是这种内心最深处心理状态的表现、征兆和爆发。"① 这种分析无法充分展示出人类自身的普遍的因素。这一点在海德格尔那里就得到了克服。在他那里，存在于齐美尔分析中社会学与心理学混合的杂质被哲学理性的头脑所过滤，对于空间距离克服的分析直接指向了人类自身的存在结构。其三，空间拉近所具有的意义揭示过头了，"即离我们的存在的完整意义如此遥不可及，以至于我们无法锁定存在的意义，处于不断远离它而非靠近它的危险之中；此外，存在的完整意义又仿佛同我们照面，仿佛我们本来可以伸出手抓住它，若不是我们总是恰好缺乏勇气、力量和内心安全感的话"。这让我们想起了马克斯·韦伯的铁笼比喻。他的描述让我们彻底封死了人类的活动的意义，而在海德格尔那里，这个问题重新获得了表达，空间距离的克服对于有限的人类存在意义并不是彻底清楚的，揭示其所具有的可能性就成为现象学乃至技术现象学所面对的任务。

（三）阿尔君·阿帕杜莱的"多样性的流动"

尽管在那个时代，很少人注意到齐美尔所提到的可能性，但是，当前很多学者已经注意到阿尔君·阿帕杜莱（Arjun Appadurai, 1949—　）所描述出来的东西。这就是他对全球化背景下空间的流动现象的描述。美国学者戴安娜·克兰指出，"阿尔君·阿帕杜莱（Appadurai, 1991）确认了其他四

---

① ［德］齐美尔：《货币哲学》，陈戎女译，华夏出版社 2007 年版，第 395 页。

种：（1）种族迁移（ethnoscapes），包括一个国家流动到另一个国家的人们，例如旅游者、移民、难民、流亡者和客籍工人；（2）技术迁移（technoscapes），包括技术革新，其中既有机械技术革新，又有信息技术革新；（3）金融迁移（financescapes），包括一个货币和商品市场流动到另外一个货币和商品市场的投资和货币；（4）意识形态迁移（ideoscapes），包括各种意识形态，既有现代、又有传统的。"① 他把"物质的流动"作为考察的对象，并且将其作为全球化条件下"空间流动"的典型代表。在他看来，这四个方面彼此独立发挥作用，而且相互影响。他指出了这些流动的复杂性和产生问题的重要性。

那么，我们从他的这一流动概念中感受到了什么？在某种程度上看，流动意味着界限的消失，空间的消失成为可能，而这恰恰说明了"空间拉近"这一概念所具有的意义。

（四）吉登斯的"时空关系"

法国学者达尼洛·马尔图切利（Danilo Martuccelli）② 指出吉登斯关于时间和空间问题的思想在现代性问题中具有重要的地位。"时间和空间问题是吉登斯解释现代状况特征的特殊方式。在吉登斯看来，时间和空间距离通常呈现出克服障碍的形式。正是通过时间和空间距离，他得以深入到现代性的分析现象学之中。"③

空间成为独立于时间的问题还得益于社会学发展，这也算是理论上的一种方向。不同于哲学关心时间与空间哪一个在先的问题，社会学只关注

---

① ［美］戴安娜·克兰：《文化生产——媒体与都市艺术》，赵国新译，译林出版社2002年版，第165页。本书作者的观点似乎出现了错误，根据维基百科全书，阿帕杜莱论述了五种流动现象，除了上述的四种之外，还有一种是传媒迁移（mediascapes），http：//en. wikipedia. org/wiki/Arjun_Appadurai。

② 达尼洛·马尔图切利，法国社会学家，主要从事社会理论、实践社会学及社会学学派的研究，任法国科学研究中心——经济社会调查研究联络中心研究员。

③ ［法］达尼洛·马尔图切利：《现代性社会学——二十世纪的历程》，姜志辉译，译林出版社2007年版，第402页。

时间与空间问题的联系变化情况。吉登斯（1938—　）指出，时间与空间的联系关系在机械钟出现的时候开始变化。"机械钟（最早出现在 18 世纪后半期的计时方式）的发明和在所有社会成员中的实际运用推广，对时间从空间中分离出来具有决定性的意义……直到用机械钟测定时间的一致性与社会组织中的一致性相适应以前，时间都一直是与空间（和地点）相联系的。"① 在吉登斯那里，时间与空间的分离是现代性动力的三大来源之一。其他两个来源分别是脱域（disembeding）机制的发展与知识的自反性（reflexive）运用。

（五）鲍曼的"空间征服"

鲍曼（Zygmunt Bauman，1925—　）② 认为现代性的所有特性都源于关键特性，而这一关键特性就是"时间和空间之间的变动关系"。所以要理解现代性，对时间、空间的考察成为必然。另外，也由于时间、空间描述了人类状况的正叙事过程，所以有必要进行考察。

他认为，流动的现代性已经到来，而且改变了人类的状况。"流动的现代性的到来，已经改变了人类的状况，否认甚至贬低这种深刻的变化都是草率的。系统性结构的遥不可及，伴随着生活政治非结构化的、流动的状态这一直接背景，以一种激进的方式改变了人类的状况，并且要有我们重新思考那些在对人类状况进行宏大叙事时起架构作用的旧概念。"③ 时间与空间就是他所谓的旧概念之一，如此需要做的事情是考察这些概念"是否行得通"，如果不通的话，如何给它们安排"合理的葬礼"就成为一个任务。

鲍曼指出，时间—空间从生活实践中的分离是现代性产生的根源，这种分离现象在吉登斯那里表现为现代性发生的脱域机制。他从更深层次描述了

① ［英］吉登斯：《现代性的后果》，田禾译，译林出版社 2000 年版，第 15 页。
② 齐格蒙格·鲍曼，波兰社会学家，对全球化、现代性、后现代性、消费注意及道德问题很有研究。
③ ［波兰］齐格蒙格·鲍曼：《流动的现代性》，欧阳景根译，上海三联书店 2002 年版，第 12 页。

发生在我们时代的空间体验，即空间征服已经开始发生，而且一直没有停止。

二　后现代性视域中的空间拉近

（一）约翰·汤姆林森的"复杂的联结"

约翰·汤姆林森提出了"联结"作为描述全球化体验的概念。在他看来，全球化代表着一种体验，全球化理论的主要任务是"理解这种复杂的联结之状况起源，又要阐释它跨越了社会存在的不同领域的含义"①。而"联结"就是预示着日益增加的、全球—空间的亲近感。其在技术手段上就表现为器官的延伸。而且，"联结"加强了亲近感。"在资本主义工具论的观点看来，联结日趋向日益增长的一种功能性的'亲近感'方面发挥着作用。"②所以，在他看来，全球化带给我们的空间拉近体验是非常明显的。而且，这一体验有着非常重要的意义，"由联结所产生的文化体验的重构，将对产生一种世界主义政治可能性来说是至关重要的"③。可以说，汤姆林森的观点与我们通常所看到的观点不同，如海德格尔和齐美尔。他则为我们勾勒出技术乌托邦式的未来图景，即由现代技术所主导的全球化体验是亲近感不断增加的过程。他的观点缺乏更多的论证，所以只是我们众多考察中的一个观点。

（二）戴维·哈维的"时空压缩"④

在《后现代状况》一书中，戴维·哈维提到了这样一个论点：1972年以来，文化实践与政治—经济实践中出现的剧烈变化使得我们体验时间

---

① ［英］约翰·汤姆林森：《全球化与文化》，郭英剑译，南京大学出版社 2002 年版，第 3 页。

② 同上书，第 9 页。

③ 同上书，第 42 页。

④ ［美］戴维·哈维：《后现代状况》，阎嘉译，商务印书馆 2004 年版。

和空间的方式发生了变化。而且，这一体验方式的变化最终导致了资本主义积累的基本规律（后现代主义文化）的变化。① 这一论点是建立在他的一个基本的假设之上：对时间和空间的体验是"资本主义历史—地理发展的动力"，是"文化生产和意识形态转变过程中的环节"②。接着他开始了对"时间和空间体验"的描述，而这一描述完全是通过"时空压缩"来完成的。

在他那里，他将"时空压缩"作为一个经常提及的概念，而且将其作为理解现实生活的一个重要因素。"最近这 20 年我们一直经历一个时空压缩的紧张阶段，它对政治经济实践、阶级力量的平衡以及文化和社会生活已经具有了一种使人迷惑和破坏性的影响。"③ "……在以下的内容中，我将经常提及'时空压缩'的概念。我的意思是指，这个词语标志着那些把空间和时间的客观品质革命化了，以至于我们被迫、有时是用相当激进的方式来改变我们将世界呈现给自己的方式的各种过程。我使用压缩这个词语是因为可以提出有力的事例证明：资本主义的历史具有在生活步伐方面加速的特征，而同时又克服了空间上的各种障碍，以至世界有时显得是内在地朝着我们崩溃了。"④ 为了说明"时空压缩"，他使用了和麦克卢汉一样的"地球村"概念，而且指出我们必须适应这种时空压缩的感觉。"由于空间显得收缩成了远程通信的一个'地球村'，成了经济上和生态上相互依赖的一个'宇宙飞船地球'——使用两个熟悉的日常形象化的比喻——由于时间范围缩短到了现存就是全部存在的地步（精神分裂症的世界），所以，我们必须学会如何对付我们的空间和时间世界'压缩'的一种势不可当的感觉。"⑤

在说明时空压缩的问题上，他指出了一个重要的概念，这就是"通过时间来消灭空间"。他指出，"因此，这是一个很容易理解的悖论，即在一个通

---

① ［美］戴维·哈维：《后现代状况》，阎嘉译，商务印书馆 2004 年版，论点部分。

② 同上书，第 3 页。

③ 同上书，第 355 页。

④ 同上书，第 300 页。

⑤ 同上。

过时间消灭空间按照飞快的速度进行的时代里，地理政治学和政治美学化就会经历强烈的复兴"①。而且，"通过时间消灭空间，已经彻底改变了进入日常再生产的商品的混合"②。

而且他把时空的压缩看做是后现代的一个重要问题。我们以他的一段话作为说明。

后现代时空压缩的条件，在很多方面都夸大了过去一次又一次困扰着资本主义现代化过程的各种困境（1848 年和第一次世界大战之前的那个阶段特别涌上心头）。当经济的、文化的和政治的回应可能恰恰都不新颖之时，这些回应的范围在某些重要的方面都不同于以前所出现的各种回应。自 1960 年以来西方资本主义时空压缩的强度，以及它在政治、私人和社会领域过多的短暂性与分裂的所有一致的特点，看来的确表明了一种体验的语境，它使后现代的状况变得有点特殊。但是，通过把这种状况放到它的历史语境之中去，作为由于资本积累及其不断追求通过时间消灭空间和减少周转时间所产生的时空压缩接连不断的浪潮之历史的一部分，我们至少可以把后现代的状况拉近历史唯物主义的分析和解释可以接近的一种状况的范围之中去。③

当然，在"时空压缩"的最后定位上，他还是比较明确的。他指出，"时空压缩"这一新的体验形式只是资本主义生产方式与文化的一种转移，而不是一个全新的社会的出现。"……这种变化（转变为时空压缩）不是某种全新的后资本主义社会或者后工业社会出现的征兆。"④

这一观点为乌尔里希·贝克所吸收。"'全球化'的讨论……社会科学界提出了两个迄今为止比较特别的方案。第一个方案在日益扩大的相互关

①　[美] 戴维·哈维：《后现代状况》，阎嘉译，商务印书馆 2004 年版，第 341 页。
②　同上书，第 375 页。
③　同上书，第 385 页。
④　同上书，论点部分。

系方面（Held，1999；Beisheim，1999），也就是说，在相互依赖、相互交织、跨国流动、身份地位和社会网络的意义上思考和研究全球化问题。第二个方案强调通过时间扬弃空间（Harvey，1990：229；Giddens，1997），这种扬弃将使得新的交往方式成为可能……全球化在这里不再是作为民族国家的社会空间之间日益紧密的相互交织，而是作为这个空间内在的全球化本身所设想的。在本书中，在接受上述两个方案的同时，再向前迈进一步，将全球化理解和阐述为历史的转型。因此，在一个尚不明朗的世界内政政策的权力空间中，要用迄今沿用的世界观区别民族的和国家的。"①

从上述思想的分析可以看出，全球化视域中的技术体验分析所具有的特征是对这种空间拉近、时空压缩给予描述，但缺乏深入的反思。汤姆林森提出全球化下的亲密体验将导致世界主义政治出现的可能性；与此相反，戴维·哈维却把时空压缩看做是"资本主义生产方式与文化的一种转移"。在这种转移过程中，资本主义生产方式与文化转移到其他各地，如同血管把养料传送到身体各部位。当然，除了生产方式与文化之外，还有自身的危机，而在这种危机转移背后，所采取的方式不再同于传统的殖民地"强硬侵入"，而是一种"温柔抚触"②。

三　传媒文化视域中的空间拉近

在传媒文化研究中，注意到"空间拉近"只是近十年来的事情。1995年，英国传媒研究学者尼克·史蒂文森指出，"然而，大众媒介对空间横向关系的建构以及对社会时间方面的影响，长期以来始终未曾得到充分探索。

---

① ［德］乌尔里希·贝克：《全球化时代的权力与反权力》，蒋仁祥等译，广西师范大学出版社 2004 年版，第 2 页。

② 美国金融危机的转移可以看做是一种资本主义的空间转移，国际货币基金组织（IMF）副总裁指出，中国将在全球经济中发挥更大作用，不应该把这一观点看做是事实描述，而是一种价值判断，正如一种温柔的抚触，通过这种方式，使中国被卷入到金融危机中。

这一情况的理论问题，至少在分析方面仍然游离于与文化内容相关的并主导了大众传播某些学派的各种问题之外"①。这个问题是作为传媒技术对于人的体验的影响来存在的。上述英国学者的论述却多少有些问题。我们将从传媒技术领域内出发，考察传媒研究中若干学者关于"空间拉近"的影响。这些人的顺序是英尼斯、马歇尔·麦克卢汉等。

（一）英尼斯②的"倚重空间"

加拿大学者英尼斯（Harold Innis，1894—1952）在传媒研究上对后来的麦克卢汉产生了很大的影响。他的名声也是因为后者而为其他人所知道的。我们这里主要考察他的关于传媒技术对于我们空间体验的改变。也就是围绕我们在前面所提到的：传媒技术是否造成了我们拉近空间这一体验？他的研究涉及了空间概念，但是却没有让我们看到空间拉近的体验。为了充分理解这一点，我们从他倚重空间的媒介进行考察，来看看他为我们理解空间拉近这一体验奠定了怎样的基础。

他从传媒倚重空间和时间的角度把传媒分成了两类：倚重时间和倚重空间的传媒（time-binding and space-binding types）。③ 在他看来，在印刷技术产生之前，诸如陶土和石头等传统媒介，是倚重时间的，而不是空间：它

----

① ［英］尼克·史蒂文森：《认识媒介文化——社会理论与大众传播》，王文宾译，商务印书馆 2005 年版，第 181 页。

② 哈罗德·亚当斯·英尼斯（Harold Adams Innis，1894—1952）经济历史学家，加拿大多伦多学派的鼻祖，也是麦克卢汉的老师，注重传媒在人类文明、制度和社会形成过程中作用的研究。最重要贡献是将时间和空间维度运用于传媒研究，如研究西方文明兴起、衰落过程中传媒的特点及作用。

③ 英尼斯对传媒技术的两分法在数字传媒技术出现后，就显得有些问题了。因为根据他的看法，倚重于空间的传媒是那些很难保存的传媒，如纸张、照片；倚重时间的传媒则是那些很难搬运、保存很长时间的传媒，如石柱文字、石板文字。这一区分在数字技术出现之前是没有问题的。但是数字传媒技术出现则无法被纳入两种区分当中，如数码照片、word、pdf 等各类电子文档，它们可以保存一段时间（DVD 碟的保存时间与碟商的制作工艺和保存的环境有很大关系。正常条件下，正版碟理论上是 50 年，由于种种原因实际上大约只有 30 年）。可以轻松携带，换句话说，它们既倚重于空间又倚重于时间，它们能够保存很长时间，可以容易地跨越空间传送。

们很难跨越空间来传递，如刻在石柱、石板上的文字由于重量大而很难运送，中国的竹简也有类似特征，重量大搬运就很困难。但是其优点是可以保存很长时间；相反，后来出现的那些轻便和那些不能持久的媒介却是倚重空间的，如纸张、照片等。① "时间和空间的概念反映了传媒对于文明的意义。那些强调时间的传媒是特性上具有时间周期的传媒，例如羊皮纸、泥土和石头。重的材料适合建筑业和雕刻的发展。强调空间的传媒则忽略时间周期并且材质更轻一些，例如草纸和纸张，后者适宜行政和商业领域。罗马对于埃及的征服则通过草纸的供应，这成为大的行政帝国的基础。强调时间的材料支持组织的去中心化和等级化，而那些强调空间的材料则支持政府的中心化和系统性而较少等级化。"② 为了说明这一点，他还着重比较了口语社会和文字社会来说明这一点。正如研究者指出的，英尼斯通过对口语社会和文字社会两者之间的比较，试图扩展他关于偏倚时间和偏倚空间的媒介之间的彼此相异的关联性。在英尼斯看来，时间和空间之间有着一种辩证法：连续不断地消除一极，会引起向另一极的统治。他的这一观点甚至被延伸到了当代。

正如英尼斯分析的，印刷媒介如书、报纸更加突出对于空间和世俗权力的控制，雕刻媒介如泥板和石块则强调时间的延续性或知识的形而上学或宗教性。这似乎比较符合历史事实。我们可以看到，在金字塔、古老的坟墓中，雕刻媒介是经常可以看到的，雕刻在石头上、石柱上、金块上的文字传达出浓浓的神秘味道，另外，刻在石柱上的《汉谟拉比法典》则充分显示出它特有的神圣的权威。而在现代印刷好的报纸、期刊则丧失了上述神秘味道和权威性。在他倚重的观点中，我们还可以辨析出这样的逻辑：时间的消除加强了空间性。可惜的是他去世的时候，电视、③ 互联网还没有广泛地使

---

① 英尼斯对传媒的分析显然可以为后来的传媒与感官分析联系在一起，倚重空间的传媒，现代传媒如文字更加依赖于视觉；而倚重时间的传媒则更加依赖于听觉，如口语。这在麦克卢汉的观念中明显表现了出来，如 James W. Carey 所指出的。

② Innis, Harold, *Empire and Communications*, Oxford: Oxford University Press, p. 7.

③ 世界上第一台电视是在 20 世纪 50 年代出现的。

用。当然在这里是我们的推演，但事实也的确说明了这一点，在后来者麦克卢汉那里，这个观念被发展了出来，这就是他的"地球村"和"感官延伸"的概念。

（二）麦克卢汉①的"地球村"

"倚重空间性"意味着信息的传播更加偏重在空间中传递。这已经接近了空间拉近的体验。在电视这种大众传媒没有受到关注之前，这种体验并没有为人们所关注到。而首先注意到这一点的是麦克卢汉，他敏锐地捕捉到这一迹象，并且用"地球村"概念表达了出来。"……电力已经把我们的一切感知都外在化了……电力技术问世之前，城市是技术专门化和外化的共同感知场所……今天有了电子技术之后，我们发现自己住在一个地球村中，我们的任务就是要创造一个全球的城市，使之成为边缘的中心。这个任务的参数是绝对定位在局部地区的。在电子技术条件下，任何边缘地区都可以成为中心，任何中心都可以得到边缘的经验。也许，我们协调和整合地球村里分散的感知节目时，就需要这样一个城市，这个城市必须靠电脑来建立，就像机场必须要用电脑来协调许多航班一样。"② 可是这个概念在当时随着其他的概念被当作了无用的东西。随着后来信息高速公路的出现，随着全球化的出现，才日益为人们所注意到。

在英尼斯的影响下，他顺着"传媒技术影响着人类感知方式"这条逻辑来研究传媒，美国学者唐·伊德也在技术与知觉中探讨了这样的问题，③ 但那已经是后来的事情。而麦克卢汉的这一探索在 20 世纪五六十年代就已经开始了。他从异化批判的模式中走了出来，全心研究技术如何建构着人类的

---

① 麦克卢汉研究传媒的特点如 James W. Carey 概括，假设了传媒技术的中心，他与英尼斯的区别在于他们看待这种技术的效果不同。英尼斯主要是关注传媒技术对于社会组织和文明的影响，而麦克卢汉则主要从传媒技术对于感官和思想的影响。麦克卢汉关于知觉和思想说得很多，但是关于制度说得很少，而英尼斯正好相反。

② ［加］梅蒂·莫利纳罗等：《麦克卢汉书简》，何道宽等译，中国人民大学出版社2005 年版，第 319 页。

③ 他对"技术与感知"问题进行过研究。

自我这个问题。他从前者开辟的逻辑中敏锐地捕捉到倚重空间传递信息的传媒给人类带来的影响。在他看来，这种传媒技术使得人类的信息能够迅速地穿越空间，而这一事实就塑造起了我们的空间拉近的感觉。麦克卢汉从电子媒介开始，而这一媒介形式并没有为英尼斯所涉及，毕竟他的时代给予他太多的限制。在他看来，电子传媒的出现更加改变了时间和空间的关系。"在印刷文化之下正常和可取的感知，到了电子文化条件下，未必能够维持得很好……无论我们抱什么希望，在电子条件下，我们再也不是生活在欧几里得空间之中。"在其他研究者那里也是如此。"然而，电子传播对印刷的取代，致使英尼斯的早期思考显得多余。空间和时间已不复存在。"①

在这一逻辑的影响下，他提到了地球村，地球村是全球化语境中才能理解的概念。在他看来，已经可以逻辑地推演出这个概念了。但是在这里他并没有完全停滞不前，而是继续提出了"时空内爆"的概念，即空间消失。"在扩张了 3000 年之后，依靠分裂的手段和机械技术，西方世界正在内聚。在机器时代期间，我们已经把自己的身体延伸到了空间。今天，在一个多世纪的电子技术之后，我们已经把自己的中枢神经系统本身延伸到了全球的怀抱之中，就我们这个星球所关注的而言，我们已经废除了空间和时间。"②

麦克卢汉的概念现在看起来显得有些激进了。他在空间拉近上走得太快了，以至于滑过了合理的界限。空间依然存在着，毕竟电子传媒更加倚重空间，地球村概念还是有效的，他指出了一种发生在现实中的拉近，现在这一概念并不怎么稀奇。但是在 20 世纪 60 年代的时候，网络还没有完全出现，却引起了人们的极大怀疑，即使是海德格尔也只是注意到了电影、电视所导致的空间拉近。另外内爆概念有些超越，空间能否消失也成为问题。事实上，信息的传递需要时间和空间，空间的缩短是以时间作为表现的。时间能否缩短才决定着空间能否消失。但是这毕竟有些玄思了。当然，不可否认的是，也许未来的人类进行信息传播时，空间、时间真的没有意义，正如人的

---

① ［英］尼克·史蒂文森：《认识媒介文化——社会理论与大众传播》，王文斌译，商务印书馆 2005 年版，第 190 页。

② ［美］戴维·哈维：《后现代状况》，阎嘉译，商务印书馆 2004 年版，第 367 页。

存在和活着本身是一体的，我们无法在逻辑上给予分离。

（三）城市文化视域中的空间拉近

在城市文化研究中，"城市"是一个重要的概念。一个明显的现象就是城市扩展自身的界限，这主要表现在城市向郊区的扩展与郊区城市化。这两个过程都在某种程度上体现了城市空间的变化。

首先是城市向郊区的扩展。城市自身的发展带来了一个明显的变化，就是空间的变化。扩展是其中最主要的形式。"而网络技术的应用又将使中国的城市扩张和城市形态不同于西方国家传统意义上的城市化和城市扩张模式，已经可以预见到，网络技术的应用将推动产业结构、就业模式和人们的生活方式发生巨大的改变，也必然会影响到未来中国城市的空间格局。伴随网络时代的到来，中国大城市的郊区化也已经开始，并日益严重"（周一星，孟延春，2000）。有人把这种现象称为"后城市"（After City）现象。这种现象在中国已经出现，意味着与城市建设有关的城市地域扩张，包括原有城市建成区的扩大，新的城市地域、城市景观的涌现和城市基础设施的建设，大地景观将发生根本性的变化。

其次是郊区的城市化。郊区城市化意味着城市扩展到郊区，城市文化影响了郊区的文化。这也预示着空间的一种变化。

当然，城市文化研究中，空间的"拉近"这一感觉主要是从这样一种意义上来说的——城市人能够与自然亲近，能够享受自然界而不是人为的东西，这就是一种拉近体验。如今的城市旅游，其中一种方式就是"农家乐"、"农家饭"。一方面，城市里居住的人都很愿意亲近大自然，而远离城市，其中除了在物质层面上的意义之外，更多的是能够享受到城市里所没有的放松、和谐、自然感。另一方面，对于郊区农村的人来说，也有着类似的"拉近"体验，诱惑不可避免了，他们更渴望进入城市之中。事实上，城市自身的扩展也正说明了这一点。大量城市之外的精英人才涌入，现代社会从地理意义上进入城市中来已经很方便了。但是更大的问题却是文化世界的融合，对于他们来说，进入城市世界是他们的根本价值，能够在城市之中生活、不被排斥是他们最大的心愿。

第三节　空间拉近的哲学分析

正如前文分析所显示的，空间拉近的现象最早受到了齐美尔的关注。这位奇特的德国社会学家从社会学的角度注意到了社会学中的空间拉近现象并且试图给予理解。尽管他的理解本身我们并不赞成，但是，我们却将其看做是我们分析的所有起点。

他指出，在现代社会中，由于抽象能力的增强，现代人习惯了空间上最切近的东西是无所谓的状况，而能够想象出远距离的事物所具备的亲近感。或者说，现代人比原始人能够清晰地认识到远距离的东西中蕴涵着相似性，蕴涵着切近这样的东西。齐美尔的这种逻辑所导致的结果是我们所不满意的。在他那里，原始人把物理的近与真实的近相混同；现代人能够区别开物理距离的近与真实的近之间的差异。具体到我们的问题中，现代人则混同了现代技术所导致的近与本真的近，在智力上似乎退回到了原始的状态中。但这是我们不赞成的地方。

很明显，他从社会学的角度给予我们一个基本的分析。但是，这并不足以令我们感到满意，因为我们看到，齐美尔更多表现出心理主义的倾向，而我们所关注的是作为人的存在物何以会有这样一种倾向？

我们的基本观点是：在不同的时期，消除空间距离或者说实现空间的拉近是人类此在的存在结构；不同时期的人拉近空间的方式不同，特别是在不具备消除物理空间距离和受到社会制度制约的情况下更加明显。接着我们需要探索空间的基础，对空间基础的探索实际上可以看做是空间构成的问题，是什么因素构成了我们的空间以及空间体验？我们的一个基本看法是：空间构成的因素主要表现为知觉、想象、情感、思念、文化、语言（文字）、图像以及技术。知觉构成了我们所常见的生理空间，而想象、情感和思念构成了隐喻空间，文化、语言（文字）和图像构成了相类似的空间，技术则构成了我们与生活空间相对应的实体空间。这个问题还需要深入研究，但我们在这里提出的看法认为，伴随着技术发展，空间构成发生着变化，与科学技术相关的符号空间、实体空间占据着主导地位，隐喻空间以及想象空间等非符号空间开始消失。① 在这一基础上，整个空间拉近实际上是一种体验的消失，更确切的说是想象体验的消失。如果把技术看做是理性的，那么则是理性对于想象、情感的压制。在某种程度上讲，现代人的想象极大地萎缩了。科学导致无思的同时也导致了想象的空白。

一　情感：空间构成因素

我们这里所欲求的空间并不是物理的空间，而是一种意义空间，建立在物理空间基础上的意义空间。如果没有物理距离，或者物理距离很容易逾越，那么意义空间是无法想象的。在中国古代，现实的物理空间是注定的，由于社会制度和文化习俗使然，加上交通工具极其不发达，跨越这一距离也是很难想象的事情。所以意义空间有其存在的现实基础。

这主要表现在中国古代的文化传统中。由唐诗、宋词所确立起来的是一个情意的世界。"唐诗言情，宋词言愁。"这是一个典型的情意世界。情感，具体说来，有七种表现，也就是人们通常所说的七情，此即"喜、怒、哀、惧、爱、恶、欲"。当然也有不同的描述，如"喜、怒、哀、惧、愁、怜惜、焦急"。情感被看做艺术创造的首要阶段，"艺术创造的第一阶段是情感＋意象＋语言＝表现（传达＝艺术活动）。艺术创造的第二阶段是艺术＋文字符号＝记载≠艺术活动"②。可见，情感在艺术活动所处的地位是非常重要的。但是，现代技术的发展，很容易跨越的是物理空间，物理空间距离被极大地缩短了，尽管现实是人们之间的距离没有什么变化，但是跨越这些距离变得非常容易。然而，"情意"世界淡然了很多。对中国人来说，自从电话发明

---

① 这里只是提及问题，关于空间构成的问题我们会在《现代技术在人类空间构成的地位》中给予研究。

② 朱光潜：《诗论》，武汉大学出版社 2008 年版，第 73 页。

以后，以往走街串巷式的拜年仅仅在电话里进行了，过年的氛围淡了许多。尽管这一下子拉近了空间，但是我们还是发现，缺少了一些真正的东西，而这就是让人能够回味的东西，即情感。

　　现代技术的进步，给情意带来的最大的影响就是情意世界的变化。在这一变化中，我们也能看到情意空间的萎缩，即情意的淡化。

　　当我们把情感作为空间的基础时，我们就接近了现象学——情感空间现象学。由施密兹（Hermann Schmitz，1928—　）所确立起来的情感空间现象学理论将成为我们参考的依据。他认为，情感是具有空间性的力量的。这一观念无疑给我们分析空间构成中情感的作用奠定了基础。当然这将在后文中展开。我们主要想沿着与情感相关的思路来进行分析，如想象。

二　想象：空间构成因素

　　在西方观念中，"想象"有着一个强的传统：把想象之对象——影像（image）——看做是物。"纯粹和先验的理论把影像看做物。"① 这个传统主要表现在笛卡尔、休谟和莱布尼兹身上，后来延续到 19 世纪心理学家那里，在同时代哲学家如柏格森、泰纳那里尽管有所改进，但是还是将自身限制在"影像—物"的偏见中。想象理论最典型的代表人物是康德。他指出想象可以区分为经验式想象（empirical imagination）和源生性想象（productive imagination）。经验式想象把想象看做是一种搜集对象原初表象的能力；而源生性想象强调想象是派生性表象的能力。②

---

　　① ［法］萨特：《想象》，杜小真译，上海译文出版社 2008 年版，第 4 页。

　　② Kant also introduces another distincition within the concept of imagination which allows him to distinguish between（a）empirical or recollective imagination and（b）productive or poetic imagination. This is the distinction between imagination as 'a faculty of the original representation of the object（*exhibitio originaria*），which consequently precedes experience' and as 'a faculty of the derived representation（*exhibitio derivativa*），which recalls to mind a previous empircal perception'（A § 28）. （Howard Caygill，2000，*A Kant Dictionary*，Blackwell Publishing Ltd.，p. 247）

在萨特那里，他对这一理论传统做出了批判，揭开了"物是意识"的现象学传统。"影像是某种类型的意识。影像是一种活动，而不是一个物。影像是对某物的意识。"① 如萨特所描述，西方想象理论将想象与感觉等同起来，而事实上应该把二者给予区分，"影像（想象）不能以任何方式回到感觉内容中，也不能在感觉内容的基础上被确立"②。依据这种看法，我们采取了康德关于想象理论的二重划分——经验式想象与源生性想象——中的一端：源生性想象（productive imagination）。这意味着想象不是基于一个东西的外形而产生。尽管如此，仍然不符合我们的要求，这里要分析的世界是一种精细的体验世界，这是意义世界的支撑，想象起到了极其重要的作用。借助想象现象学的成果有可能达到我们的目的，但是需要进一步分析。

想象展开的是一个世界，一个等待发生的世界，一个美好的世界。正是在想象的基础上，一个意义空间被建构了起来，一个充满美好、期待的世界开始建立起来。这很容易让我们想到一种流行的关于艺术创作的观点，即表现说。这里的一个可能性在于，西方想象理论的发展与中国想象理论有所不同。在中国，想象所关注到的是事物的外形，它与情感相连。

一种情感从被传递出去以后，想象就开始积蓄起来，如同池水一样，慢慢上涨。特别是在古代，交通工具极其不发达，跨越千里要花费好几个月。恰恰在这几个月内，情感发酵，甚至都变得熟透了。但是，在现代，尽管同样的物理距离，跨越千里却只需要几个小时，甚至更快。这样在很大程度上，给人的感觉是两方同时在场。这样想象变得没有多大的必要，这就是现代技术发展的结果。甚至在可视电话③越来越好用，网络视频聊天也司空见惯的时候，想象越来越没有空间了。我们没有必要去在脑海里想象对方长的样子，没有必要想象对方声音的甜美，等等。一切在空间消失后都变得可能起来。

---

① ［法］萨特：《想象》，杜小真译，上海译文出版社 2008 年版，第 120 页。
② 同上书，第 102 页。
③ 最早出现的可视电话是在 1956 年，其原理是借助小电视和听筒，今天 3G 手机的原理是利用计算机进行数据传输。

　　所以，从这个角度看，空间的消失实际上是想象的消失。但是这只触及了问题的一面，这个问题就是想象的空间性内在特质以及想象在空间构成中的作用，这一问题将在后面专文论述。除了想象这一基础，还有思念。

三　思念：空间构成因素

　　"思念"成为空间拉近的另一个基础。对家乡的思念成为一种意义世界的构成结构。在中国古典的诗歌辞赋中，思念家乡、思念亲人、思念朋友等等成为最多的表示，情意世界也正是在"思念"的基础上被构成的。

　　"思念"得以建立起来的基础也是地方空间。地方空间通常给予我们的是一种自然的事物，但是，自然的事物在这里发生了一种转化，在成为文化的部分的时候，更是成为一种思念的意向。地方中的事物在记忆中、在历史中、在文化形成中沉淀到心中。我们不可能对现实生活中的事物产生思念，而是对记忆世界，对构成我们文化世界的东西产生一种思念。比如，"月"让人想起故乡，想起故乡的一草一木，想起故乡的袅袅炊烟。这些事物不再是现实的事物，而是带有了特殊东西的事物，这就是自然事物的世界发生了转变，从自然的背景转到了人的记忆，人的意义世界。如圆明园的断壁、残留物，我们通常想到一种耻辱，而不仅仅是这些不会说话的历史遗留物。这样一来，圆明园呈现的世界不再是周围的风景，而是一个历史所展开和储藏的世界。所有的海外华人一见到或想到圆明园所能想到的更是这样的东西。①

---

　　①　当然，物的意义世界随时会发生变化，从一个世界转化为另外一个世界。以圆明园为例子，以前它站立在艺术的世界中，是一种伟大的艺术代表；但是，后来其意义世界发生了转变，站立在历史的世界中，成为耻辱的象征；再后来，随着现代性的发展，圆明园站立在现代世界中，成为旅游者观看的对象，此时原先的意义世界发生着其他的变化。当然，这一意义世界的形成以不同时代的人为基础。如果用我们的结构分析来看，对于建造圆明园的人来说，圆明园体现了当时人的一种艺术天才，为世界所公认的奇迹；当时的人是天才的、伟大的民族；但是，鸦片战争以后，圆明园成为战败耻辱的象征，清朝就是一个战败的政府，遗留给后人的也是一种这样的历史。所以，后来的人看到圆明园所产生的感觉是一种深深的耻辱感。但是，随着现代世界的发展，圆明园

　　所以，我们这里主要将思念作为意指的东西，思念构成了意义世界，思念是对家乡的思念，而家乡是作为思念的意识相关项而存在，并非真实存在的家乡。正如在前文所描述的，并非科学式的、实存的家乡，而是由思念所构成的对象。

　　通常意义上，思念被作为情来看待，思念被看做是众多情感之一。很有意思的是，如果从情之本源来看的话，却无从找到思念的位置，"喜、怒、哀、乐、惧、爱、恶、欲"等七情中没有思念。但是在中国古代诗歌中，思念却成为重要的情之表达。通过思念，与故乡的空间关系被确立了起来。

四　文化：空间构成因素

　　"文化"同样是构成空间的一个基础。根据前面的论述，"地方"决定了文化，而文化又支撑起地方特色。现代社会一个最主要的事情在于为地方寻找文化基础，将文化作为地方的一个基点。事实上，文化的形成是一个长期的过程，文化内在的东西是稳定的，而其中表现出来的样式又丰富多彩而且多变化。如果没有了文化，也就没有了地方。

　　埃及如果没有了狮身人面像，没有了木乃伊就不再是埃及；中国没有了

是一个供观看者观看的对象。意义世界变得齐一化了。无论什么国家、什么地区的人来看，目的几乎都是同样的。从上述分析中，我们可以概括出人与物、世界的关系的结构：对于我们而言，并没有一个与物相对应的镜像式世界，如我们在认识关系中，物与世界的关系是镜像式反应，在唐·伊德的眼镜例子中，我更好地感知世界，在感知中，眼镜作为我的认知中介存在；在温度计的例子中，我查看温度计的度数，而温度计的度数反映了世界的状态。这些例子都是将人、技术与世界放置在认识论的基础上。而在我们所说的例子中，不存在一个现成的世界。因为世界将自身呈现为不同纬度的意义世界，如审美世界、信仰世界、历史世界。但这些世界并非现成的，而是通过物所呈现出来的。物呈现出相应的意义世界。但是，对于人而言，由物所呈现的意义世界并非认知的对象，即我们与此世界之间并非认识关系。这个世界是"这一个世界"，而不是普遍的世界。因此，这一个世界只能向特定的人展现，或者说，不同的人所意向出的世界并不相同，尽管得以表现的物是唯一的。

龙，没有了长城也不再是中国；① 陕西如果没有了秦兵马俑，没有了半边盖、② 信天游，也不再是陕西。每一个地方都有自己的地方特色性的东西，而地方特色性的东西就是我们所说的文化。

对于地方而言，文化非常重要。空间拉近也变得容易理解起来。在文化的基础上，空间的拉近有着两种形式，其一是自身的文化为外人所知晓。大的来说，中国的龙、长城已经为世界其他国家的人所知道，对于他们来讲，知道了这些就了解了中国，中国一下子变得近了起来；③ 其二是与其一正好相反，自身的文化为外来文化所冲击，地方特色消失，和其他地方变得一致起来。如今的全球化就带来了这样一个问题。对于弱小国家、弱文化国家来说，这不啻是一个灾难性的符号，空间的拉近加剧着自身文化的消失。二者之间所呈现的是一种辩证的过程。

五　语言：空间构成因素

语言也构成了空间的一个必要基础。这一观点的确立需要"语言"观念的一种变革。在语言学研究的历史上对于语言的研究有两种主要的思路。其一是从发生学的角度进行研究；其二是从先验论的角度进行研究。前者如美国语言学者布龙菲尔德④（Leonard Bloomfield），他指出，"希腊人对语言的概括说明到了 18 世纪才得到改进，这时候人们不再把语言看做是上帝直接的恩赐，提出了关于语言起源的各种理论。有人说语言是古代英雄所发明的，或者神秘的'人民精神'的产物。有人说语言的起源是人们模仿各种音

---

①　每个民族都与特殊的文化符号相联系，比如中国和龙这一文化符号。网络上曾经争议将熊猫设为中国的文化符号，但是受到了极其猛烈的批判，这说明与民族相连的文化符号是内在的、恒定的，文化符号总是与民族的根相连，扯不断、拉不完。

②　陕西的房屋的一种盖法，房子只盖半边。信天游是当地的一种民歌形式，最近在电视上开始流行，如阿宝将信天游带给了全国，让其他地方的人们知道了这一特殊的文化形式。

③　在这个问题上，能够体现出这一点的是美国的 KFC 和麦当劳，这一速食文化、商业文化的杂合物文化一下子就遍及全世界，而且改变了人们的认知。

④　近代语言学界结构主义的创始人。

响'汪汪说'（the bow-wow theory），或者是人们天然的发音反应'叮咚说'（the ding-dong theory），也可能是由于大声喊叫和惊叹而产生的'呸呸说'（the pooh-pooh theory）"①。后者在德国哲学传统中非常明显。随着海德格尔的出现，"语言是存在的家"这一观念开始注入人们的心里，语言被看做是此在的家。更重要的是，语言不是被当作一种功能，而是一种与此在存在结构相关联的东西。这一观点——从功能向存在结构的转变——的提出所具有的意义是非常大的，它不同于以往人们对于语言的看法，而且在对我们这里观点的理解上确立了基础。

当此在的存在结构被看做是"空间性"时，我们这里所提到的语言与空间的关系逐渐显现为一种敞开，语言是空间性的基础，因为在一定程度上语言构成了我们的空间性存在。这样一来，我们探索此在空间的变化也就可以从语言的变化来看了。

但是，需要说明的是，我们在这里使用了一个技术处理。整个技术时代的语言的变迁，我们使用着一个近似的谱系：文字主要是集中在"前纸张时期、纸张时期"，在这一阶段，由于空间的隔断，而且语言无法被传递，所以人们拉近彼此空间的方式是文字，用这一方式传达着某种东西，而且勾连起意义世界，实现了世界的融合；随着现代通信技术的发展，语言可以被复制、传递，如此，文字逐渐为语言所取代，语言重新表述着自身，但是，这一阶段语言逐渐有着一种转化。

在这种转化之中，我们能够看出，空间的拉近是如何使得语言的谱系发生着变化？当然，为了更清楚地分析问题，我们在后面的研究中将集中于语言的谱系，但这里的谱系并非完全语言学意义上的，而是一种宏大的需要。

六 时间：空间构成因素

要理解空间，必然要找寻到空间的最终基础。在这个问题上西方普遍遵

---

① ［美］布龙菲尔德：《语言论》，袁加骅、赵世开、甘世福译，商务印书馆2004年版，第4页。

循着一个传统：空间的基础是时间，广延性可以还原为延续性、绵延性。①
这条传统——偏重时间而忽略空间（Space）——已经为后现代地理学家如
爱德华·W. 苏贾所描述出来，在她之后，甚至有学者把西方被忽略的"地
方"（Place）②给挖掘出来了。当然对她的工作意义可以进一步评价。我们
这里只需要说明一下，我们是立足于整个理解空间的一个基础传统：从时间
的角度去理解空间的拉近。

　　的确，正如现实所显示的，空间的跨越、拉近全然体现在时间的变化
上。人类发展到现在，从步行到现在的飞机旅行，跨越千里从无法想象的事
情一直到现在只需要几个小时就可以完成。当然，我们需要明确的是，这也
许是一个假象，会使得我们对于空间的理解片面化。

第四节　空间拉近的意义所在

　　"空间拉近"的意义已经由很多学者揭示了出来。社会学的意义由齐美
尔所揭示，他指出，某些联合的共同体为了防止联系纽带由于空间距离存在
而带来的改变的可能性，会通过各种方式消除空间距离；海德格尔则从哲学
的角度揭示出此在的存在结构就是表现为对空间距离的消除；还有如麦克卢
汉等人从传媒研究的不同角度揭示了上述问题。

　　本书的分析并非完全基于齐美尔或者海德格尔其中的任何一个人，毋宁
说，是建立在这二者基础上所获得的一种理解。齐美尔在分析空间拉近的方
式上对于抽象力的作用给予了充分的分析，但是对于想象、思念和情意没有
给予注意，这是他的不足之处；海德格尔只追问此在借助现代技术实现的空

　　① 黑格尔在他的《历史哲学》中明确地表示，"时间是空间的真理"；在马克思那
里，依然延续着空间的理解要依赖于时间的思路；海德格尔含糊地指出了"此在在空间性
的存在必然会回溯到时间性上"。这个传统一直为当前英国社会学家安东尼·吉登斯所
继承，他把空间最终理解为时间的压缩。
　　② 西方学术界对地方（Place）问题的挖掘已经进入这样一种深度，即对虚拟地方
的研究。

间距离消除是否真的让此在获得对"切近"的理解。基于这二者的共同分析，我们才构成了自己的任务：在现代技术和前现代技术时期，人类空间拉近的体验是如何实现的？我们先悬置不同拉近对于此在是否是本真的近这样的形而上学式的问题。所以，基本的观念是：在前现代技术时期，想象、思念和情意这些非认知的抽象能力承担起消除空间距离的任务；而现代技术时期，通过技术手段——无论是物质的还是符号的——则完成了消除空间的任务。而在我们整体的分析中，勾勒出前面的问题显得尤为重要，后者则成为以后继续前进的基础。

所以，下面的任务就是对由想象、思念和情意构成的空间性给予分析，在这里我们将从三个基本的线索进行分析：其一是技术进步的线索，使我们看到技术进步如何展现了人类对自身空间性特质的体现，即"去远"的有效实现；其二是空间构成的线索，使我们将要看到的是奠基于时间性的空间性消失、被跨越如何通过时间来表现出来的；其三是空间自身的拉近过程，使我们看到的是由想象、思念、情意与文化构成的空间如何瓦解其上述四个基础的。

对于第一点，技术进步展现了人类"去远"、跨越距离的一种标志。在这里技术工具论的观念无法成立，我们所要确立起来的观点是：技术不再是将自身体现为一种外在于我的、为我所利用的中介。在工具论的理解当中，人类以主体的形式存在着，仿佛使用工具只是一个外在的属性活动，对于"我的"本质不会产生太多的影响。但是，这一点恰恰是过于简单化地理解技术。美国技术哲学家唐·伊德曾经以伽利略与望远镜的例子来说明技术与人的关系。他认为，伽利略应该是使用望远镜的伽利略，而不是使用数学工具的伽利略。技术应该被看做是体现人自身的一种本质存在方式，而不是属性。根据本书的观点，对技术的理解实际上影响着对技术进步的看法。技术体现着人自身的"去远"、"消除距离"这一空间特性；"步行"作为最初的方式，能够使得人们跨越空间上的距离，现代的旅游尽管以车、索道居多，但是从根本上来说，人们还是通过步行来感受周围世界的美丽，也正是通过这个过程理解了什么是路，理解了为人之法，"不积跬步，无以至千里"就道出了积累的重要性；善于利用动物、自然力也是如此，均体现了人类自身不断去远、克服距离的努力；一直到汽车、火车、飞机、火箭等技术的出现，都展现了这一"去远"本质的实现。每一个阶段技术的进步都展现了人类"空间性"的存在结构不断实现的过程。技术显然不是中介，如果是这样的话，我们还是一直处于一种无法理解人的地步，如同看到这样一幅场景一样——机器使用着一些简单的工具，而作为复杂机器的人类则使用着一些复杂的技术手段，二者的性质是一样的。但是，这不是我们想看到的，我们想要达到的结果是：通过技术可以有效地理解人的存在结构。

对于第二点，空间拉近的过程实际上显示为时间上的缩短。这几乎已经成为一种经验，为人们所认可。以前从上海到沈阳之间几千公里的路程，步行过去，要好几个月，但是现在飞机只需要两个半小时，也许没感觉怎么样，人自身已经从一个地方到达了另外一个地方，而在古代这是无法想象的。在这个过程中，发生着一些其他的事情。在古代，当从一个地方到达另外一个地方，事情会发生变化。但是，在当前，这些变化都无从谈起。世界仿佛没有断裂过，一切正常。而且，现代传媒文化恰恰指出了这个事实，通过电视、网络等信息手段，发生在大洋彼岸的事情几乎在同时就为我们所知晓，比如9·11事件，发生的整个过程已经为很多人所知晓。所以，我们对于空间距离的体验也全都借助时间来完成了，地方的意义丧失了。以前，一个地方承载着太多的东西，但现在这些东西都开始慢慢地变化了。

对于第三点，由想象、思念、情意与文化所建构的空间如何变化的问题。想象、思念、情意的发生往往发生于两个分裂而又欲图连接的世界的缝隙之中。距离越大，想象越多、思念也酝酿得越浓烈、情意也越深。技术的飞速进步使得两个本来分裂的世界具备了完全的可联结性。这样一来，人们的想象力有所减弱、思念也不再浓烈、情意减轻了很多。文化则是支撑起地方的基础。如果地方界限的打破，来自上述所描述的两个过程，其一是地方冲破自身的界限，展现出自身；其二是地方被冲破，自身为他者所吞噬。当前文化研究者都注意到了这一问题。西方的学者，则更多地从前者理解这一点。他们的"现代性"、"形而上学"为自身冲破界限找到了基础，黑格尔的体系最充分地展现了这一点；但是，在中国历史上，更多的学者是从后者的意义上来了解这一点的。从钱穆到现在的很多学者都开始这样看文化问题，但是现在，也出现了变化。①

空间拉近显然带来的问题不仅仅体现为上面所说的，我们所要关心的是体现在拉近过程中的一个重要问题：空间拉近是一个怎样的问题？当中国的传统学者担心西方科学带来的冲击和后果时，他所思考的问题就是这样一个两个世界拉近过程中的碰撞问题；当社会管理者面对众多流入和流出的人口时，应该意识到这样的一个问题最终涉及的是文化之间的融合，表面上看是地域之间的流动和改变，但是，更深层次则是文化中的问题；当个体用电话表达自己对千里之外思念对象的思念时，他也应该意识到，个体体验的交流依然存在，却不会因为手段的改变——电话能够有效地拉近彼此而改变体验本身。具体到全球化之中，我们就可以感受到，"空间拉近"毕竟是现象学的现象，而我们所要思考的恰恰是要从这样一个现象出发。

尽管空间拉近成为我们所考察的对象，我们还是需要为自己预留一些余地：这就是前面多次提到的如何理解空间拉近？海德格尔把此在的空间性——去远——看做是此在在世的规定性时，显示了其思想的有趣之处，因为在他整个的思想体系中，他反思着甚至颠覆了传统形而上学，但是在空间性问题上，尽管他给予空间性存在以生存论的阐述，但是就去远问题而言，他依然显示出西方思想决定性的影响来：这就是始终坚持空间拉近为人之本质规定性，为人与世界打交道的规定性，而这奠定了理论态度——反思拉近——的基础。但是另外一位大师齐美尔，和海氏的思想正好相反，他的论证为我们提供了更多可能性，他在空间拉近的分析中指出了空间距离对于我们的重要性，他把空间距离的存在看做是美感的诞生、价值的客观化及艺术风格的根源。"艺术风格的内在含义可以解释为各种艺术风格在我们和事物之间产生的远近不同的距离造成的后果……风格存在的纯粹事实本身就是距

---

① 如文化产业化就是展现了这种思路。

离化最重要的一个特征。"① 无独有偶，在中国的艺术理论中，距离也被看做是美感存在的基础。如朱光潜在美感经验的分析中指出心理的距离是美感经验的基础。"心理的距离这个原则不仅把从前关于美感经验的学说都包括无遗，而且对于文艺批评也寻出一个很适用的标准，我们现在把它详细介绍出来。"② 甚至被看成是意境的一种表达，如宗白华就多次用意境来阐述空间距离，特别是对远与近的阐述值得我们关注。

　　为了后面有明显的对比，我们选取了信息载体及传递方式为参照系。如此，我们可以将信息媒介分为前电子时期与电子时期；在前一阶段，信息的载体是甲骨、羊皮、纸张等非电子的媒介，以口语或者文字方式表达；信息传递的方式借助人力、畜力和近代交通工具；后一阶段，信息的载体是电子信息，以语言、图像或者文字等符号表达；信息传递借助电子信号完成。在不同的情况下，空间去远的体验是完全不同的，实现去远的方式亦不相同。

---

① ［德］齐美尔：《货币哲学》，陈戎女译，华夏出版社 2007 年版，第 384 页。
② 朱光潜：《朱光潜全集》第 1 卷，安徽教育出版社 1996 年版，第 217 页。朱光潜根据艺术性质的不同，区分了不同的距离，如距离最近的是戏剧，造型艺术中以雕刻的距离为最近，图画距离较远。

第三章　前纸张时代的空间拉近①

　　无论是在中国还是在西方，传信的使者都来自比喻或者古老的神话。在中国文化中，"青鸟"是西天王母的信使，②"鸿雁"、"鱼"都是传递书信的使者；在西方文化中，赫尔墨斯是宙斯的信使。"纸"的使用给人类带来的是前所未有的革命，这是人类传播史上的分水岭。前纸张时期主要是大规模的造纸技术发明使用之前的阶段。为了更好地对不同时代的空间拉近体验问题给予研究，我们把重点集中在信息传递方式或者交流方式上，从信息传递方式上看，与信息传递方式相符合的内容会有很大的收获。当然信息传递方式并非独立的技术，在不同时代，通信往往与交通关联在一起，而且与当时的社会制度关联在一起。我们所要考察的必然会涉及历史上的一些事实。我们首先来看一下，前纸张时代的信息传递有哪些媒介？同时又通过什么方式来传递？这些方式又如何塑造起空间去远的经验？

---

　　① 自然状态，是与技术相对而言的，更多强调借助自然之力，如牛、马、风、大雁等。这一阶段的特点是：交通技术并不发达，物理空间的拉近显得很不可能。但是，人们却借助其他手段实现了不在场者的在场，如想象、思念。

　　② 南唐中主李璟有诗"青鸟不传云外信，丁香空结雨中愁"，唐代李白有诗"愿因三青鸟，更报长相思"，李商隐有诗"蓬山此去无多路，青鸟殷勤为探看"，崔国辅有诗"遥思汉武帝，青鸟几时过"，均包含了青鸟。

第一节　前纸张时代的信息载体及传递

一　前纸张时代的信息载体

在纸张出现之前，人们记载信息的载体是其他的形式，如"甲骨"、"竹简"、"绢"、"丝绸"、"羊皮"等等。"在纸未发明前，中国所用书写记事的材料有甲骨、[①] 金石、缣锦和简牍。外国除用金石外，还用莎草片、贝叶、树皮及羊皮等为书写记事材料。古代的历史和文化遗产有赖于这些材料而得以保存下来，传诸后世。"[②] 可以看出，中国与西方形式很不一样，而这注定了后来文化的差异。我们可以具体看一下古老材料的情况。

甲骨文主要指殷墟甲骨文，又称为"殷墟文字"、"王八担"、"殷契"，是殷商时代刻在龟甲兽骨上的文字。殷商时期，甲骨文是非常普遍的。甲骨文主要是用龟甲、兽骨作为材料，将文字刻于其上。[③] 甲骨上所记载的都是关于商代国王的占卜记录。例如十天之内会不会有灾祸，天会不会下雨，农作物是不是有好收成，打仗能不能胜利，应该对哪些鬼神进行哪些祭祀，以至于对生育、疾病、做梦等等事情都要进行占卜，以了解鬼神的意志和事情的吉凶。甲骨坚硬，刻上去的文字可以保存千年，所以我们看到的这种媒介，根据英尼斯的说法，属于倚重时间的。事实上也是如此，甲骨保存了数千年，这足以证明甲骨倚重时间的特性。

另外一个特性和英尼斯所说的也比较吻合。他指出，倚重时间的传媒具

---

① 甲是龟甲，骨是四蹄兽（牛）的肩胛骨。

② 潘吉星：《中国造纸史话》，商务印书馆1998年版，第2页。

③ 从1899年甲骨文首次被发现到现在，据学者胡厚宣统计，共计出土甲骨154600多片，其中大陆收藏97600多片，台湾收藏近30200多片，香港藏有89片，总计我国共收藏127900多片，此外，日本、加拿大、英、美等国家共收藏了26700多片。到目前为止这些甲骨上刻有的单字约4500个，迄今已释读出的字约有2000个左右。此资料出自百度搜索，http://baike.baidu.com/view/8170.htm。

有神秘色彩而且传递出权威的味道来。有意思的是，从甲骨文的记载中可以发现同样吻合的地方。"人们在占卜之前，先把龟甲和牛肩胛骨锯削整齐，然后在甲骨的背面钻出圆形的深窝和浅槽，占卜时，先把要问的事情向鬼神祷告述说清楚，接着用燃烧着的木枝，对深窝或槽侧烧灼，烧灼到一定程度，在甲骨的相应部位便显示出裂纹来。于是，占卜者根据裂纹的长短、粗细、曲直、隐显，来判断事情的吉凶、成败。占卜后，便用刀子把占卜的内容和结果刻在卜兆的近处，这就是卜辞。"① 从这段描述中可以看出，甲骨主要是用来占卜的工具。如此有一个问题便不可避免地出现了，这也是我们在传媒分析中所看到的局限所在：传媒被看做是文字传播的载体或中介，应该是中立的；但是我们在所谓被命名为传媒的东西，如甲骨上却看到了属于特定价值行为的地方。如此，一个根本性的问题在于：面对甲骨，如何看待这一事物？这不仅仅是命名的问题，而且关系到价值分析的问题。当然在这里并非本书论述的重点，我们只是提及这一问题，而把主要的精力放在其他媒介材料之上。

甲骨之后，其他的材料慢慢出现。这在《中国造纸史话》中有基本的描述：

> 商周至春秋战国以来将文字铸在青铜器上或刻写在石、玉之上。但从战国（公元前475—前221年）起则大量用丝织物缣锦及竹简、木牍作书写材料。故《墨子》有"书于竹帛，镂于金石，琢于盘，传遗后世之子孙者知之"之语。②

如此，除了甲骨，我们还可以看到，竹帛、金石、盘也是载体。商周之后，到了战国时期，甲骨已被淘汰，逐渐兴起的是竹木制作的简书。③ "战国时期，大凡日常公文、官吏奏报、官方通信、说客上书，全用简牍。简信

---

① 百度搜索，http://baike.baidu.com/view/8170.htm。
② 潘吉星：《中国造纸史话》，商务印书馆1998年版，第3页。
③ 简书是把文章和书信刻在竹木简上，西周时期开始出现。

一般字面向内，捆上加封，长信则把简片用皮条连系成册，卷成一卷，装外加封。"这比甲骨轻了很多，相比之下携带方便。简书的使用一直持续到魏晋南北朝时期，所以我们经常会看到"秦简、汉简"的说法，主要是他们把文字写在竹木简上的缘故。

汉朝时期，锦简并用，尽管有纸张出现，但是却不足以完全取代锦简。"锦帛"主要是丝织物，甚至也被当作纸。锦帛主要是将动物纤维蚕丝借纺织程序制成，锦帛也称为"素"①。简即竹简。汉朝东方朔向汉武帝上书，共写了3000片竹简，汉武帝读完用了两个月的时间。这个时期，锦虽然轻便，但是它的价格非常昂贵，竹简虽然价格便宜，但是重量极大，并且所占空间很大。

东汉时期，纸开始普及，逐渐代替了简和锦。当然这一取代过程也是在南北朝时期才显示出来。"魏晋时期，皇帝开始用一种青纸作诏书，这就是纸诏。"②"考古发掘表明，西晋墓葬或遗址中所出土文书虽多用纸，然仍时而有简出土，但东晋以降，便不再出现简牍文书，而全是用纸了。"③ 在后面的朝代，纸张开始普及使用，这种情况一直持续到电子技术出现之后才有所改变。而且这些材料都具有笨重、体积大、难以携带的特点。以竹简为例，"汗牛充栋"就显示出这种材料的笨重来。在中国以外的世界，古老材料也有很多。我们同样可以看一下相关的描述：

　　　古代非洲尼罗河流域及西方沼泽地生有莎草，埃及人、希腊人、罗马人和阿拉伯人将其木髓部切成薄条，压成薄片为书写材料。印度等南亚、东南亚国家则用扇椰树叶子晒干压平作书写材料。传入中国的印度佛教经典都写在树叶上，再扎起，称"贝叶经"。欧洲及阿拉伯地区古

---

　　① 这一被称为"素"的材料在中国传媒史上并没有存在多少时间，主要集中在西汉、东汉，大约为300多年。但是，这种材料却在文学史上成为一种书信的象征，寄托着一种情感。对于它主要在纸张时期给予分析。这里只是从材料的角度给予提及。

　　② 潘吉星：《中国造纸史话》，商务印书馆1998年版，第81页。

　　③ 同上书，第24页。

时还用羊皮书写，有时写在刮光的树皮上。①

其中，丝织物缣锦还有羊皮属于轻质柔性材料，为便于携带、体积小的材料。但是，有意思的是，能够使用这些丝织物的主要是富有的人，成语"穷不及素"就说明了这一点。

倚重"时间"是这一阶段的媒介如甲骨、竹简、金石等的重要特点。它们世代流传，相对来说，重量较大，通过空间传递的可能性并不大。特别是石头刻本，重量大，体积大，只能为当地人所看到，被其他地方的人看到很难。这些古老材料的世代传递使用经过了很长时间。我们将在以后进行详细说明。接下来，我们需要看一下，这些时代是如何完成信息传递的。

二　前纸张时代的信息传递

中国封建社会中，信息的传递是被严格限制的。唯一具有合法信息传递的机构就是朝廷，即使朝廷官员的私人通信也是受到限制的，对普通百姓的通信则更是严格限制。我们可以分别来看一下。

在中国历史上，信息的传递在民间是被禁止的，只有官方才有权力进行信息的传递。大概到了明朝时期，民间才有相关的机构给予通信，在这之前，老百姓的私人通信是完全不可能的事情。我们首先来看一下纸张产生之前的历代朝廷是如何进行通信的。

最早的通信形式应该是"诽谤之木"了。这一情节已经在藏嵘的《中国古代驿站与邮传》中有所描述。

> ……据古书《古今注》记载，尧曾经"设诽谤之木"。这种木制品，形似后世的华表，既可以在上面书写对政府的意见，又可以作为路标。是用一根横木交叉在柱头上，"形似桔槔，大陆交衢悉施焉"，在各路的

① 潘吉星：《中国造纸史话》，商务印书馆1998年版，第3页。

交通口都有设置。这大约是我国文字记载的向上表达意见的一种最早方式，也可以认为是上古时代原始形式的上书通信。①

除了诽谤之木，还有"鼓邮"这种形式。"传说中，尧为了鼓励人民提意见，曾设置了木鼓。谁有意见和不满，可以击鼓示意。"②

至于烽火的使用则是后来的事情。我们都知道周幽王烽火戏诸侯，但是烽火在商纣时期已经开始使用了。"古代神话中有一段关于商纣王使用烽火的记载，把我国早期的'声光'通信，提到了大约 3000 年以前。据王子年写的《拾遗记》记载，昏暴的纣王想要吞并邻国诸侯，命令宠臣飞廉到附近邻国去搞颠覆活动，并在当地点燃烽燧向纣王报告。纣王登台看到烽火起处，立刻兴兵前往，灭掉了那个国家，俘虏其民，抢掠其妇女，供己淫乐。这一行动引起了天神的愤怒，天神派神鸟下凡，口中衔火如星之照耀，以惑乱飞廉之烽火之光，致使纣王找不到目标，茫然无措。商纣只好停止了攻伐邻国的活动……比后来的周幽王烽火戏诸侯还要早 400 年。"③ 当然在这个时期，击鼓传信的方式也在普遍使用着。为了方便信息的传递，古代政府都采取了一些措施保证通信的通畅。我国古代把通信统一称作是"邮驿"。但是在不同的朝代，"邮"与"驿"却不同，有一个分合的过程。而且，在不同朝代对邮驿的称呼也完全不同。

周代称"传"、"驲"④，春秋称为"遽"或者"邮"、"置"。秦朝时期统一称为"邮"，汉代叫"驿"，魏晋时"邮"、"驿"并称，唐朝又把"驿"叫"馆"。宋朝则出现新的名称"急递铺"，元代又有"站赤"之称，明代又把"站"改为"驿"，清朝则将"邮"、"驿"合并。⑤ 在各个朝代有着不同的形式来传送信息，但是，基本上都差不多。

---

① 臧嵘：《中国古代驿站与邮传》，商务印书馆 1997 年版，第 8 页。
② 以鼓传递信息的方式在非洲地区也有。臧嵘：《中国古代驿站与邮传》，商务印书馆 1997 年版，第 8 页。
③ 臧嵘：《中国古代驿站与邮传》，商务印书馆 1997 年版，第 9 页。
④ 发音为"rì"。
⑤ 臧嵘：《中国古代驿站与邮传》，商务印书馆 1997 年版，第 5 页。

在周朝，不同的官方文书的传递采取了不同的形式。以车传递的有"传"和"驲"，以步传递的为"徒"。这个时期，一般为车传。周王朝修建了"周道"用来传递信息。这条道路宽 16.3 米。在传递的驿道上，还设有休息站，被称作为"委"、"馆"、"市"。如 10 里设庐，有饮食；30 里设委，为住宿处；50 里设市，为接待往来信使之用。政府采取了相关措施管理邮传。

战国时期，通信手段还是传统的方式——传车和驲。另外，还有更高级的方式，单骑快马和接力传递。前者为"遽"，后者为接力传递。这两种方式在速度上要快于传车和驲。

秦朝的通信交通网络获得了更大程度的发展，秦朝道路网的主干是"驰道"。它以咸阳为中心，"东穷燕齐，南极吴楚，江湖之上，滨海之观毕至"。秦朝驰道"钢五十步，三丈而树，厚筑其外，隐以金锥，树以青松"①。一步为五尺，50 步合今 25 丈，约 80 米。这条道路最宽处为 50 米，转弯处宽为 60 米。在秦朝，远距离公文书信的传递为"邮"，近距离的传送用步传。这些邮路都有固定的供信使进食和住宿的地方，这些地方为邮或者亭。

汉朝时期，传车慢慢消失，骑传成为主要的方式。"由于传车过于笨重，同时也因为汉武帝以后汉政府财政困难，设备繁杂豪华的传车也就顺应时势，逐渐让位给轻便的单骑传递了。"②

三国时期，除了路驿有所发展外，水驿也出现了。"南方的水驿，到两晋时候得到了进一步发展。东晋时江州一带水陆两驿相兼。陆上的驿站十分齐整，两旁栽种杨柳，号为官柳，从九江到南京全部为江行水驿。"③南朝时期，江南水驿尤为发达。但是，这个时期的战乱使邮驿遭到了破坏。

隋唐时期的信息传递发展到了盛期。隋唐时期，"驿"取得了统一，取代了以往的邮、传、亭。唐朝时期，全国水驿 260 个，陆驿 1297 个。从事驿务的人员有 20000 多人，其中驿夫 17000 人。这个时期，交通线路畅通全

① 藏嵘：《中国古代驿站与邮传》，商务印书馆 1997 年版，第 34 页。
② 同上书，第 45 页。
③ 同上书，第 73 页。

国。以长安为中心,有 7 条线路。"第一条是从长安到西域的西北驿路,自长安经泾州、会州、兰州、鄯州、凉州、瓜州、沙州直达安西都护府;第二条线路是从长安到西南的驿路,自长安经兴元、利州、剑州、成都、彭州,直到今川藏地区;第三条是从长安至岭南的驿路,由长安经襄州、鄂州、洪州、吉州、虔州直达广州;第四条是从长安至江浙福建的驿路,由长安经洛阳、汴州、泗州、扬州、苏州、杭州、越州、衢州直达福建泉州;第五条是从长安到北方草原地区的驿路,自长安到同州,再经河中府、晋州、代州,直达北方单于都护府。其他两条各自长安至山东、东北地区和荆州、夔州、忠州等四川云贵地区。"① 除了国内邮路外,还有国际性邮路。另外,水驿也继续发展着。

宋朝时期,政府在全国各地扩建驿道。另外还发展了水驿和驼驿。这个时期的邮驿传递主要是三种形式:步递、马递和急脚递。急脚递元末衰亡,明朝之后直到清朝就彻底消失了。清朝时期的通信也是通过这样的方式来进行。1913 年驿站制度被取消,新式邮政时代开始。

在信息的传递上,在现代交通技术产生之前,各代朝廷基本上都相同。以上各个朝代的驿站、驿道的修建,都是采用马匹和马车来传递信息的。当然有时候也用船只、骆驼传送。这些古老的传送方式在时间上有着明显的差别。和现代的电子技术相比,差了很远。我们可以看看信息传递速度上的差异。

西周王朝政府使用马车作为交通工具,一天行程 260 里。汉朝时候邮驿速度是非常快的,骑传一天可行三四百里,车传则可行 70 里,步行较慢,一天约可走四五十里。② 从兰州市到达长安,间隔 1450 里,七天可以跑一个来回。水路的速度很快,一天一夜约可行船 300 里。③ "水驿也逐渐在北方发展起来。史书记载在北魏时候,有水路运输,一昼夜可兼行数百里。北朝在渡口处设有'津吏',专门管理水驿的通行。水驿到隋唐朝时候,得到

---

① 藏嵘:《中国古代驿站与邮传》,商务印书馆 1997 年版,第 94 页。
② 同上书,第 52 页。
③ 同上书,第 73 页。

了更大的发展。"①

隋唐时期，一般公文传递，分水驿和路驿两种。水驿负责传送文书的有驿夫、水夫。水驿送信，逆水行舟，河行每日 30 里，江行每日 40 里，其他 45 里；空舟行驶，则每日河行 40 里，江行 50 里，其他 60 里；在顺水中，则不管轻重舟，一律规定江河行一日 100—150 里；路驿有马递和步递两种，后又添驿驴传递。马递按唐政府官方规定，快马要求一天走六驿，即行 180 里左右，再快些要求日行 300 里，最快则为日驰 500 里。步递要求一天 50 里。唐朝还有用骆驼来传递公文书信的方式，这种骆驼能日行千里。

上述史料使我们看到，在现代交通技术——汽车、火车、飞机等产生之前，人类信息传递显示出非常明显的自然特征。空间距离的标识更多的是以步来代表，古人以步代行，这一点更显得明显，如"一步之遥"、"不积跬步，无以致千里"等等。

三　信息传递的限制

在中国古代社会，信息传递是严格限制的。只有皇帝的命令才能通过水驿和路驿等传递，甚至官员私人信件的传递也不允许。宋朝以前，法令没有规定官员可以通过邮驿传递私书，百姓传书也是不可能的。"岭外音书断，经冬复历春"② 所反映的就是这样的情况，不仅是因为作者被贬到岭南，音信难以送达，而且是因为当时百姓通信是不被允许的事情，所以尽管有私邮，因为岭南为偏远地带，所以书信更难以送达了。到了宋朝时期，官员传递私书就成为法令所许可的事情了。即使在这个时期，百姓的书信传递也是不可能的。他们更多的是通过熟人捎带而完成。但是由于当时除了官员之外，更多的人被限制在土地上，商旅被限制，所以通信成为很困难的事情。

但是，民间通信还是有许多值得探究的事情。最早时期，是通过熟人来

---

① 藏嵘：《中国古代驿站与邮传》，商务印书馆 1997 年版，第 74 页。
② 上述诗句选自宋之问的《渡汉江》。宋之问，字延清，一名少连，汾州（今山西汾阳市）人，初唐时期的著名诗人。

捎带书信的。"先秦时期,我国除了官方通信外,尚没有正式传递私人信件的机构,一般百姓只能通过来往熟人捎带书信。"① 诗经《采薇》篇唱到,"忧心烈烈,载饥载渴,我戍未定,靡使归聘"。道出了渴望传送书信的急迫心情。还有《匪风》中有"谁将西归?怀之好音",道出了报平安的心情。秦汉时期,老百姓通信就更为不便了。只有到了唐代的时候,私邮才有所发展,"唐代由于交往增多,私邮有了进一步发展。如长安和洛阳两大城市之间,有了主要为民间商人服务的'驿驴'"②。到了宋代,私邮发展很快。明朝时期,民间通信组织——民信局出现,专为民间投递信件、汇款和包裹。"民信局最早诞生于沿海沿江经济比较发达、通商比较方便的城市和地区,以后逐渐发展到内地,直到东北和西北各省。19 世纪清朝道光、咸丰、同治年间,民信局发展到鼎盛时期,当时全国大小民信局总共有几千家之多。"③

第二节　前纸张时代的空间拉近

从上面的考察中可以看出,在纸张大量使用之前,信息的载体主要是甲骨文、竹简和锦帛(素、绢),时间节点主要是东晋以前。这段时期的信息载体主要体现出一个特点——倚重时间。

一　信息传递的方式及特点

在纸张普及之前,我们看到了主要的媒介:甲骨、竹简和类纸性的材料绢素等三种类型。这些媒介的特点是什么呢?媒介文化研究学者已经揭示出了这一特点,即依赖于时间。当然,具体到绢素这样的材料,我们发现这种

---

① 王崇焕:《中国古代交通》,商务印书馆 1996 年版,第 178 页。
② 同上书,第 180 页。
③ 同上书,第 181 页。

媒介并不倚重时间，因为这种材料极其昂贵，一般人是无法承受得起的。这是西方传媒学者所没有预料到的。在他们看来，媒介不是倚重时间就是倚重空间。

这段时期，传递方式主要是车传、徒步、马匹、船只和骆驼。道路的修建为车传和徒步、骆驼、马匹奠定了基础。河运的修建为船只的传递奠定了基础。当然，这个时期，现代交通技术如汽车、火车、飞机等和现代电子技术还没有出现。这些传统的技术手段所带来的限制是非常明显的。

我们依次来看看。首先是徒步。从速度上来说，徒步是最慢的。即使是加急公文，步递一天也只是 50 里；如果找人捎带，则会更慢。车辆的使用，改变了速度，一天可以走 70 里，这保证了信息能够快速地传递。

在中国，车辆的使用在黄帝时期就开始了。夏朝还出现了"车正"官职。① 我们这里主要集中在对车辆动力的考察，这决定了车辆的速度。中国古代，车辆主要是靠人力和畜力提供动力。人力车多为两轮车或独轮车，秦汉时期，人力两轮车称为"辇"。畜力的使用使得车的速度有所提高，最先使用的是马，以马驾车，出现在 4000 多年以前。《尚书》中有"服牛乘马"的说法。② 另外，"牛"也是驾车的主要力量，但是和马车相比，则缺乏便捷。③ 驴、骡的使用则是从少数民族引入的结果。

在信息传递中，船只也成为主要的方式。与车辆相比，船只的速度有所提高，当然，其受到水流的影响是比较明显的。另外，马匹、骆驼也成为主要的交通方式，而且它们的速度也明显提高。马递按唐政府官方规定，快马要求一天走六驿，即行 180 里左右，再快些要求日行 300 里，④ 最快则为日驰 500 里。

可以看出，长途通信是非常浪费时间的，而这一结果往往就是耽误

① 王崇焕：《中国古代交通》，商务印书馆 1996 年版，第 55 页。
② 同上书，第 70 页。
③ 封建社会中，由于马匹用来征战，牛成为车的主要动力，甚至皇帝也坐牛车。如南北朝时期，皇室驾牛车成为时尚，当然，后来牛车成为百姓出行的主要方式。
④ 臧嵘：《中国古代驿站与邮传》，商务印书馆 1997 年版，第 101 页。

事情。

二　前纸张时代中人的地方性体现

于是在这个时期，人与"地方"的关系呈现为一种紧密的关联。从古代到现代，把人和地方关联在一起的政治制度主要表现为"户籍"。"地方"之上形成了特殊的文化。我们将从"家乡"开始探讨。

"地方"是人居住的地方，对一个地方历史性的、文化性的记载就是地方志。地方志"汇集了一个地方从古代到现代，从自然到社会的所有资料，分门别类地记载下来。一志在手，这个地区的山川、风物、史迹、人物全都历历在目"①。地方志充分体现了地方特性。"地方志只记载本地区的事情。对于那些涉及全国的事件，地方志只详记和本地区有关的部分。"②"地方志"作为一种特殊的题材，其目的除了对地方上发生的事情给予记载之外，还有一种培养历史感的作用。"郡之有志，犹国之有史。"这一点我们从古人对地方志的作用之理论分析中可以看到。地方志中所记载的地理上的资料更是让其他人对自己居住的地方有更多的了解。特别是地方志中记载着很多的神话传说，这些都培养起对于地方的一种真切感受。所以，"每一部地方志都像一幅工笔画，它的细致入微的笔触，几乎触及社会生活的一切方面"③。

在古人看来，关于地方志的作用之理论有两种观点。其一为地理派，认为地方志就是地理书，他们这一观念来自汉唐以来的传统，如戴震；其二为历史派，认为地方志乃历史，如章学诚。④ 特别是后者，非常强调地方志中要表现出一种教化的特点来，使地方的人对当地有所了解。

由此，我们看到，在中国古代，地方志的存在延续着后来人们对地方的

---

① 周迅：《中国的地方志》，商务印书馆 1998 年版，第 3 页。
② 同上书，第 4 页。
③ 同上书，第 202 页。
④ 章学诚（1738—1801），今浙江绍兴人。他提出"志乃史体"的观点。

认识，使得他们能够了解自己家乡的文化。

而且，古代政治制度一直将人们束缚在土地上。这加强了人们对于地方的感情。除非是发生战争、灾荒，还有政治性的命令，人们很少离开他们的土地。这无形在人们的意识之中建立起一种关于地方的深刻理解。"地方"即家乡、故乡、故土。

在地方之上形成地方文化。无论是语言还是生活习俗、风俗习惯，各地都是不同的。特别是地方性的语言就是方言，和我们通常用的普通话是不一样的。曾经有一段时期，方言极大地为普通话所挤压，但是，最近一个有趣的现象出现了，方言电视剧、方言影片开始出现。① 另外，除了语言，还有很多地方性的东西，如各地的风味小吃。这种和中国人生活极密切相关的东西特别引人注意；另外还有地方的名酒，如四川的五粮液、贵州的茅台、山西的汾酒等等。每一地方性的东西都体现出地方的特色来。

如此，一个问题被提了出来，是什么建立起我们所说的人与地方的关联？事实上，这个提问方式把人与地方、文化的关系看做是两种不同的关系，而试图去寻找一种关联。但是，我们这里要指出的是，地方塑造着人，人造就了地方的文化；反过来说，人因为文化而加深了对地方的感情。为了对这个问题进行分析，我们借助图1-1来进行阐述。

在图1-1中，已经用两个不同方向的箭头勾勒出人与地方、文化的关联。另外的两个箭头表示着两种不同的关系。一方面，地方造就地方文化，地方文化养育地方人，地方与地方性文化塑造着生长于斯的人；另一方面，人依恋自己的文化，依恋自己的故土。我们看一下从地方到人的箭头。具有独特地理环境的地方首先为人提供了一种基本的生存环境。不同地方的人也因此而形成了不同的生活方式。如生长于平原、高原、岛屿等地理环境的人的个性完全不同，他们的生活方式也有着极大的不同。特别是在现代，城市和农村的区别更加造就了不同的人。在不同的生活方式

---

① 我曾经看到过一部四川话版本的《猫和老鼠》。在前几年的春节晚会上，我们看到西北话、西北歌开始盛行，如阿宝带来的信天游，《武林外传》中的佟掌柜就是操着一口汉中口音，对陕西人来说听起来非常的熟悉。

中，地方文化开始形成。人与地方的内在关联的一个方面因此而建立了起来。

另外一个建立起二者之间联系的重要因素是"情感"。人之所以为人，是因为人具有感情。特别是中国人，对于家乡、对于亲人有着很独特的感情。中国人的思想观念之中，总有着一种落叶归根的观念，人老了，一定要回到自己的家乡。而且，他们也更喜欢土葬，尽管人们更多地接受了现代的死亡观念。但是，在一定意义上，从土地上来又回到土地中，是中国的一种独特观念。另外一个有着强烈"根"的观念的民族应该是德国。海德格尔曾经对于现代技术的"拔根性"给予了充分批判。他回顾希腊文化，力图在西方文化之源头找寻到解救之途的做法也充分地表明了对于"根"的重视。当然，在他那里，"根"更多的是从形而上学的意义上来说的。"存在即人之家"、"语言是人的家"已经成为我们熟悉的观念。对于"根"的寻求，更多地说明了一种历史性意识的表现。所以，能够建立起"空间"人与地方关联的首要东西应该是"历史"的意识。

另外一种有助于建立起人与地方关联的东西是"定向"。这个海德格尔的术语在这里使用会带来一个有意思的结果。与这个术语相似的是"认同"。但是，我们更倾向于用"定向"这个术语。也许这个术语的使用也能够解释我们当前所发生的一个现象，我们无法确知自己，这就是"定向"的问题了。"定向"首先表现在"哪里人"？"哪里人"的确定，给予一个人的往往是一种最基本的定位。这涉及的就是地方的概念。在中国人心目中，"老乡"观念是非常浓厚的。他们经常询问的一个方式是："你是哪里人？"通过对地方的确定而达到一种切近，这就是"定向"，也反映了一种去远的心理。在古代中国，老乡观念并不是很明显，因为人们与土地的关联异常的密切，所以这个问题没有凸显出来。但是，随着现代社会的发展，人们离开自己的家乡后，老乡观念才显得异常重要了。另外定向的另一方式是听，当听到熟悉的乡音时，两个不熟悉的人也因此而拉近了。任何一个人对于属于自己的东西，如乡音、家乡话是非常敏感的，它可以在众多声音中辨别出独特的家乡音。这也是去远的一种表现。当然，还有其他的方式都可以显示出定向与去远来。如看到熟悉的东西、闻到熟悉的味道，这就是去远，也就是定向的完成。

再一个能够建立起人与地方的关联的东西应该是"想象"。我们在前面已经多次指出，地方对于我们来说，重要的并不是环境，尽管这些环境提供给我们基本的生活物质保障，但是，我们发现，最重要的却是建立在环境之中的"想象"和"思念"。人是有感情的，我们越是远离一样东西，越倾向于想象，越倾向于思念。

三　前纸张时代的意义世界

纸张发明以前人们用来写字的材料是素。素就是上面所提到的锦、帛。其价格昂贵，一般人是无法使用的，平常百姓更是不可能使用。

另外，在这个时期的中国，普通百姓之间的私人通信是完全不被允许的。这样的情况使得通信显然不可能。首先是"地方"的限制。中国古代封建社会使得百姓被严格地束缚在土地上，这样一来，一般情况下，通信就没有必要。其次，即使由于各种原因如被征兵、灾祸等因素使得人与人之间被迫离别，对于普通百姓来说，他们也根本没有可能进行通信。因为当时所有的"邮驿"都是官方用来传递政府消息的。那时候根本不存在现在这样便利的条件。当然，我们目前只能从很少的资料记载中看到这样的情况，即普通百姓的离别之苦。再次，即使有传递消息的可能，但是昂贵的"素"使得普通人根本无法使用这种东西充当写信的材料。在那个时期，以口传信可能是常见的方式。所以这样一来，通信更是不可能的。

我们所能看到的是文人的一种记载。无论是通过怎样的形式，文人表达一种离别之苦，更多的是寄希望于书信。但是对于他们，情况也是如此，进行通信是无法实现的事情。所以，我们看到了一个奇怪的现象，书信是用来拉近距离的，但是，我们所看到的是，在纸张没有大面积普及开的时候，人们无法选择这样一种方式来拉近彼此距离，消除思念。但是，也正是在这样的情况下，我们才能看到我们所要描述的一种可能性：意义世界的形成。

　　这个时期的意义世界逐渐建立起来了。尽管后来随着技术的发展，这一意义世界发生了某种变化，但是，我们应该承认的是，在这个阶段，意义世界建立了起来，而且这一建立有着两个现实的基础：其一是通信的无法实现；其二是人的情感世界、文化世界的存在。

　　我们已经指出，此在是空间性的存在。当不同的此在被放置在不同的空间中，他们必然会通过各种方式来实现拉近。如前所述，语言和技术是人类拉近彼此的最古老的方式。语言的其他表现形式，如文字等也是一样；技术更是如此。古代人因为军事、政治等缘故与地方脱离开来，他们所受到的影响——户籍制度、地方文化、亲情伦理——使得他们必然会拉近彼此，在无以实现去远的情况下，人自身的情感世界、文化世界被建立了起来。

　　我们已看到，"思念"、"离别之苦"就成为情感世界与文化世界的基础。由此，我们开始打开一个意义的世界之门，在这个时期，由于种种外在性的条件的限制，意义世界极其的丰富。在这里，我们无力描述出古人的意义世界。对于现代人来说，缺乏的恰恰是这一意义世界。这种缺乏使得我们自身无法进入古人的世界之中。尽管曾经有些东西在我们身上延续着，但是，我们依然发现，我们越来越远离他们。

　　我们所能看到的仅是一种文字的记载。他们的语言已经无法为我们所听到，历史给予我们之间太长的时间间隔，同样也给予我们无限的空间间隔。我们无从听到他们的语言，然而我们却可以从他们所遗留的文字中去把握这些东西。他们的意义世界在这里缓缓展开。当然，对这一意义世界的建构并不是我们的最终任务所在，我们是要指出这一意义世界曾经存在过，现在发生了某种不为人知的变化。尽管如此，我们还是不得不承认，这一世界在我们身上多少有所遗存。但是，不知道这是事情真实的情况，还是我们建构的结果呢？但真正令我们感到振奋的是，这一意义世界在纸张时期完全可以看到，因为文字通过纸张而保留了下来，一个意义的世界通过文字和纸张而存留了下来。这可以通过考察这段时期的诗词来感受到，如何借助想象、思念从而实现了不在场者的在场。

第三节　诗歌中的空间体验①

根据《诗论》，"每首诗都自成一种境界"②。如此，无论是诗歌欣赏还是诗歌创造都必须见到这种境界。那么何谓境界？"诗的境界在刹那中见终古，在微尘中显大千，在有限中寓无限。"③ 境界即通常所说的诗歌的意境和所呈现的世界，有时候又被称为"神韵"、"性灵"。如此，我们对于诗歌中的去远分析也就是基于境界而出，在我们的分析中，我们试图呈现的是这样的一个问题：诗歌如何通过物象实现着本真之近？

何谓"近"？这个问题在我们这里逐渐显示出其生存论的一面来。我们所面对的是这样一个问题：距离是不变的，比在身边的距离要遥远得多。但是，这一距离的意义何在？我们如何理解其中的"近"？去远如何实现？我们不由自主地从海德格尔那里开始，似乎这里使我们能够获得基本的起点，但或许这是一种遥远的梦幻想象。因为在海德格尔那里，我们所看到的距离是一种"寻视操劳的距离"（circumspective distance）。"决定着从周围世界首先上到手头的东西之远近的，乃是寻视操劳。寻视操劳先已依而逗留的东西就是切近的东西，就是调节着去远活动的东西。"④ 如此，寻视操劳不断实现着空间去远，但这与中国诗歌中的空间去远有所不同。那么，在中国诗词中通过怎样的方式来实现空间去远呢？简单说来，是通过意象的方式实现去远。

---

① 诗歌中的空间属于诗性空间，一种独特的艺术空间形式。但是这种概括并不够，我们还需要深入诗歌空间中的具体问题来分析，如"近"、"远"体验的描述。即探讨诗歌如何表达"近"这一空间性形式的？还有诗性空间的构成等都是相关的问题。按照现象学的方法，空间构成即空间意识的表达，所以，我们将来可以结合宗白华关于中国诗画中的空间意识考察诗性空间的构成问题。当然，这已属于另外的问题。

② 朱光潜：《诗论》，武汉大学出版社 2008 年版，第 35 页。

③ 同上书，第 36 页。

④ ［德］海德格尔：《存在与时间》，陈嘉映译，上海三联书店 1997 年版，第 125 页。

在中国诗歌中，"意境"与"意象"成为关键的概念。① 首先看一下意境。"意"究竟为何？初步来说，我们通常把"意"理解为主观的东西。根据《中国古汉语辞典》，"意作为名词有8个含义，①意图，意念、心意。②意志，《荀子·性恶》：'先王有道，敢行其意。'③心内。《汉书·霍光传》：'王闻召，意恐。'④志向。《拟古》：'不谓乘轩意，伏枥还至今。'⑤思想、意义。⑥神态、神情。⑦情意。⑧心情、情绪。"② 可以看出，对意的解释偏重主观性。另外《大辞海·哲学卷》更是论证了这一点，对"意"这个词给予了比较完整的偏重主观性的解释。"《论语·子罕》：'子绝四：毋意，毋必，毋固，毋我。'这里的意指主观意见。后期墨家把'意'作为猜测性的臆度。《墨子·经下》：'意未可知，说在可用，过作。'魏晋时以'意'为本意，并在'言不尽意'和'言尽意'问题上展开争论。王弼主张否定图像、语言而求神秘的本意，欧阳建则肯定语言能表达人的思想本意。南宋朱熹提出'意者，心之所发也'（《四书章句集注》），是心上一念之发。杨简则解为私意，认为'一则为心，二则为意；直则为心，支则为意；通则为心，阻则为意'（《绝四记》）将心意对立。"③ 如此"意"的主观性之意就明朗了。那么"境"如何呢？源自何处？根据牟宗三的研究，这个词在中国先秦典籍中是不存在的，而是佛教创立的概念。"境、界这两名词本来是从佛教典籍里面来的，中国先秦典籍没有这名词，这是佛教新创的名词。"④ 这个词的原始意思是指客观的对象。"佛教说境，由境说界，境和界都是一个实有的意义。境是指着对象讲的，境在佛教就是 objects，就是 external objects，外在的对象。"⑤ 在他看来，把境界二字连起来用就主要偏

---

① 本书把"意境"与"意象"看做是双音节词，所以可以把"意境"解作"意"与"境"，把意象解作"意"与"象"，文中的"对象"、"事物"也是采取类似的分析方法。但是需要注意的是，如果是双音节词，那么是不可分开解释的，但是很多人忽略了这一区别。

② 王松茂主编：《中华古汉语大辞典》，吉林文史出版社2002年版，第1287页。

③ 夏征农主编：《哲学大辞典》（哲学卷），上海辞书出版社2003年版，第192页。

④ 牟宗三：《中国哲学十九讲》，上海古籍出版社2007年版，第122页。

⑤ 同上。

重于主观了。"把境、界连在一起成'境界'一词，这是从主观方面的心境
上讲。主观上的心境修养到什么程度，所看到的一切东西都往上升，就达到
什么程度，这就是境界，这个境界就成为主观的意义。和原来佛教的意义不
大相合，但现在一般人都了解，我们就用这个普通的意义。"① 意境即境界。
具体到各类文学题材中，"文学艺术作品言意境，故诗有诗境、词有词境、
曲有曲境"②。通过上面的分析可以看出，"意境"这个词所体现出来的应该
是主观与客观的相融，每一意境主要是指主观与客观相融的状态，也就是我
们通常所说的主（情趣）客（事物）相融的关系。③

　　意象类似于意境但又不完全同于意境。④ "意象是文学批评用语。《周易·
系辞》上：'圣人立象以尽意。'象指卦象，是象征诸事物的符号；意指卦
意，是对于卦象所做出的解释。魏晋时玄学发达，象、意关系为人们探讨、
清谈的重要题目。《文心雕龙·神思》遂借用其语云：'独照之匠，窥意象而
用斤。'意象指作者构思时所欲表现的主观情志、审美感受和浮现于头脑中
的物象，二者紧密相连。后人用其语，或指构思时浮现于头脑中者，或指作
品中所表现者。"⑤ 如此可以看出，意象这一概念偏重于"浮现于头脑中的
物象"，与审美感受联系在一起，而意境则更多的指一种具有普遍性的氛围。
在这里的诗歌和以后的宋词中我们会发现意象与意境会混淆使用，但实际上
二者还是有区别的。中国的意象以及与之相连的物象与前面现象学理论中的
想象有极大的区别。前面的分析已经表明，想象的对象是影像（image），而

---

　　① 牟宗三：《中国哲学十九讲》，上海古籍出版社 2007 年版，第 123 页。
　　② 陈从周、蒋启霆：《园综》，同济大学出版社 2004 年版，底页。
　　③ 上述对"意境"概念的内涵给予了分析，却没有提到"意境"概念的历史。事
实上，意境历史研究的成果众多，我们采取古风的说法。意境概念首先由唐朝的王昌龄
提出，经过了皎然、司空图、普闻、谢榛、陆时雍、王夫之、梁启超、王国维等人的完
善。从领域上看，"意境最早出现在诗学领域，因而唐宋时期，他基本上是一个诗学范
畴；元明以后，意境的观点和理论便逐渐向其他文艺门类渗透，于是它又成为一个文艺
学范畴；近代以来，随着西方美学的引入和中国美学的建构，意境便成为一个美学范畴
了"（古风：《意境探微》，百花洲文艺出版社 2001 年版，第 27 页）。
　　④ 根据钱穆的研究，"象"这一概念乃老子所创，《周易·系辞传》对其特加发挥
阐述。见《庄老通辨》，第 174、175 页。意象概念第一次由刘勰提出，成熟于明代。
　　⑤ 吴小如等：《汉魏六朝诗鉴赏辞典》，上海辞书出版社 2006 年版，第 1692 页。

影像通常被看做是物，只有在萨特那里，影像被看做意识。这样一来，问题变得复杂起来，却无助于我们所说的问题的解决。当然现象学理论有所推进。在前现象学理论中，影像被看做是物，不在场的物之形象，包括现象学理论在内，西方影像理论均强调了作为物的实存与作为影像的那个实存之间的区别，强调了作为影像的物与在场物的区别。但是对于影像与物自身的联系却很少触及。说事物以影像的方式存在，意味着"事物事实上并不存在"。在中国文化中，"意象"所指出的是这样一个事实，恰恰弥补了西方理论的缺陷，此即事物以象征的意味在场。意象是事物象征的符号。我们初步猜测，物象的用法应属现代用语，对于传统思想来说，可能是不成立的。因为"物"为有形而"象"非形，所以把这两个词连用似乎有些说不过去。所以我们是在这样一种意义上看待这里所说的物象，它是意象的具体化表达，尽管在现实生活中会有具体的事物与之对应，但更为重要的是意象之物与象征关系，如大雁、青鸟这些都是意象的结果，大雁的样子是可以想象的，但是青鸟却是无法想象的。可以猜测上述所说的物象类似于我们通常所说的形象，对我们来说是现实存在的东西。西方哲学将这种现实存在理解为广延之类的形象，比如桌子的方形。但是，在这里我们完全可以做出判断，中国诗歌中的浮现于"头脑中的物象"尽管是事物的形象，却总是一种带有象征意味的东西，比如看到了大雁，人们会想到书信。所以当诗人表达怀人念远的情怀时，脑中所浮现的物象必然是大雁、鱼腹、尺素和红笺这样的物象。这完全不同于事物的几何形象。①

那么，在中国古典诗歌中是如何运用不同的意象来描述"去远"这一神韵的？朱光潜的分析很让我们受益，他指出在对意象的凝神照观中，物我两忘，从而展现为去远。"凝神照观之际，心中只有一个完整的孤立的意象，一无比较，无分析，无旁涉，结果常致物我两忘而同一，我的情趣与物的意

---

① 意境与意象的关系是中国美学中的主要理论问题。我们这里并不是专门论及，而是根据需要涉及。对于意象范畴流变的分析见胡雪冈著《意象范畴的流变》，百花洲文艺出版社 2002 年版；意境分析见古风的《意境探微》。这是两本基本的读物。

态往复交流，不知不觉之中人情与物理互相渗透。"① 相比之下，这与海德格尔所说的寻视操劳、聚集完全不同，在凝神照观中，物脱手而去，我自身脱手而去，孤零零地遗留了一个意象世界，一个空灵的世界。这不是个凝聚的过程，而是个散去的过程。如果有物、有我存在，则散去是不成功的，只有在完全空灵的状态下，才是真正地实现着切近。而在海德格尔那里，聚集起天、地、神与终有一死者，才是切近，才是物之物性的获得。这一切都显得难以理解，的确这不是理解所能达到的状态。为更好地领悟到这种去远，让我们看一下科学对于空间距离以及拉近的表达。在科学中，空间物理距离都是以客观的方式表达的。如在"使用者与电脑显示器的最佳距离是 25cm"这样一个命题中，"最佳距离"表达的是一种事态，尽管有主体的体验，"最佳"意味着人感到最舒适，但还是一种事态，因为这是根据大多数调查数据做出的结论。拉近意味着我与显示器的距离从 25cm 拉小为 15cm。"远与近"则是主体的体验。科学无法表达出远与近这样的主体体验，但是诗歌却可以。②

在唐诗宋词中，鉴赏者对空间去远已经有所说明，"'离愁渐远渐无穷'，这句话不是没有道理的。因为'远'就意味着空间距离之大，相见之难。所以不少送别一类的诗词就往往在这个'远'字上做文章。比如：'荆南渭北难相见，莫惜衫襟着酒痕。''雪晴云散北风寒，楚水吴山道路难。''平芜尽处是春山，行人更在春山外。'它们都是以不同的意象表现一个'远'字，

---

① 朱光潜：《诗论》，武汉大学出版社 2008 年版，第 38 页。

② 还有我们与月亮的距离，科学的描述只是给出月亮与地球的距离（38 万公里），而在诗歌中却描述出主体的高、低体验。王昌龄的《春宫曲》诗中有"昨夜风开露井桃，未央前殿月轮高"之句，其中就提出了一个问题：为什么会有月轮高之说？评论者的分析是"月亮，对于人们来说，本无远近、高低之分，这里偏说'未央前殿月轮高'，因为那里是新人受宠的地方，是这个失宠者心向往之而不得近的所在，所以她只觉得月是彼处高，尽管无理，但却有情"。这一分析有些道理，从主体的心理感受出发从而解释了空间距离（《唐诗鉴赏辞典》，上海辞书出版社 2006 年版，第 123 页）。当然，这种解释只能说是心理主义的解释，即从主体的心理感受来解释空间距离，而不能等同于空间距离的生存论解释，因为在生存论解释中，更加强调一种超越心理的东西，比如与心理感受相关的视域的呈现。我们可以把"什么是高"的问题转化为"对何者来说，某种距离意味着高和远，同时这种高和远意味着什么？"这是提问方式的转变。

而那别时之难，别后之思，便尽在不言之中了"①。

　　另外，中国古代诗歌还借助"钟声"意象来描述"远"的空间距离。"唐诗钟声的艺术品格体现在空间形式上的高远清空。葛兆光先生说：'中国人听钟声铃声一贯不愿把自己与声音置在一处，而一定要远远地隔开。近处的钟声聒耳仿佛瓦釜雷鸣，只能令人震惊烦躁，而远处的钟声却悠渺苍茫，可以令人想入云外。'……随着佛家清空观念的渗透，钟声就变得愈来愈悠远清澈，从遥远的云间天际苍山远寺中飘来。"② 所以说，钟声意象所表达的是一种体验上的远，这种表达方式主要是借助不同形式来实现的。"钟声在空间形式上的'远'，审美形式上的'隔'，还造成了听觉上'疏'的艺术效果。"③ 可以说，钟声使得我们远离了尘世世界，一个忙忙碌碌、充满琐事的世界，进入了心灵的宁静世界。"高远清空"实际上就是对心灵世界的向往、与现实世界相对的绝对世界的写照。在唐诗中有众多钟声意象，如晓钟、晨钟、晚钟、暮钟、夜钟，这些意象是从时刻上来划分的，而且有着特殊的蕴涵。有一种钟声意象引起了我们的注意，这就是与上面所说的表达远之距离的"远钟"意象。相关如：

　　　　远钟当半夜，明月入千家。

　　　　　　　　　　　　　　　　　　　于邺《褒中即事》

　　　　溪山尽日行，方听远钟声。

　　　　　　　　　　　　　　　　　　　孟贯《宿山寺》

　　"远钟"意象表达了一种"天高地远声色浑融音韵悠扬"的审美意境。如此，通过钟声意象表达了远之意境。

　　至于"近"，中国古典诗词中存在着很多描述怀人念远或者送别的作品，都表达着一种去远达近之体验。我们可以通过一首大家熟知的诗歌来说明这

---

①　周汝昌等撰：《唐诗鉴赏辞典》，上海辞书出版社 2006 年版，第 135 页。

②　傅道彬：《晚唐钟声》，东方出版社 1996 年版，第 258 页。

③　同上书，第 262 页。

一点。

送杜少府之任蜀州

王勃

城阙辅三秦，风烟望五津。

与君离别意，同是宦游人。

海内存知己，天涯若比邻。

无为在歧路，儿女共沾巾。

　　鉴赏者指出，"这是一首送别诗。三联（海内存知己，天涯若比邻）推开一步，奇峰突起。从构思方面看，很可能受了三国曹植《赠白马王彪》'丈夫志四海，万里犹比邻；恩爱苟不亏，在远分日亲'的启发。但高度概括，自铸伟词，便成千古名句……作者在劝慰杜少府说：只要彼此了解，心心相连，那么即使一在天涯，一在海角，远隔千水万山，而情感交流，不就是如比邻一样近吗？……古代的许多送别诗，也大都表现了'黯然销魂'的情感。王勃的这一首，却一洗悲酸之态，意境开阔，音调爽朗，独标高格"①。

　　赏析非常到位，同时其中的一个词引起了我们的注意："比邻"，这个词贴切地传达了空间拉近的体验。为了表达送别的情怀，作者勾勒出这样一幅图像：我们是知己，而知己是超越时空的，所以身在何处都是没有关系的，因为知己是无所不在的，就在身边。通过这种表达，传达出了与前人送别诗的黯然销魂不同的情感。"黯然销魂"所用极为贴切，想想古人离别后一去也许永世不见，在通信无法实现的年代，确实让人感觉到黯然。送别与这样的情感相连。但是王勃的这首诗歌却一反常态，将送别后的情景——天涯各一方——所产生的情感一扫而光，用一种别样积极的情感取而代之，因为我

---

① 此首诗为霍松林赏析，引自周汝昌等撰《唐诗鉴赏辞典》，上海辞书出版社2006年版，第23页。

们同是知己，仍然近在身边。这种方式让我们看到，对于我们而言，所谓远近并非是地理距离的远近，而是一种心理距离之感。由此空间拉近是基于知己而产生的情感，通过知己相知克服了地理距离。

另外，在鉴赏者的文字中，还提到了相似的包含此词的句子，即三国曹植《赠白马王彪》"丈夫志四海，万里犹比邻；恩爱苟不亏，在远分日亲"。同样的，"比邻"传达了空间拉近的体验。但是，我们分明感受到了两种基于不同情感所产生的比邻体验。在王勃这里，是一种朋友之间的相知；而在曹植这里，大气溢出，大丈夫基于共同的志向，而产生比邻之感。为了验证这一感觉，笔者特别找到了曹植的诗全篇一读。

赠白马王彪①

序曰：黄初四年五月，白马王、任城王与余俱朝师，会节气。到洛阳，任城王薨。至七月与白马王还国。后有司以二王归藩，道路宜异宿止。意毒恨之。盖以大别在数日，是用自剖，与王辞焉。愤而成篇。

谒帝承明庐，逝将归旧疆。清晨发皇邑，日夕过首阳。伊洛广且深，欲济川无梁。泛舟越洪涛，怨彼东路长。顾瞻恋城阙，引领情内伤。

太谷何寥廓，山树郁苍苍。霖雨泥我涂，流潦浩纵横。中逵绝无轨，改辙登高冈。修坂造云日，我马玄以黄。

玄黄犹能进，我思郁以纾。郁纾将何念？亲爱在离居。本图相与偕，中更不克俱。鸱枭鸣衡轭，豺狼当路衢。苍蝇间白黑，谗巧反亲疏。欲还绝无蹊，揽辔止踟蹰。

踟蹰亦何留？相思无终极。秋风发微凉，寒蝉鸣我侧。原野何萧条，白日忽西匿。归鸟赴乔林，翩翩厉羽翼。孤兽走索群，衔草不遑食。感物伤我怀，抚心长太息。

---

① 吴小如等：《汉魏六朝诗鉴赏辞典》，上海辞书出版社 2006 年版，第 276—277 页。

太息将何为？天命与我违。奈何念同生，一往形不归。孤魂翔故域，灵柩寄京师。存者忽复过，亡没身自衰。人生处一世，去若朝露晞。年在桑榆间，影响不能追。自顾非金石，咄唶令心悲。

心悲动我神，弃置莫复陈。丈夫志四海，万里犹比邻。恩爱苟不亏，在远分日亲。何必同衾帱，然后展殷勤。忧思成疾疢，无乃儿女仁。仓卒骨肉情，能不怀苦辛？

苦辛何虑思？天命信可疑。虚无求列仙，松子久吾欺。变故在斯须，百年谁能持？离别永无会，执手将何时？王其爱玉体，俱享黄发期。收泪即长路，援笔从此辞。

鉴赏者指出，"这是曹植后期的作品，作于 223 年。曹植后期的诗，主要是抒发他政治上受曹丕摧抑的愤懑以及渴望自由解脱的强烈愿望，颇多感慨之音、悲凉之词……第六章，在对人生、命运无可奈何的极度悲愤中故作豪言壮语，是对即将分手的曹彪的勉励，也是悲愤之作的自我安慰。说大丈夫应以四海为家，要有一种'万里犹比邻'的胸怀；如果一味为骨肉之情而'忧思'，那就同女子一般见识了。话虽然这么说，眼前却是骨肉生离于'仓卒'，心里升起的难忍之痛难道是空泛的旷达之言所能掩抑的吗？"①

至此，可以感受到曹植的送别诗中所传达的一种情感，尽管"丈夫志四海，万里犹比邻"，但是"离别永无会，执手将何时？"离别往往意味着永不可能见面，"黯然销魂"似乎无法说出此处的情绪，分别后的凄凉显而易见。

除了"比邻"之外，在唐诗中还有另外的表达空间距离之近的方式，这就是用"接"字表达。如：

送杜十四之江南

孟浩然

荆吴相接水为乡，君去春江正渺茫。

---

① 吴小如等：《汉魏六朝诗鉴赏辞典》，上海辞书出版社 2006 年版，第 279 页。

日暮征帆何处泊？天涯一望断人肠。

　　评论者指出，"这是一首送别诗。……诗开篇就是'荆吴相接水为乡'（'荆'指荆襄一带，'吴'指东吴），既未点题意，也不言别情，全是送者对行人一种宽解安慰的语气。'荆吴相接'，恰似说'天涯若比邻'，'谁道沧江吴楚分'"①。当然这里的"接"尽管表达了邻近，却是物理空间距离的近。另外一首中的"接"字也是如此。一并摘录如下：

另有送柴侍御

王昌龄

流水通波接武冈，送君不觉有离伤。

青山一道同云雨，明月何曾是两乡。

　　评论者指出："……起句'流水通波接武冈'（一作'沅水通流接武冈'），点出了友人要去的地方，语调流畅而轻快，'流水'与'通波'蝉联而下，显得江河相连，道无艰阻，再加上一个'接'字，更给人一种两地比邻相近之感，这是为下一句作势。"②

　　还有若干含有"比邻"的诗句，但是均以"海内存知己，天涯若比邻"作解，所以不再多说。这里只是强调：在中国诗歌中，更多的是基于心理状态的描述，强调的是主体的情感、情趣。"《诗》非圣人不能删也，何也？诗者，情也。邪正异情，一橐于性。"③此处论述将诗与性情相连。那么何谓性情？这关系到对诗歌的理解。"情与性相对。情者，性之动也。在心里面未发动底是性，事物触着便发动出来是情。寂然不动是性，感而遂通是情。"④可见，诗歌即心与物相触而发动出来的结晶。另一处也谈到了诗，

---

① 周汝昌等撰：《唐诗鉴赏辞典》，上海辞书出版社 2006 年版，第 102 页。

② 同上书，第 135 页。

③ （明）汪氏编：《宋词画谱》，綦维注释，山东画报出版社 2007 年版，第 1 页。

④ （宋）陈淳：《北溪字义》，中华书局 2009 年版，第 14 页。

将其与志联系在一起。"盖志在于心，发而为诗，不缘假借，不藉藻缋，矢口而成，自极百趣。"① 那么，何谓志？"志者，心之所之。之犹向也，谓心之正面全向那里去。如志于道，是心全向于道；志于学，是心全向于学。"② 两处关于诗歌的理解——以情解诗或以志解诗——都最终归于心。"心"对于诗歌的理解至关重要，"心者，一身之主宰也……心只似个器一般，里面贮底物便是性"③。这让我想起了黑格尔对于中国文化的评论，的确有些道理。"这两个民族④的广大文化，都是关于宗教、科学、国家的治理、国家的制度、诗歌、技术与艺术和商业等方面的……所以印度的、东方的诗歌，就形式论，可能是发展很成熟的，但内容却局限在一定限度内，不能令我们满足。"⑤ 为什么如此呢？内容的局限性表现在哪里呢？黑格尔说得很明白："人们也知道了一些中国人的诗歌。私人的情感构成这些诗歌的内容。"⑥ 我们先不对黑格尔的评价表态，只是停留在他的分析上，他的分析给予我们这样一种启示：在诗歌中，去远的分析均与主体的心理状态有关系。这一点在上述分析中得到了初步的证实，在下文中，随着宋词的挖掘，这一点会进一步得到证实。

　　前面所提到的是诗歌中表达"远"、"近"之方式，以及通过意象的途径实现对象的去远。但是有一点是需要更深入地揭示的。这就是对象之差别。在中国古代诗歌中，与空间远近相关的，有哪些是值得关注的对象呢？这就是故乡与他人。这里仅限于对故乡的意向拉近。

　　在前面的分析中，我们初步指出过，故乡有两类，其一是科学意义上的故乡，取决于认知；其二是文化意义上的故乡。"文化意义上的故乡"过于

---

① （明）黄凤池编：《唐诗画谱》，綦维等整理，山东画报出版社2007年版，第3页。

② （宋）陈淳：《北溪字义》，中华书局2009年版，第15页。

③ 同上书，第11页。

④ 这两个民族指中国和印度。

⑤ ［德］黑格尔：《哲学史讲演录》第1卷，贺麟、王太庆译，商务印书馆1997年版，第118—119页。

⑥ 同上书，第132页。

宏观，如果我们明晰了所借助的现象学视角的话，就会更清楚地看到，故乡是意向体验的相关项。① 在前面的分析中有所涉及，这里可以加以细致地描述。

故乡意味着什么？故乡的一草一木、故乡的美食、故乡的逸闻趣事等等对于我来说意味着什么？首先，"我"并非一直生活在故乡中的，而是有着远离家乡背景的"我"。贺知章有"少小离家老大回，乡音无改鬓毛衰"②之句，所以这里的"我"是"少小离家老大回"，而且是"鬓毛衰落"的"我"。如评论者所指："贺知章在天宝三载（744），辞去朝廷官职，告老返回故乡越州永兴（今浙江萧山），时已八十六岁，这时，距他中年离乡已有五十多个年头了。"③ 其次是就故乡本身而言，故乡是"我"意识的相关项。它意味着某种变化，与自然事物的不变相对。还是贺知章之句，"离别家乡岁月多，近来人事半消磨"，说出了人事变化的事态，"'近来人事半消磨'一句，看似抽象、客观，实则包含了许多深深触动诗人感情的具体内容，'访旧半为鬼'时发出的阵阵惊呼，因亲朋沉沦而引出的种种嗟叹，无不包孕其中"④。评论者的评论在"看似抽象、客观"中却存在着问题，事实上在"近来人事半消磨"中并非抽象的描述；而是一种指向意识自身的描述；它不是客观的描述，反而是一种体验描述。当然这并不与科学意义上的故乡相矛盾，这个意义上的故乡意味着某种不变的东西，还是贺知章之句，"惟有门前镜湖水，春风不改旧时波"，道出了某种不变性，"门前镜湖水"、"旧时波"等都是不变的体现。评论者指出，"贺知章的故居即在镜湖之旁。虽然阔别镜湖已有数十个年头，而在四围春色中镜湖的水波却一如既往。诗人独立镜湖之旁，一种'物是人非'的感触自然涌上了他的心头，于是又写下了'惟有门前镜湖水，春风不改旧时波'的诗句。诗人以'不改'反衬'半

---

① 如此，意向是我们这里选取的现象学的主要概念。但是我们可以看出，意向与意象、意境有着完全的不同。意向指意识的指向，意象指具有象征意义实体的物象，意境指主观与客观对象的交融。

② 选自《回乡偶书二首》，出自《唐诗鉴赏辞典》，第53页。

③ 同上。

④ 同上。

消磨'，以'惟有'进一步发挥'半消磨'之意，强调除湖波以外，昔日的人事几乎已经变化净尽了"①。的确如此，科学意义上的故乡恰恰是针对作为自然事物的故乡而言。

如此，我们可以看出，作为"意识相关项"的故乡，这一命题需要摆脱胡塞尔的理性意识的束缚，在他那里，意识意味着怀疑、思考、知觉等。但是在我们这里，"意识相关项"确是更加强调作为变的意识，或者作为"流"的意识。只有从"流"这个角度才能够对我们这里所提到的问题给予分析。作为"流"的意识，意味着变，不同角度、不同视点都意味着不同的意识相关项。当然胡塞尔的分析并不是具体的，而是形式化的，我们从那里感受到了康德的影子，形式化分析的极致。而在中国诗歌中，形式化被具象化，从而充实得以完成。

那么，作为与故乡这一意识相关项的关联方式，其具体化有几种呢？我们还是从相关的诗歌中领略其中的趣味。

最明显的是思念中的故乡。思念、被思念的故乡、我思念，成为思念现象学分析的三个基本点。我们以李白的名篇作为分析对象：

静夜思

李白

床前明月光，疑是地上霜。

举头望明月，低头思故乡。

这首诗表达了对家乡的思念，也就是我们通常所说的思乡之情。"它只是用叙述的语气，写远客思乡之情，然而它却意味深长，耐人寻绎，千百年来，如此广泛地吸引着读者。"② 所以此处的思念应该是思乡之情。作为思念相关项的故乡则是我们所说的作为思念构成物的对象。"我思念"则是作

---

① 选自《回乡偶书二首》，出自《唐诗鉴赏辞典》，第53页。
② 周汝昌等撰：《唐诗鉴赏辞典》，上海辞书出版社2006年版，第252页。

客他乡的"我"的自然情怀，"一个作客他乡的人，大概都会有这样的感觉吧"①。这是一种自明的东西，如果按照西方观念把这种东西看做是命题则未免有些可笑，而是应该将其看做是一种有待于规定的东西。所出现的问题是：如何看待我思？在本诗中，极易让人们产生一种错觉，似乎是月光刺激的结果。看到床前的月光，一下子产生错觉，怀疑是霜，直到抬头看看，才知道是明月光线投射到地上的结果，因为有这些外部因素——月光——的刺激，所以才会"思"故乡。但事实上并非如此。中国文化中"明月"意象总是和故乡相连，远在他乡的人对故乡的思念是自明的，月光只是一种将这种自明的东西变成具体的外部因素，而没有直接引起人们对于故乡的思念。所以，在我—我思念—被思念的故乡这个整体关联体中，我们就会看到一种近之产生的机制：

"我"与"故乡"之近并非物理意义上的拉近，如借助车辆我回到了故乡或者借助电视我看到了故乡等等，也并非心理上的故乡，这一点需要仔细澄清。当黑格尔给出中国诗歌特征描述的时候，我们再看相关鉴赏的时候会发现心理主义特别浓厚，但是心理何以会导致这种拉近就会成为问题。而借助现象学所说的意识分析，我们就会明白思念导致"我"与"故乡"之近乃是故乡作为思念相关项的结果，意识与超越物的距离毫无疑问要远于意识与其自身的距离。除了思念故乡，还有伤感于故乡之变化。这种情感如果用一个概念来描述，似乎是"感慨"，感慨于人事变化。通常"物是人非"就是描述这种情感的。

---

① 周汝昌等撰：《唐诗鉴赏辞典》，上海辞书出版社 2006 年版，第 252 页。

第四章　纸张时代的空间拉近

造纸术的发明是世界的一个奇迹，在中国出现的这一技术上的进步意味着一个标志性的事件，从某种意义上来说，甚至超越了后来的电子时代所出现的任何技术发明，如电话、电报等等。毕竟这是人类文明广泛传播的可能性基础，以前的借助话语、石块、羊皮等媒介传递信息的方式太过局限了，而纸张的出现彻底改变了这一切。同样，技术的进步意味着此在空间性的本质向前迈进了一大步，人类去远、拉近空间的体验开始进一步明确了起来。但是，在这个时期，我们将发现人类实现空间去远的方式较前面并没有本质上的变化，从情感角度来看更为细腻，这可以通过宋词的分析看出来。

第一节　纸张时代的信息载体及传递方式

一　造纸技术与纸张的出现

纸是中国的产物，造纸术是中国最早的发明，为四大发明之首。我们这里所说的"前纸张时期"主要是指纸张大量使用之前，而不是历史意义上的纸张发明①的时期。

考古学的证据显示，纸在蔡伦之前就已经有了。② 这说明纸的发明经历了很长时期；同样，纸的普及使用也经过了一个长期的过程。公元 4 世纪，也就是中国东晋时期，纸张在公文中代替了简；绘画只是在唐代以后才普遍用纸，在这之前都普遍用绢。而且纸的普及从广度来说，也有一个过程。纸张最初用于官方文书，普通百姓传递书信则是很晚的事情了。

二　信息传递的方法及特点

我国以帆船为主要工具的古代水上运输方式以及以畜力车、人力车为主要工具的古代陆路运输方式一直持续了近 5000 年，直到 1840 年后，近代交通工具如火车、轮船、汽车的出现慢慢废止。

现代交通技术——火车——最先出现在英国。1825 年 9 月在英格兰举行了通车典礼。火车在中国出现的时期则是有明确记载的。"我国最早的铁路③——沪淞铁路④是从今天的河南北路通向吴淞的，当年的火车站就设在那家菜场的位置，故留下了'铁马路菜场'这个名字。光绪二年（1876）沪淞铁路通车，中国人就是在这儿，第一次听到了火车的汽笛声。"⑤

中国人对于铁路这种新的交通技术的反应是非常有意思的。中国老百姓对于火车倒是非常喜欢的，他们第一次见到火车的反应比英国人表现得还要

---

①　在我们通常看来，纸是蔡伦发明的。这个观念已经为考古学家所证实为错误的。蔡伦终于获得了其真实的历史评价：他只是纸张的改良者，而不是发明者，如同瓦特一样，他改良了蒸汽机。

②　在纸张发明的问题上存在着的两个观点是：1. 东汉蔡伦于 105 年发明了纸张；2. 汉初已有纸代简，至蔡伦时期所造之纸精工于前世（唐朝，张怀瓘），近代考古证据显示后者观点是正确的。（《中国造纸史话》，第 10 页。）

③　我国最早的铁路是英国人所修，即沪淞铁路，而中国人修建的第一条铁路是 1881 年 11 月 8 日建成的唐山—胥各庄铁路，简称唐胥铁路。

④　沪淞铁路并非采取标准轨距，而是窄轨铁路，轨距为 0.762 米。前苏联轨距为 1.524 米，印度轨距较乱，有 1.676 米、1.435 米、1 米、0.762 米、0.610 米等多种。

⑤　刘善龄：《西洋风——西洋发明在中国》，上海古籍出版社 1999 年版，第 35 页。

从容。"当地《达勒姆郡报》报道说，当人们称为'汽马'的火车大吼一声时，那些跑来看热闹的乡下佬中间发生一阵恐慌和恐惧，放蒸汽时他们吓得拉上老人和孩子四下跑起来，以为将要发生一场可怕的爆炸。后来，他们虽然又鼓足勇气回到了原来的地方，但是安全阀被打开以后，他们又四下逃去。与此相比，中国人第一次见到火车的汽笛显得冷静得多，他们非但不感到恐惧，反而人人面带笑容。参加淞沪铁路通车典礼的一位记者在《申报》上写文章说：'火车为华人素未经见，不知其危险安妥，而妇女及小孩竟居其大半'，'先闻摇铃之声'，'又继以气筒数声，而即闻啵啵作响者，车即由渐而快驶矣。坐车者面带喜色，旁观者亦皆喝彩，注目凝视。'当火车驶过农田时，乡民虽然'面对铁路，停工而呆视也'，或有老妇扶杖而张口延望者；或有少年倚坐而痴立者，或有弱女子观之而嬉笑者；至于小孩或惧怯而依于长者前者仅见数处，则或牵牛惊看，似作逃避状者，'然究未有一人不面带喜色也。'"① 也有不同的说法。因为我们看到其他相反的描述，把老百姓的迷信看做是阻碍现代发展的主要原因，"严格说来，民众的迷信是我民族近代接受西洋文化大阻碍之一"②。后来的反应更是证实了这一点，如义和团运动（1899—1900）排外很厉害，"洋人，附洋人的中国人，以及与洋人有关的事业如教堂、铁路、电线等，皆在打倒之列"③。这两种截然相反的态度倒是非常的有趣。

当时清朝政府的反应却显得格外惊诧。在这之前，"同治四年（1865），有个英国商人在北京宣武门试筑了长仅一公里的铁路，后因'见者诧骇，谣诼分起'，很快就被京师步军统领拆除"④。十年之后——1876年——以往习俗难以改变。试车后仅一年，沪淞铁路最终还是被拆除了。"1877年9月清政府用重金赎回这条路，但没有加以利用，却昏庸地把长约15公里的铁

---

① 刘善龄：《西洋风——西洋发明在中国》，上海古籍出版社1999年版，第35页。
② 蒋廷黻：《中国近代史》，上海古籍出版社2004年版，第98页。
③ 同上书，第146页。
④ 刘善龄：《西洋风——西洋发明在中国》，上海古籍出版社1999年版，第37页。

路线给拆掉了。"① 对于唐胥铁路，清政府的做法更可笑，用骡马拖拉车辆，原因是怕"火车头这个庞然大物走起来震动清皇室的东陵"、"黑烟损害庄稼"。风水也成为阻碍当时铁路修建的一个主要原因。"譬如铁路：光绪六年（1880）李鸿章、刘铭传奏请建筑，到了光绪二十年（1894）还只建筑天津附近的一小段。为什么呢？因为一般人相信修铁路就破坏风水。"② 清政府后来接受铁路完全是因为政治需要。"那是义和团运动失败后，民族危机日益严重，我国人民纷纷要求保卫路权，自修铁路。"③ 在这种努力下，京张铁路（长约 200 公里）在詹天佑的主持下于 1909 年 10 月 2 日通车。承担着民族命运与荣誉的大工程终于完工了。

以铁路历史来看，1876—1911 年间，我国铁路长度达 9600 多公里。④ 到今天为止，我国铁路的长度已经达到了前所未有的规模。根据资料记载，中国的铁路截至 2005 年底约 8 万公里，排在世界第四位。但有意思的是，中国人均铁路长度却很小，人均拥有铁路仅为 6 厘米，不到一根香烟的长度。

第二节　词中的空间体验

使用纸张来通信的时期在中国文化史上占据了相当长的时期，从纸发明的时期开始一直到现代，依然不可缺少。我们的文化对象就限制在与中国历史相吻合的朝代上，在宋朝、明朝、清朝这些时期，纸张书信成为主要的方式。在唐诗、宋词⑤中更是充分地显示出这一点来。为了有效地进行分析和展示这一阶段的人们"去远体验"之特征，我们特意选取些宋词词句来看一

---

① 王崇焕：《中国古代交通》，商务印书馆 1996 年版，第 209 页。
② 蒋廷黻：《中国近代史》，上海古籍出版社 2004 年版，第 98 页。
③ 王崇焕：《中国古代交通》，商务印书馆 1996 年版，第 215 页。
④ 同上书，第 218 页。
⑤ 黎活仁等主编，陈恬仪等著：《宋词的时空观》，台北：大安出版社 2001 年版。

下具体的情况。宋词中存有许多书信的意象，如尺素、彩笺、红笺、香信等，应该说这些都是与他人相关的指向，所产生的是与他人相关的意义世界，这与前面所提到的与故乡相关的指向有所不同。

一　尺素①

我们所面临的问题是：尺素以什么样的方式向我们呈现出来？或者说对于诗人而言，欲借助"尺素"这一符号表达怎样的情感？又与我们所说的空间去远有着怎样的关联？

在上面的分析中我们已经确定了一点：此处的"尺素"已经不再是物质材料意义上的东西了，而是与一种经验联系在一起的象征性符号，这种经验就是一种对于他者的思念之情感。在前面的分析中曾经指出过，诗歌中有着对故乡的意向性分析。这里主要集中在对他人的思念上。作为一种体验，思念意味着有所思，思之对象绝非形象（image）。西方观念无法理解所思不在场对象的特性，在他们看来，不在场的对象只有通过形象才能再现，也就是外观、表象。但是，在中国文化中，这一体验与西方哲学中所强调的认知体验完全不同，它更多的是意象与人。通过"尺素"，通过思念，不在场者实现了在场，一种意象的在场。我们可以通过具体的诗词来看。

据统计，在全宋词中，含有"尺素"的词有 44 首。这里只选择 2 首，分别是晏殊和秦观的词。

首先来看一下晏殊的词。《宋史》本传说他"文章赡丽，应用不穷。尤工诗，闲雅有情思"。其艺术风格和婉明丽，清新含蓄。他善于以鲜明生动的形象，构成形神兼备的意境，前人评为"更自神到"。

---

① 尺素，从材料上讲，就是指纸张出现以前的锦帛。

蝶恋花

晏殊①

　　槛菊愁烟兰泣露。罗幕轻寒，燕子双飞去。明月不谙离恨苦，斜光到晓穿朱户。

　　昨夜西风凋碧树。独上高楼，望尽天涯路。欲寄彩笺兼尺素，山长水阔知何处。

　　评论者指出："这是一首念远之作……本词的首句，即用这种手法——移情入景——刻画出一个凄清的环境，表现了主人公不可排解的愁闷和伤感……'离恨'始点出愁苦之因……下片写登楼远望的所见所感。古人怀人念远往往寄希望于'登楼'……本词（感情的变化）及其曲折。主人公先因风'凋'碧树，生出迟暮之悲，继而因风凋碧树而能望尽天涯，又于悲伤中生出一丝喜悦，遂有独自登楼之举。但登楼所见只是些凄凉山水，不免仍旧失望。这时想到寄信，又生出一线希望，但既无来书，自然不知对方在天涯何处，纵写了信，也无法投寄。于是，终归于茫然无所寄托，陷入更深的愁思中。"②

　　"念远之作"即指思念远方的人，这是什么人？亲人还是情人？评论者没有说明。不过他所说的古人怀人念远的行为是登高，这倒是有些道理。这可以从重阳节人们喜欢身上插着茱萸登高，借此来思念远方亲人的习俗看出来。王维就有"遥知兄弟登高处，遍插茱萸少一人"之句，写出了九月九重阳节人们登高怀乡的情结。这里的评论过于集中在思念情怀的刻画，思念与愁苦、伤感伴随而来，不仅如此，这种刻画很显然是一种封闭式的刻画，因为我们对于被思念者无所关注。所以被思念者显得朦胧，也许正是因为这样，才有了猜测之想。但是"念远"的情感却凸显了出来，在这种情感中，思念远方的人。在思念中，在这种情怀的刻画中，远方的人变得形象化起

---

　　①　晏殊，字同叔，临川人。生于淳化二年（991）。七岁能属文。景德二年（1005），以神童召试，赐进。

　　②　贺新辉主编：《宋词鉴赏辞典》，北京燕山出版社 1991 年版，第 121—122 页。

来，变得感性起来。

当然，我们可以看到，"独"成为一个独特的语词，能够将思念者的状态给予描述，因为独自一个人，所以显得孤单；因为独自一个人，更凸显了被思念者的不在场，特别是通过"望尽天涯路"和"山长水阔知何处"这种被思念者的缺席，达到了让被思念者在场的独特效果，一种与被思念者空间拉近的体验油然而出。

再看一下秦观的词。秦观词内容多为表现爱情，且悲观气氛较浓。他是北宋后期著名婉约派词人，其词大多描写男女情爱和抒发仕途失意的哀怨，文字工巧精细。清代王国维《人间词话》称："少游词境最为凄婉，至'可堪孤馆闭春寒，杜鹃声里斜阳暮'，则变而为凄厉矣。"[①]

踏莎行——郴州旅馆
秦　观

雾失楼台，月迷津渡。桃源望断无寻处。可堪孤馆闭春寒，杜鹃声里斜阳暮。

驿寄梅花，鱼传尺素。砌成此恨无重数。郴江幸自绕郴山，为谁流下潇湘去。

评论者指出，这首词的基本情绪是被流放、被贬斥时的凄苦失望。"这首词是绍圣四年（1097）秦观在郴州旅馆所作。绍圣初，秦观以旧党关系，在朝内很受排斥，一再贬谪，削了官职，远徙郴州。就在这种情况下，秦观写了这首词，以抒发自己凄苦失望的情绪……主题思想：孤处贬低，懊悔，思乡。"[②]

评论者的评论自不必认真对待，感觉对这首词的分析还缺少些火候。但是，"思乡"却被作为基本的情怀确定了下来，而且这种情感还经过了

---

① （明）汪氏编：《宋词画谱》，綦维注释，山东画报出版社 2007 年版，第 95 页。
② 贺新辉主编：《宋词鉴赏辞典》，北京燕山出版社 1991 年版，第 349 页。

被贬斥的导引，另外，孤身一人更加使得这种情怀凸显出来。这里一个有意思的问题是：为什么中国古代文人在受到贬斥之后想到的是家乡呢？

二　红笺

在宋代，"笺"是书信的别称。我们曾在《全宋词》中进行过搜索，发现含有"红笺"的词有 26 首。我们逐一读之，但选择其中的 2 首作为分析的材料。

晏几道，晏殊最小的儿子，其词多写情感之意。如他在自传《小山词自序》中云："篇中所记悲欢离合之事，如幻如电，如昨梦前尘，但能掩卷抚然，感光阴之易逝，叹境缘之无实也。"语淡情深，则是小山词的风格特色。冯煦在《宋六十一家词选例言》中说："淮海、小山，古之伤心人也。其淡语皆有味，浅语皆有致，求之两宋，实罕其匹。"

我们可以借助评论者的分析进行再次评析，通过这种分析大家可以感受到，思念之情如何成为可能并且起到了空间拉近的作用？

清平乐

晏　殊

红笺小字，说尽平生意。鸿雁在云鱼在水，惆怅此情难寄。
斜阳独倚西楼，遥山恰对帘钩。人面不知何处，绿波依旧东流。

评论者指出："这首词，是写伤离念远的情怀……红笺是一种精美的小幅红色信笺。据《开元天宝遗事》记载，长安城内有平康坊，为妓女所居之地，京都侠少，萃集于此。每年新进士，以红笺名纸，游其中，故而此后许多诗人以'红笺'代指情书……纸短情长，一般尽意，一句两句已然不可，要把平生之意尽书于纸，当然更加困难。一个'尽'字，给读者留下许多想象的余地，红笺小字，密密匝匝，连篇累牍，表达了主人公千般思念，万般挚情。……按古代传说，雁足鱼腹，可以传递书信。'鸿雁在云'是说雁杳，

'鱼在水'是说鱼沉，雁杳鱼沉，故红笺无由寄达。那么满书主人公惆怅之情的'红笺小字'，也就自然'难寄'了。一个'难'字，既写出关山险远、书信难达的苦况，也写出爱情阻隔、相会无缘的隐痛……表面上写景，实际上是表现相思相望之情。"①

　　首先评论者的点评让我们感受到了一种疑问，"说尽平生意"，此"意"为何意？又说与谁人听？我们知道，宋代百姓私人通信是受到限制的，所以书信写出来后是无法寄达的。如此在现实传书受到限制的时候，人们只能借助理想中的方式来表达内心传书的想法，如借助"雁足鱼腹，可以传递书信"。如果古老的传说只是传说，无法成为现实，或者说古老的传说即使能够成真，但是却不可能——根据评论者的点评，"鸿雁在云"是说雁杳，"鱼在水"是说鱼沉，雁杳鱼沉，故红笺无由寄达。——如此思念之情荡漾至满自然外溢的时候，加上绝对不可能传递出去——此情难寄——的时候，只能看到这种情怀的不断积聚。根据评论者对下片的评论，这种情怀被更加真实地刻画出来。"……一个'独'字情已不堪，前面再缀上'斜阳'二字，正是灯火黄昏、羊牛下圈的时候，则其依黯的苦怀更是难解了。人在倚楼远望，而'遥山恰对帘钩'。自然阻隔了视线，不得极目。远方的情人，此时此刻是否也一样凭轩远眺、泪眼相望呢？词人在这里留给我们以想象的余地……'绿波依旧东流'写物是人非，江河依旧，与前片'惆怅此情难寄'一句相扣，寄寓了主人公离索孤寂之情，是以景结情的妙笔。这首词写得情思绵邈，隽永和谐，是晏殊作品中脍炙人口的名篇之一。"② 至此，我们感受到词人晏殊勾勒出来的形象，如果把之视觉化，我们可以看到一个女子思念情人的场景。思念之情在"独倚"、"绿波依旧东流"等词语的描述下流溢而出。思念让思念之情有所清晰，思念无形中消除了现实的距离，一种制度形态的东西，使得平民之间距离得以产生并且存留，而且也实现了空间距离的拉近。在"无人"的场景中——人面不知何处，绿波依旧东流——实现了

①　贺新辉主编：《宋词鉴赏辞典》，北京燕山出版社 1991 年版，第 108 页。
②　同上。

"情人"的在场。这是一种由思念所承载的在场，也是情人的在场。随着思念程度的加深，情人在场的形象也变得逼真起来。

思远人

晏几道①

红叶黄花秋意晚，千里念行客。飞云过尽，归鸿无信，何处寄书得？

泪弹不尽临窗滴。就砚旋研墨。渐写到别来，此情深处，红笺为无色。

评论者指出："这是一首怀人之作，词调就是主题。……'红叶黄花'这一深秋特有的景物，在瑟瑟秋风中，孤单索然，暗示伊人云逝，寂寞离索之感。'千里'极写'行客'天遥地远，相见无由，故而有下片写信之举……这首词中的'飞云'、'归鸿'可以认为是切合秋意来写眼前实景，也可以认为是暗喻云、鸿等旧欢，统观词大意，这样的认识似乎是合理的。'过尽'、'无信'当指沈死、陈病，莲、鸿、蘋、云②流转人间后，追怀往昔之欢会，感伤今日之云散，所发的感慨。'何处寄书得'故设一问，问而不答，乃无可奈何之情。寄书不得，心事自然无由渲吐，孤怀难以遣发，这就更增加了怀念之情。下片承'千里念行客'一句。正因寄书不得，思念之情无由寄托，故而弹泪。'不尽'表示泪水之多。与'临窗滴'相契合。这似乎还不足以痴情尽意，进而又写和泪研墨。虽然明知寄书不得，还要硬着头皮去作书，聊以寄托情思……书信不是一挥而就，而是渐歇渐停，渐停渐写，从始见相会，欢愉共处，一直写道'别来'，纸长情亦长。'此情'为别后思念之情。'红笺为无色'则是以物拟人，物人一体。赋无情的红笺以感

---

① 晏几道，字叔原，号小山，殊幼子。临颍昌许田镇。崇宁四年（1105）间，为开封府推官。以狱空，转一官，赐章服。几道能文章，尤工乐府，有《小山词》。

② 莲、鸿、蘋、云，是晏几道喜欢的四位女子。

情和个性，好像它亦通人性，和人一样垂泪，而至于无色，真实慧心妙语。"①

　　这种来自文学角度的点评因为其心理学的特点而容易让我们产生共鸣，但是，根本的问题是我们如何理解诗歌实现了不在场者的在场？中国艺术空间的表现特点是通过虚来道实。"尝论玉版十三行章法之妙，其行间空白处，俱绝有味，可以意会不可以言传。与画参合亦如此。大抵实处之妙，皆从虚处而生。"② 此处道出了宋词中借助'无'实现了'有'，借助不在场者达到了在场。③ 我们可以分析看看。

　　晏殊有"斜阳独倚西楼，遥山恰对帘钩。人面不知何处，绿波依旧东流"之句，其中"独"字点出了一个事实：被怀念的人不在，只有作者孤独一人。评论者的点评也甚好，"……一个'独'字情已不堪，前面再缀上'斜阳'二字，正是灯火黄昏、羊牛下圈的时候，则其依黯的苦怀更是难解了"。情已不堪，依黯苦怀被真切地勾勒出来。另有欧阳修的"平芜尽处是春山，行人更在春山外"。更是以无写出了有，如评论者所点"所思念的行人，更远在春山之外，渺不可寻"④。视觉上已经看不见所思之人，但是却油然将所思之人凸显而出。

三　香信

　　"香信"是书信的另一称呼。这一称呼让人浮想联翩，是一种美妙的称呼。在《全宋词》中，含有"香信"的词并不多，仅 5 首。分别摘引如下：

---

　　① 贺新辉主编：《宋词鉴赏辞典》，北京燕山出版社 1991 年版，第 215—216 页。

　　② 原出自蒋和《画学杂论》，转引自蒲震元《中国艺术意境论》，北京大学出版社 2004 年版，第 34 页。

　　③ 这里有些区分。现象学有在场与缺席之差，而中国艺术境界有虚实之异，二者之间有着很明显区别。缺席在场共同构成了事物同一性；而虚实则是互相借助表达，如以虚达实的方法。这也就是虚境遇实境相生。

　　④ 夏承焘主编：《宋词鉴赏辞典》，上海辞书出版社 2006 年版，第 179 页。

好女儿

晏几道

绿遍西池。梅子青时。尽无端、尽日东风恶，更霏微细雨，恼人离恨，满路春泥。应是行云归路，有闲泪、洒相思。想旗亭、望断黄昏月，又依前误了，红笺香信，翠袖欢期。

清商怨

晏几道

庭花香信尚浅。最玉楼先暖。梦觉春衾，江南依旧远。回纹锦字暗翦。漫寄与、也应归晚。要问相思，天涯犹自短。

浣溪沙　梅

李之仪

剪水开头碧玉条，能令江汉客魂销。只应香信是春潮。戴了又羞缘我老，折来同嗅许谁招。凭将此意问妖娆。

亭前柳

朱雍

养就玄霜圃，问东君、曾放瑶英。回首蓝桥路，遍琼城。横斜影，照人明。飘香信、玉溪仙佩晚，同新月、步入西清。冰质枝头袅，更轻盈。分春色，赠双成。

虞美人

胡文卿

香烟绕遍兰堂宴。香鸭珠帘卷。香风转后送韶音。香酝佳筵今日，庆佳辰。香山烧尽禽飞放。香袖佳人唱。香醪满满十分斟。香信传时延寿，保千春。

"香信"与前面所说的尺素、红笺所起到的作用是一样的，均为一种意象。通过这种意象（物象），我们勾勒出了空间拉近的体验。

四　词中的拉近体验

"词"的出现本身表现了一种与唐诗共同的东西，即借助不同的物象来表达空间去远的体验。唐诗宋词所表达的主要是来自知识分子或者官员的一些感受。在前面的分析中已经指出，官员在传送私信时受到了极大的限制，普通百姓更是如此。如解昉在其《永遇乐·春情》中提到，"阆苑仙遥，蛮笺①纵写，何计传深诉"②，就是当时情况的表现。当他们因为各种原因离开亲人，无法获得与亲人的交流，于是，"去远"的想法只能通过一种想象的方法来完成，当然还有对朋友知音的思念，则是借助更有趣的方式实现。

上述选摘使我们看到了若干与"尺素"有关系的词，我们可以通过看其中的东西加以分析。

首先可以肯定的是，词是文字的一种表现，在某种程度上，我们依然可以感受到词传达着一种"去远"的情感。在晏殊的《蝶恋花》中有"明月不谙离恨苦"和"独上高楼，望尽天涯路。欲寄彩笺兼尺素，山长水阔知何处"之句。"离恨苦"在于描述出离别的苦楚。"独"一个人的情景，"上高楼"意味着登高望远，似乎能够看到自己想看的人，"望尽天涯路"则描述出天涯路尽头处空无一人，在这空无的境地中，所思之人被呈现了出来，"尺素"则代指书信。再看欧阳修的《渔家傲》一词，也包含着这样的体验，他的一句"千里乡关空倚慕。无尺素。双鱼不食南鸿渡"，其中"千里乡关"形容与家乡的千里之隔等等。

---

①　蛮笺，是唐时四川地区所产的一种彩色纸，相当珍贵。

②　解昉，生卒年等不详。曾任苏州司理。存词二首。源自《宋词鉴赏辞典》，第209页。

　　其他的怀人去远则是通过另外的方式完成的，如借助梦境。这种境界绝非想象、思念自身所能够抵达的。很明显，借助梦境来表达怀人情怀倒是不多见，李祁在其《点绛唇》中有"楼下清歌，水流歌断春风暮。梦云烟树，依约江南路。碧水黄沙，梦到寻梅处。花无数。问花无语，明月随人去"①之句，其中就借助梦境来表达怀人之情，如评论者指出，"作者的笔触转入怀人。作者写怀人，非用泛泛之笔，而是借助于一个梦境，把怀人念远的思想情绪写得深刻入微"②。评论者的分析也很有意思。从"云"到"树"再到"江南路"，从"碧水黄沙"到"梅处"所为何？在寻觅所思念的人，这是梦境中的寻觅之途。不仅如此，还用"依约"、"烟"等朦胧之词来涂抹梦境，使得梦境更显朦胧。随后，继续寻人，"问花无语"，难觅人之踪迹；"明月随人去"则用"空"来表达出思念之深邃，这句"展示的空间既大且空，读之令人如置身于一个广漠而暗淡的世界，进而想到作者于此所寄寓的感情必然是悲凉而空虚的"③。点评者此处的点评有些不贴切。悲凉？空虚？似乎并没有说出其中的内蕴。尽管如此，还是能够让我们看到借助梦境来表达怀人念远的情怀，这也是上文中所提到的用"无"来表达"有"，我们尽管没有见到作者所说的怀念之人，却通过其他方式达到了与怀念之人的切近。

　　如此可以看出，去远只能借助物象来满足自己的心愿。在上文中提到的"意象"这一概念，似乎能够对此处的问题有所点拨。

　　与唐诗相似，"意象"是同样的方式。我们可以具体来看一下情况。"登楼望远是古诗词中常用的意象，多从空间落想，怅望行人此去之远。"再如"以上数句，通过落花、飞絮、垂柳等意象，描摹出一幅清疏淡远的暮春图景。""阴雨黄昏时的花，原是陆游词中爱用的意象"等等。可以看出，宋词中所说的意象就是物象，表现为各种具体的事物或者事态。而前面我们所看到的多种意象则是表现不同情况的方式。就我们所说的去远来说，登楼望远

---

　　①　夏承焘主编：《宋词鉴赏辞典》，上海辞书出版社2006年版，第866页。
　　②　同上。
　　③　同上。

则是最具此特征的意象。借助不同的意象形式，从而表达出空间去远，也就是"近"之意境。

至此，第三、第四两章的考察基本上明确了一个基本观点：在这个时期，也就是所谓的前电子技术时代，由于诸多限制，人们无法克服物理空间距离，无法实现拉近，无论是交通技术还是当时的社会制度，都成为人们克服物理空间距离的限制。这也是中国社会地方性特点形成的社会根源。如此，只有借助心理上情感的寻求来实现对处在千里之外的亲人、情人的思念。这种情感成为中国文学作品繁盛的一个主要根源。"实现空间去远"成为中国诗人和词人作品中的普遍意境，而借助不同的意象（物象）来实现这种意境则成为主要的方式了。

如何看待这一普遍性的意境？从整个思想传统看，"远"与"近"成为主要的特点，如何通过近之物象实现远之经验、如何通过近之物象实现去远之经验成为主要的任务。这与仅仅以将远处之物拉至近处的西方传统理论完全不同。在中国不少古典文献中，描述"远"之境界成为核心的任务，而且对于"远"赋予了特殊的意义，仅仅从《老子》中就能够领悟到这一点，道、象、物是三个不同的过程，如果用西方本体论的术语来说的话，这三个范畴代表着不同层次的本体领域。如果运用我们这里所提到的"远"、"近"来看的话，这三个范畴恰恰是逐步拉近我们的过程。道为完全的无形，物为完全的有形，而象介于二者之间。但是我们需要进行考察的一个问题是，如果说意境与意象均具有主观性与客观性的内容，那么如何看待其所包含的主观性成分呢？它们是否是心理学意义上的东西呢？如何去理解它们呢？这些都成为我们需要考察的问题。

第三节　情感与空间拉近

前面对情感在空间拉近过程中的作用进行了分析。这种分析既可以帮助我们对前面的问题有所深化，摆脱心理主义的束缚，又能够使我们意识到电子信息时代的空间拉近体验的特征。

我们在前面的分析之中早已得出这样一个结论：由于古代交通技术的限制，由于社会制度的限制，实现物理空间的拉近与身体之间的亲近，对于在外的普通人很难实现。在古代社会中信件成为当时最重要的连接方式。信件的意义是什么？信件是人们之间关系的符号或者表象。尽管这些符号很重要，但人们并不是借助符号本身完成空间去远，而是借助于想象等情感表达着空间去远的体验。正如我们在第四章末尾指出的，渴求消除空间距离的情感体验成为中国文学作品繁盛的一个主要根源。"实现空间去远"成为中国诗人和词人作品之普遍意境，而借助不同的意象（物象）来实现这种意境则成为主要的方式。在这里我们可以仔细考察一下相关的问题。

也正是这样，产生了一种新的理解空间体验的形式，而这一空间体验恰恰基于非技术手段的实现，这就是情感，也就是在上面我们所分析的想念、思念这样的东西。当然这样表达似乎还不足以说明问题的根本，运用上面的术语，即基于情感，通过不同的物象，这个时期的人们表达着自己的思念、想念等情感，但是这种表达并没有停止并停留在一种偶然的程度上，而是通过意境这一普遍性的形式呈现出来。那么在这个过程中，我们如何看待这一空间去远的实现？情感在这个过程中到底起到了怎样的作用？这都是有待于探讨的问题。

但上述论断中却存在着一个有待于考察的问题：即如何理解情感这一作为我们所有分析起点的东西？如果把情感和诗歌联系在一起，也就是放置在中国诗歌文化传统中的话，那么情感有着极其特殊的内涵。在这个问题上，需要避免将情感理解为纯粹心理学的东西，需要避免完全用现象学的情感理论来代替情感，这样一来，可选择的方式是基于二者的分析并结合中国自身文化的传统才能够对情感有所澄清，只有在这个基础上，才能够进一步去分析借助独特的物象，传达出空间去远的可能性。所以接下来，我们将分段展开解决问题，首先对心理学中的情感概念有基本的把握；其次是对现象学理论中的情感概念给予描述；然后才是通过分析情感在空间去远上的作用、探讨情感与物的关系来把握情感如何与物相融，从而实现了空间去远的意境，即情感如何实现了空间上的去远？或者说情感如何创造了空间形式？这些问题有待于探讨。当然在这之前，需要说明的是，情感必须进行限定。我们这里所说的情感如果从西方理论角度看，就是 feeling、emotion 这样的意思，是与理性相对立的东西。① 而从上面第三、第四章的分析看，则会引导出我们所关注和依赖的是中国思想传统中的情感理论：即情与感。路途不同将导致不同的结果，我们会分别展开说明。

一　心理学中的情感概念

由于心理学自身的传统限制，情感总是被束缚在功能区域传统中，即与大脑的某一区域有关系。功能区域定位传统早在中世纪的官能心理学中就有所体现，18 世纪之后开始复兴起来。"这一观点（把心理学建立在生理学基础上）并非新颖，柏拉图相信它，亚历山大时期的希腊科学家论述过它，中世纪的官能心理学家则把每一官能定位于脑的不同部位。高尔（F. J. Gall，1758—1828）却称脑是心理学活动的特定器官，正如胃是消化器官而肺是呼吸器官一样。因此对人性的研究应以产生思想和行为的大脑机能为出发点，而不是对心灵作抽象的和内省的研究。"② 如此，情感与理性在心理学中都是立足于上述理解的。随着现代科学的发展，大脑定位已经非常发达了。"如今，这种定位图已是非常精确了，能极为准确地测定肿瘤的位置。一门'新的颅相学'就这样产生了，它指出脑的每一部

---

① 一个问题是：为什么用情感（emotion）翻译？这个问题涉及对情和感的理解。

② ［美］托马斯·H. 黎黑：《心理学史》，李维译，浙江教育出版社 1998 年版，第313 页。

分都被赋予了一种特殊的感觉和行为机能。"① 情感也是如此，如恐惧、气愤等都是如此。② 19 世纪、20 世纪之后的心理学研究回归到脑科学中，所以在这一大趋势中，情感获得了一种实证性的解释。

可以看出，在以脑功能定位为传统的心理学研究中，情感所得到的描述应该是属于自然科学式的，情感是大脑的功能、是刺激性的、有限的精神性存在。当然我们所说的情感有很多现象，如上面所提到的恐惧、气愤等等。而从心理学的情感方面丝毫看不出解决我们问题的可能性。仅仅可以明确的是，情感的空间性表现为情感位于大脑中这一简单的物理式空间关系。

二 现象学中的情感概念

现象学的情感概念主要由德国人赫尔曼·施密兹确立，他对情感的讨论主要是从情感的空间性开始，可以说情感空间理论是施密兹哲学体系的核心内容。那么如何理解他所说的情感的空间性呢？

在批判情感内部理论的基础上，施密兹提出了他的外部研究的观点。"同样严肃地对待所有这样一些空间性方式，承认它们对象性的存在，而不是按生理主义的空间模式来评价空间性；生理主义优先考虑的是从维度、场所和距离上完全被分割开来的空间模式，它充其量承认前者是这种模式、纯

---

① ［美］托马斯·H. 黎黑：《心理学史》，李维译，浙江教育出版社 1998 年版，第 319 页。

② 这里谈及的大脑定位传统非常有意思，其大体脉络经历了从颅骨形状到大脑区域的变迁。19 世纪初由德国医生、解剖学家 F. J. 高尔（F. J. Gall）首先提出，并称之为"人相学和头盖学"，他确定了 27 个功能区域，但他拒绝使用"颅相学"这个术语。之后，他的同事 J. G. 施普尔茨海姆（J. G. Spurzheim，1776－1832）启用了"颅相学"一词，在高尔的基础上，他增加了 8 个区域。颅相学传统持续了 1 个世纪，19 世纪末就被抛弃转为研究大脑自身的区域定位。对这一理论的反思除了心理学自身之外，还有哲学，如黑格尔在他的《精神现象学》中就专门有"面相学与头盖骨相学"，对颅相学进行过分析，贺麟的"头盖骨相学"翻译并不太准确，不符合心理学的传统，应译为"颅相学"为好。在黑格尔看来，颅骨是精神的外在现实。这一观点是与颅骨学发展的大体趋势吻合的，19 世纪初，颅相学备受宠爱，即便是年轻的黑格尔也无法避免，他甚至有"精神的存在就是一块骨骼"这样的观点（《精神现象学》，第 229 页）。

主观的最初阶段。这就是我现在的思想。"① 具体说来，就是用他特有的范畴来描述情感空间。"我曾试着以一种从简单到复杂逐层提升的模式来整理这一思想。处于最底层的纯宽度空间，比如在天气的感受中体验的那种；这种对天气的感受无疑大量参与到每个普通人的感觉中，却被生理主义以特有的方式从根本上忽略了，以至于完全没有在五种感觉中出现。还有许多其他简单而无分割的宽度体验，比如，疲倦了，躺在阳光下休息，或恢复过来时，就满心欢喜。在未顾及与生理主义的主导概念相符的空间模式的情况下，提出了关于狭（Enge）和宽（Weite）的基本原理，即我的身体感觉的范畴体系。该体系可以逐字拼读特殊的身体感受的对象领域，即身体的情感，且与导致传统思维方式的东西相反，它证明是可以合理、适当和透彻地被建构起来的。同样，我从这种宽度意义上的空间性出发，清晰地描述了情感的特征，并追溯到其从现象上显现自己的基本特征，认为它是一种从身体上把捉并吸引情绪遭际者的气氛。"②

施密兹这样的观点，为我们解开了情感如何具有穿透空间或者取消空间的功能的谜团。甚至在他本人看来，这是一个在别人看来非常离奇和古怪的观点。他指出，"有这样一种宽度，它是我们用那些与生理主义所首肯的物体模式相符的维度、距离和场所在前面迅速形成的，但同时也以原初的形式，例以以对天气的感受及其他基本的宽度体验的形式，直接地内在于各个身体之中。熟悉身体上的这般显现出来的宽度，并不像用望远镜等从视觉上辨认对象物的方向一样，假如有人对他们的亲身感受远比我们对自己的亲身感受来得熟悉，那它们为什么就不成为中心呢？这样他们就或许可以通过沉浸于身体性，即其身体感觉，换言之，可以通过今天已普遍成为沉思的专注方法，找到异的对象，而不必经由感知者到对象的空间距离。因为在这种方法所对待的宽度中，尽管取决于别的、我们尚未揭示的性质之差异，可是

---

① ［德］赫尔曼·施密兹：《新现象学》，庞学铨等译，上海译文出版社1997年版，第23页。

② 同上。

距离并不重要"①。

　　如此，我们需要对这个方法及性质给予揭示，也只有这样，我们才可以把握到情感如何具有这样的力量，不必经过感知者与对象的空间距离，就可以感受到异在的对象。

　　前面已经指出，情感产生着一种空间体验，如同后来的技术所起到的作用一样，它拉近了主体与对象之间的距离，当然，这一拉近并非物理意义上的，而是以一种心理式的方式塑造起这种空间拉近的体验。接下来，我们就需要对这一拉近给予充分的分析。

　　施密兹指出，可以通过沉浸于"身体感觉"而找到异在对象实现跨越空间。当然这一观念实质上还是无法成为我们分析存在于中国古代诗歌中的方法。因为我们发现，在这里"身体感觉"并不显得非常突出，而是情感性的东西起着关键作用。根据施密兹的分析，他最终还是把情感还原到身体感觉中。"根据赫尔曼·施密兹的研究（1965，1967，1969），他强调了把感觉（feeling）投射到周围事物世界的观念预设了感情（emotions）位于身体之内的假定。这种作为感情所在地的物体化的容器之假设并不是历史的常数。例如，施密兹显示了在荷马时代情感被理解为在人类肉体性存在中干预的外在物。施密兹追踪着这个观念，从身体内部把情感分离出来，把它们定义为'模糊的、含糊的氛围中，个人受到它们情感的影响，主要通过身体知觉表现出来（Schmitz，1969：185）。因此，施密兹不但从人们中而且从事物的氛围中分离了情感。他强调氛围的情感性影响但是忽略例如由 Haug 所强调的社会事物的美学功能'。"②

　　情感通过情感意向性实现了空间拉近，换句话说，完成了意义世界的建构。在这一世界中，此在实现了自身与对象的共在。但是，我们发现在主体寻求对象的共在过程中，勾连起二者的中介因素出现了：这就是情感

---

　　①　［德］赫尔曼·施密兹：《新现象学》，庞学铨等译，上海译文出版社1997年版，第24页。

　　②　M. Löw, The Constitution of Space: The Structuration of Spaces Through the Simultaneity of Effect and Perception, *European Journal of Social Theory*, 2008.

意向物。这一现象和主体的独白有着惊人的相似。我们可以来看一下在独白中是否有意义这样的东西产生。我们的问题可以转换为情感空间进行分析。巴特指出，人的空间是意指性空间，"一般说来，人的空间永远是一个意指性空间"①。如此，情感空间也是情感意指的空间，那么在这一空间内发生了什么？

另外一个需要我们注意到的人是 B. D. Robbins，②他在《情感、运动和心理空间》一文中提到了情感与空间的关联，这与我们这里所提出的问题非常有关系，因而有必要了解一下他的理论。

首先他把情感看成是潜在的、可能的运动。"当我们把情感作为潜在的运动谈论的时候，我们是把活生生的此在的空间性看做是去远（deseverence）或者定向（directionality）……情感的潜在运动意味着情感引起了世界的基本的转变。这就是说，在情感中，事物涉及改变……情感作为潜在运动存在意味着朝向世界的身体化的取向。"③在他的描述中存在着可借用的线索，即作为潜在运动的情感，他借用 De Rivera 的理论描述这种运动：

"正如 De Rivera（1977）论证道，有四种基本的情感运动：朝向他者、朝向自我、远离自我、远离他者。这些情感运动的每一种都与每一种身体化运动对应。在'朝向他者'的例子中，情感对应着积极性扩展；'朝向自我'对应着积极性收缩；'远离自我'对应着否定性扩展；'远离他者'是被感觉为否定性收缩。对于 De Rivera 来说，每一种运动关系着特殊的情感，例如爱、希望、发怒、恐惧。这些都可以被理解为情感感觉的身体性表现——特殊情感的潜在性运动的方向性。当然，这种运动不必然是地理空间上的运动，而是从去远范畴理解：我们与世界中的实体的相关性的改变，就如同朝

---

① ［法］罗兰·巴特：《符号学历险》，李幼蒸译，中国人民大学出版社 2008 年版，第 200 页。

② B. D. Robbins，杜肯大学（Duquesne University）教授。

③ Brent Dean Robbins, Emotion, Movement & Psychological Space: A Sketching Out of the Emotions in terms of Temporality, Spatiality, Embodiment, Beingwith, and Language. http://www.mythosandlogos.com/emotion.html.

向存在更近或者更远。当然，De Rivera 关于情感的分析并不仅仅是远近两个方向的取向，他也揭示了扩展和收缩的身体性空间的维度。"①

在 De Rivera 看来，情感体验反映了我们与世界关系的转变——对我们来说重要的人、物、事件和行动。这些人的理论让我们看到了问题进展的可能性。情感与空间的问题变得有解决的可能。我们所探索的是在思念这样的情感中发生了怎样的空间转化。"De Rivera 的理论显示了情感本质上是人与世界关系的一种转变，作为与他者共在、在事物边上的世界。"② 事实上，"思念"的结构难以分析，这是因为它既非远离，也非靠近。在思念之中，空间去远依然发生着。只是我们需要仔细的分析。这也将成为一个主要的问题。但是，至少我们在这里看到，思念作为一种情感，它也实现着空间去远。

B. D. Robbins 把情感与空间性联系起来的这种方式，的确为我们打开了一扇窗户。他在 De Rivera 的基础上，提出了情感是关系性、心理性的现象。"根据海德格尔对于在世界之中的此在的生存论分析，我们可以说出人类——作为时间性、空间性、身体性、与他者共在、语言化——的成为情感性的存在物何以可能。"③ "情绪（mood）是这样一种方式，人类从朝向（可能）返回（现实），这样他能够发现在世界之中的存在。一个人的情绪暴露出这样的事实：人作为被抛的可能性存在，在这种张力——真实性（情绪）和可能性（理解）——对于此在来说，成为情感性的就成为可能了。随着身体化可能性的提出，此在在感觉层面上被推动着，或者朝向自我/他者，或者远离自我/他者。因此，感受（feeling）在感觉层面上，是身体化的理解，其中一个人的世界目标开始显现。这就是说，因为是身体化的，此在意识到了世界的空间性、活生生地方面，在情感（emo-

---

① Brent Dean Robbins, Emotion, Movement & Psychological Space: A Sketching Out of the Emotions in terms of Temporality, Spatiality, Embodiment, Being-with, and Language. http://www.mythosandlogos.com/emotion.html.

② Ibid.

③ Ibid.

tion) 中，身体呼唤此在接受世界特征的变化，然后推动身体的运动。情感的爆发使得一个人的世界目标发生动摇……在情感中，我与他者的关系被带到了面前，允许我移动自己去满足我基本的需求，或者属于，或者接受，或者去存在。"①

从上面的理论分析中看出，无论赫尔曼·施密兹还是 B. D. Robbins，都将情感作为空间拉近的主要根据。对此我们如何看待呢？

在我与世界的距离中，或者说我与物的距离上，情感能否使得我们切近于我们所追问的物？在海德格尔看来，这完全不是一种情感的问题。实现切近需要一种态度的确立，而非态度的转变。"然而，从一种思想回到另一种思想，这种返回步伐绝不只是态度的转变。它决不可能是这样一种态度的转变，原因仅仅在于：一切态度连同它们转变方式，都拘执于表象性思想的区域中。的确，这个返回步伐离开了纯粹态度的区域。"② 这就是"泰然任之"的态度。海德格尔指出从一种思想回到另一种思想绝非"态度的转变"，这是有所指的，"态度的转变"主要是针对胡塞尔所说的。我们知道，在胡塞尔那里，从事现象学反思首先需要一种态度的转变，从自然态度向现象学态度的转变。只有完成这个转变，才能够理解和通达现象学。可以确定，海德格尔的批判是指向胡塞尔的。"泰然任之"态度的确立绝非是情感性的东西，如果是这样的话，那么这种对切近的理解就会成为心理主义的。所以，海德格尔指出态度的确立绝非情感的努力结果，而是一种对于召唤的迎合。"这个返回步伐寓于一种应合（Entsprechen），这种应合——在世界之本质（Weltwesen）中为这种本质所召唤——在它自身之内应答着世界之本质。对于物之为物的到达，一种纯然的态度之转变无能为力，正如今天作为对象立身于无间距者中的一切东西都不能简单地转变为物。"③

---

① Brent Dean Robbins, Emotion, Movement & Psychological Space: A Sketching Out of the Emotions in terms of Temporality, Spatiality, Embodiment, Being-with, and Language. http://www.mythosandlogos.com/emotion.html.

② ［德］海德格尔：《演讲与论文集》，孙周兴译，上海三联书店 2005 年版，第 190—191 页。

③ 同上书，第 191 页。

三　中国文化中的物情关系

这里所指的中国文化仅仅限于本书所选取的范围：唐诗、宋词。中国古代诗歌有着"主情论"的传统，如吴奔星就认为"情动于中而形于言"。而传情则是借助意象实现的。如此看来这的确是源自中国传统文化的结果。所以可以看出意象以"情"为基础的。这种观点理解过于日常化，如情被更多地解释为心理学意义上的情感或感情。"所谓'缘情'就是从感情出发，或以情感为起点，即'情动于中'的意思；所谓'绮靡'就是指加工过的语言，即有文采的语言。"① 这种解释我们可以称作是心理主义在诗学上的表现，还需要进一步地考察，如情感作何解？如果我们紧紧从中国思想传统入手，或许会发现一些有意思的事情。针对情感而言，严格意义上说，情感的解读应该以中国思想传统中的"情"、"感"为基础，只有经过这样的考察，我们才能够合理地使用"情感"这个词。从这个角度看，今天所用的情感与"情"、"感"大不相同，有着内在的规定。由于心理学也把情感或者感情作为研究对象，所以混淆了这二者之间的区别：即心理学上的情感与哲学意义上的情感。

何谓"情"？上文第三章第三节对情已有所剖析，主要指出，情者，性之动也。在心里面未发动的是性，事物触着便发动出来的是情。寂然不动的是性，感而遂通的是情。但是这还是不够的。对于情，我们还可以继续给予细致的划分，情包括人情和事情。"先秦言情大致有二义，即人情与事情。如《春秋》多在事情上言情。"② "……事情这个概念所表达的乃是即自然即本然的意思，不是离自然之外别有一本然也。……至于人情，其含义却是在不断变化的，然而，其最初的意义与事情并无不同。"③ 概括起来说，情

① 吴奔星：《诗美鉴赏学》，第 10 页。转引自苗珍虎《吴奔星"诗学是情学"观与创作研究》，《南京社会科学》2009 年第 4 期。
② 曾亦：《本体与功夫》，上海人民出版社 2007 年版，第 25 页。
③ 同上书，第 26 页。

"在其最原初的意义上，不仅仅作为自然，而且还是本然，它意味着事物呈现出来的那个样子就是其本来的那个样子。这种用法一直通过'事情'这个概念而保留在我们的日常生活中"①。随着性与情的分离，情的本然意义开始消失，仅仅保留下自然含义。"后来性与情分离，情失去了本然的意味，而性则渐渐失去自然的意味。"② 在上述理解中，将情看做是与物呈现的状态，这一观点是现象学视野下的结果，我们可以作为一种借鉴。另外的问题是它是否等同于"情感"？很多研究是把这二者等同起来的。"很多论者都已注意到'情'的本字是'青'，后加上'心'旁，表示人的精神状况。"③ 更准确地说，情与人之欲相连，"何谓人情？喜怒哀惧爱恶欲七者，弗学而能。（《礼记》）"④ 如此，情似乎被放在了精神与心理的一边，但是需要意识到，情感作为现代意义上的概念，它与中国文化中的"情"肯定有着极大的不同，只有对"情"这一概念有所把握，才能够领悟到中国文化中达到切近的方式，即人如何通过情实现与物的关联。⑤ 从以上论述可以看出，日常生活中通常把情看做是与物对立的东西，从而作为主观性的情感也与作为客观性的物对立了起来。与理性相对应的情感经常被看做是逻辑推理的起点，在这一基础上推导出另外一套形而上学系统。

　　但是，需要意识到另外一种情况，"但我们更应当注意到，即使加上

①　曾亦：《本体与功夫》，上海人民出版社 2007 年版，第 33 页。

②　同上书，第 76 页。这里所说的对于性、情关系的描述值得反思。在曾亦这里，把二者看做融合、相分的关系。但是，在我们前面的描述中，参考陈淳关于性情之解答却明确指出，情者性之动也。情是性发动的表现。这无法用分离关系来描述。更准确地说，这种关系类似于水与冰的关系。二者本性一致。冰好比性，冰化，此即性之发动；水好比是情，冰化即成水，性动即成情。

③　贡华南：《味与味道》，上海人民出版社 2008 年版，第 167 页。

④　曾亦：《本体与功夫》，上海人民出版社 2007 年版，第 31 页。

⑤　有意思的是，海德格尔通过对此在操心与操劳的生存论分析，完成了工具与此在的切近状态，在中国文化中，"情"则成为一个核心的概念，将人与物关联在一起。在此，人并非理性存在物，并非操劳性的存在物，也并非情感性的存在物，如果情感是从心理学角度来理解的话，人将自身展开为"情"所描述的状态，所以一切都有待于"情"之挖掘。

'心'旁之后，情字仍然被广泛应用于'物'"①。所以，"情"超越了仅仅与物对立的情感，而是能够运用物的东西。需要指出的是，我们会根据情景的不同使用情感这个词汇。这样用的时候仅仅把情感看做是与意境相关联的东西。前面已经指出，主体以情感为出发点，借助意象的方式从而将空间去远的意境表现出来。这样的认识应该说比较能够把握住情感与意境的关系。我们没有把情感看做是逻辑推理的起点，而是把之看做是敞开的、有待于揭示的意境世界。当然，我们并没有把情感看做是与客体（也就是物）对立的东西。中国文化中的"意境"与"意象"都共同呈现出情与物的融合，在融合中将所需要的意境给予表达。

何谓"感"？当我们将"情感"放在一起用的时候，似乎将情等同于感，当我们使用"感情"这个概念的时候，似乎将感等同于情。在中国传统思想中，感是"中国人领会世界的一种基本方式，譬如，人们很早就了解到天人感应的道理"②。感被看做是动词，是我们与世界打交道的方式，如同西方思想中的反思一样。"感是中国人领会世界的方式"这一观点得到了一定的认可，如贡华南指出，"感就表述了这种物我之间的交互作用方式"，当然他还更进一步，将感看做是人的一种特殊存在方式。③

那么，在中国传统文化上，人是怎样实施这种感的？或者是如何将情给予物？在情与物的融合上又存在着怎样的途径呢？在这个问题上存在着两种途径：其一是移情作用；其二是咏物抒情。"移情"作为一种方式确立起来，有其传统根源。④ "'移情说'与'人为世界立法说'一样，基于世界无情人有情的思想传统。在此传统中，情被理解为主体自身自足的内在力量，世界

---

① 贡华南：《味与味道》，上海人民出版社2008年版，第167页。
② 曾亦：《本体与功夫》，上海人民出版社2007年版，第41页。
③ 贡华南：《味与味道》，上海人民出版社2008年版，第95页。
④ 朱光潜在对美感经验进行分析的时候指出，移情作用是美学的基本原则，倡导移情作用的里普斯被称为美学上的达尔文。移情作用即把主体的情感移入物里面分析物的生命。

万物则需要人为之'移情'。"① 但是与西方的移情不同，"中国思想传统中，'情'被理解为万物与人固有的存在方式，但个体不是情的源泉，人与万物相'感'而人情、物情具起"②。

"咏物抒情"这个概念恰恰是人与物达到切近的另一种方式。③ 借助这种方式，人与物合一。我们可以通过下面的具体分析感受到。

前面我们已经分析了诗歌与宋词中借助情感——思念、伤感等方式实现的与他人、与故乡的空间切近。在这些情感中，由情感指向的他者（无论是故乡还是知音还是情人）的关联是非常明显的。以故乡论，有作为思念关联项的故乡，"举头望明月，低头思故乡"；有作为伤感关联项的故乡，"惟有门前镜湖水，春风不改旧时波"。不同的情感并非作为对象存在，这种角度是中国文化所无法想象的。我们可以看到，在不同语境中，所描述的情感与情感关联项是一个整体，与意向性分析还是比较吻合的，只是需要意识到在胡塞尔那里，对意向性分析主要是偏重理性的，如感知、判断、评价等等。而在中国文学作品，特别是我们上面所触及的唐诗宋词中则完全相反，与非认知因素更为相关，我们称为"情感关联体"。在这一情感关联体中，情感与其关联项，如思念故乡之人与所思念的故乡之间达到了切近，而这一切近则是通过思念所实现的。所以在这个过程中，当我们说是情感导致了空间拉近时，意味着情感被看做是现象学意义上的情感，而并非通常心理学意义上的情感，如与自然现象对应的心理现象，而是指向关联项的情感。

应该说，咏物抒情较移情应用更广。我们可以通过宋词感受一下。欧阳修在其《少年游》中有"谢家池上，江淹浦畔，吟魄与离魂。那堪疏雨滴黄昏，更特地、忆王孙"之句，其中就是咏物抒情。如评论者指出，"下片先

---

① 贡华南：《味与味道》，上海人民出版社 2008 年版，第 157、177 页。

② 同上书，第 177 页。

③ 咏物寄志或咏物抒情是古咏物诗的两大格调。

用典来咏物抒情"①。"谢家池上"② 与 "江淹浦畔"③ 是作者使用的典故，然后使用"吟魄"与"离魂"将此种不堪离愁之苦的感情再翻进一层。如此，通过对池塘与浦畔这些物的描写抒发出"不堪离愁之苦"，从而思念情人的情感。还有苏轼在其《水龙吟·次韵章质夫杨花词》中有"似花还似非花，也无人惜从教坠。抛家傍路，思量却是，无情有思"之句，表面为描写杨花之状，但实际上是抒发"满腔惜春之情"。如评论者指出，"'似花还似非花'，看其出手便自不凡，已定一篇咏物宗旨：既咏物象，又写人言情"④。另有李清照之词更为精妙，她有《玉楼春》一首，名为咏梅，如"红酥肯放琼苞碎，探著南枝开遍未。不知酝藉几多香，但见包藏无限意"。在评论者看来，作者成功地刻画了梅花之态，"首句以'红酥'比拟梅花花瓣宛如红色凝脂，以'琼苞'形容梅花花苞美好，都抓住了梅花特征，用语准确，'肯放琼苞碎'者，是对'含苞未放'的巧妙说法"⑤。但是刻画梅花却带出了作者的"憔悴和愁闷"，如词中所写"道人憔悴春窗底，闷损阑干愁不倚"。

　　上述分析给我们展示了一个物与情之关系的线索，事实上更是我们通常所言说的人与物的关系。通过移情、通过咏物抒情等方式，强调"情"之呈现，通过这一呈现达到了人与物之切近。

　　如果从现象学的角度看待这个问题，那么我们会清楚地看到，切近并非一种心理体验，因为心理体验这一表达很容易让我们陷入心理主义的境地，毕竟空间拉近体验也并非仅仅是一种纯粹的心理体验，我们已经看到，"空间拉近是一种现象学的现象"，这是在"情感"自身呈现过程中所出现的东

---

① 夏承焘主编：《宋词鉴赏辞典》，上海辞书出版社2006年版，第202页。
② 指谢灵运《登池上楼》中的名句"池塘生春草"。这首诗是诗人有感于时序更迭、阳春初临而发，故曰"吟魄"。
③ "江淹浦畔"，指江淹作《别赋》描摹各种类型的离别情态，其中直接写到春草的有"春草碧色，春水绿波，送君南浦，伤如之何"。因为赋中又有"知离梦之踯躅，意别魂之飞扬"，所以欧词中出现了"江淹浦"与"离魂"等字样。
④ 夏承焘主编：《宋词鉴赏辞典》，上海辞书出版社2006年版，第307页。
⑤ 同上书，第876页。

西，仅仅借助心理学意义上的情感——把情感看成是现成的，与物质的存在相对立——的方法无从达到真实的切近，一旦陷入心理主义，我们就会发现通过情感，通过想象所实现的切近只是满足于心理的需求。当然，我们发现面对着新的困惑：如果说，切近并非心理之近，那么它又是什么？随着现代技术的发展，这个问题开始重新显示出其内在的东西。这里所能给予的初步性的答案是：基于情感，通过不同的物象，这个时期的人们表达着自己的思念、想念等情感，但是这种表达并没有停止并停留在一种偶然的程度上，而是通过意境这一普遍性的形式呈现出来。

第五章　信息技术时代的空间拉近

　　电子时代的到来意味着一场技术上的革命，它主要是指借助电力传递信息的方式。据记载，"电力用于远程通信的时间有150年，每25年是个重要阶段……1850年前后是电报，1850年至1880年是电话，1900年前后是电磁波传播，1920年至1930年是无线电广播，1950年至1960年是电视，最后是七十年代开始的新媒体……"① 我们这里仅仅关注通信技术方面的进步。这里所描述的现象是我们的时代普遍存在的问题。电话、电报、手机、短信、E-mail将成为我们考察的对象。但是，我们更重要的是揭示出一种截然不同的此在在世方式。

第一节　电子通信方式的出现

　　向远距离的地方传递信息一直是人们的梦想。这一梦想实际上是消除人与人之间的距离。电子媒体的出现实现了这一去远梦想，而且是随意性的传递。"然而，严格说来，可以看做为传递发报者随意发出的任意言语消息之

---

　　① ［法］弗兰西斯·巴尔、杰拉尔·埃梅里：《新媒体》，张学信译，商务印书馆2005年版，第11页。

一种手段的通报通信，则是相当晚近的发明，最初在十八世纪实现。"① 这作为事实已经为海德格尔、麦克卢汉等人所关注。

一　电子媒体出现的历史过程

在远距离通信的问题上，电子媒体是主要的方式，主要是指借助电力传递信息的方式，不同于用纸张传递信息的媒体。② 《新媒体》一书用图表很好地画出了电信技术发展的历程（见图5-1所示）。

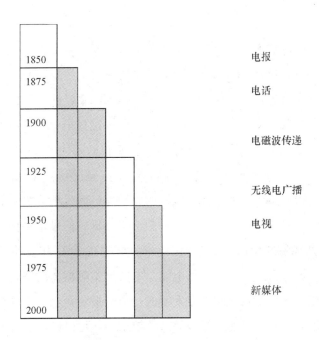

1850　　　　　　　　　　电报

1875　　　　　　　　　　电话

1900　　　　　　　　　　电磁波传递

1925　　　　　　　　　　无线电广播

1950　　　　　　　　　　电视

1975　　　　　　　　　　新媒体

2000

图5-1　电信发展阶段示意图③

①　［英］亚·沃尔夫：《十八世纪科学、技术和哲学史》，周昌忠等译，商务印书馆1997年版，第794页。

②　另外一种远距离通信的方式是利用光。那么，这一方式我们将之列入了前纸张时期。

③　［法］弗兰西斯·巴尔、杰拉尔·埃梅里：《新媒体》，张学信译，商务印书馆2005年版，第12页。

我们下面所要描述的电子技术的实现完全得益于电磁波①的应用。"电磁波在无线电报与电话上的使用上靠了两种发明：马可尼（Marconi）的将天线用于发播和收集信号，并使足够的能量发生作用；上述热离子管研究成果的应用。"②

图5-1主要是对世界范围内的电信发展阶段做出说明，接下来具体到中国，我们来看现代信息技术在发展过程中所遇到的问题，如来自价值观念的挑战。

二　电报

电报是通信方式之一。世界上第一份电报方案大概是在1753年实现的。"……最早的电报方案似乎包含在1753年2月1日的一封信中，它发表在那年的《苏格兰人杂志》（Scots Magaziner）（Vol. VX，pp，73ff）上。"③ 世界上第一个电报装置大概出现在1774年。"……这最早似乎是瑞士物理学家G. L. 勒萨热（1724—1803）做到的。在他那于1774年装设在日内瓦的设备中，各通信站使用24根加绝缘的金属线，每一根相应于一个字母。在发送端，这些电线固定于一台摩擦起电机的原导体，而每根电线的另一端（在接收站）悬吊一对木髓球。为了发出一个给定字母的信号，沿相应电线发送一个电荷，使远端的木髓球可见地偏向……洛蒙在1787年发明了一种比较简单的电报装置，只应用一根通信电线。木髓球验电器逐次偏向的数目指示不同的字母或句子。十八世纪末年发明的几种电报装置中，字母在接收端的指示乃是利用火花的通过而不是木髓球的转动……可以说，随着罗纳德的设备于1816年的发明，用摩擦电通报的时代也就结束了。但是，直到1837

---

① 电磁波的理论由麦克斯韦创立（1870），发现是由赫兹（1887）完成的。

② ［英］W. C. 丹皮尔：《科学史及其与哲学宗教的关系》，商务印书馆1997年版，第537页。

③ ［英］亚·沃尔夫：《十八世纪科学、技术和哲学史》，周昌忠等译，商务印书馆1997年版，第797页。

年，在发现了伏打电流的电磁性质之后，电报的巨大潜力才开始得到实现。"① 1837 年塞缪尔·莫尔斯发明了电报机，这成为世界史上一个标志性的时刻。此后，电报在世界范围内开始应用。

中国社会对电报的看法很有意思。当时社会由于迷信盛行，使得人们在观念上拒斥电报。据记载，电报会摄人魂魄。"……更有甚者则认为电报等西洋奇器会'惊民扰众，变乱风俗'。甚至光绪年间，中国已有电线长二万六千五百三十启罗迈当（《出使日记续刻》），民间仍有谣言流传。比如《点石斋画报》上的一则消息说：'闻报云，泰州为扬属一大邑，早经设立电报局……乃近有匪徒造言谓电报局所用电器，系以死者之魂炼成，故专收人家供奉之神主牌。每牌价值洋四五十元，须在三年以内者放为合用。局中买得此牌后，人领至坟所，念咒语即有小虫从坟中爬出，即系死者之魂，捉入木匣，又挖取牌上主字，则有鲜血迸出，滴入瓶内持归合药炼成电气，便可传递消息。'"②

可以想见，这种价值观念对于电报的普及有着怎样的影响。很有意思的是，不到 200 年的时间，中国社会的价值观念发生了极大变化，从惧怕转变为接受，并重视其高效率。如果仔细考察这项技术为人们所接受的主要原因，就在于当时电话未普及其传递信息的快速性。人们在使用电报的时候真正体会到了要惜字如金，因为电报的费用是很高的。后来随着电话、手机等多种通信工具的出现，自身效率偏低的电报已经被人们遗忘了，我们很少能够在邮电局看到电报服务这项业务。这似乎也预示着社会价值观念趋向效率的方向，在此观念的引导下，技术发展所呈现的历史是由效率所主导的，不同时期所出现的技术装置体现了效率的进步。

---

① ［英］亚·沃尔夫：《十八世纪科学、技术和哲学史》，周昌忠等译，商务印书馆 1997 年版，第 797—799 页。

② 刘善龄：《西洋风——西洋发明在中国》，上海古籍出版社 1999 年版，第 106 页。

三　电话

电话包括固定电话和移动电话。固定电话的特点是不可移动的，固定在特定的地点。移动电话即我们通常所说的无绳电话。我们这里主要对固定电话的情况给予说明，在后面对移动电话给予说明。我们通常认为电话是1876 年格雷厄姆·贝尔发明的。但是，事实上电话产生的时间更早一些，世界上最早的电话产生应该是1850 年的事情。"1850 年，法国人夏尔·布尔瑟最早产生了一个念头，即在发话器上装上由声音振动的膜片和在受话器上安装上一块电磁铁，以取代电报机上的接触器。有了传声器和受话器，电话也就产生了。"电话在中国出现已经是19 世纪末的事情了。中国历史上第一次通电话是有记载的。"……光绪三年九月初十（1877. 10. 16）郭嵩焘①受厂主毕谛邀请访问了他在伦敦附近的'电气厂办公地'，毕谛特意请他来参观刚刚发明不久的电话……主人请公使和他的随从张德彝亲自尝试打电话。张德彝去楼下，郭嵩焘在楼上与相语。郭问初（张德彝②）：'你听闻呼？'曰：'听闻。''你知觉乎？'曰：'知觉。''请数数数目字。'曰：'一、二、三、四、五、六、七。'……虽然初次打电话的效果不尽人意，但郭嵩焘和张德彝的那次通话，在中国人的历史上也算是第一次。"③ 中国第一个电话在什么地方？这个问题争议很大，有人说是上海，有人说是天津。据资料记载，上海最早的电话出现在19 世纪70 年代，电话广告记载："先打电话就可免除失望。"④ 20 世纪20 年代北京紫禁城里的电话样式很老，"这种手摇磁式电话最初是尺半长、八寸宽的木箱，钉在墙头，铃在箱顶，两侧分

---

① 清朝第一任驻英国公使。

② 张德彝（1847—1918），又名张德明，字在初，一字俊峰，满族，在国外待过27 年，可能是清朝政府中与西方文化打交道最多的官员。在西方文化的引进上，他都是第一人，著有《航海述奇》、《再述奇》、《三述奇》、《四述奇》、《八述奇》。

③ 刘善龄：《西洋风——西洋发明在中国》，上海古籍出版社1999 年版，第109页。

④ 同上书，第108 页。

设摇柄和挂听筒的钩子"①。这时候的电话是人工接线的。

随后电话在中国普及很快。"30年代，拨打号码的自动电话取代了人工接线的电话。国民党的都城南京约在1929年从美国购置了五千门自动电话机，实现了更新换代。"但是，这时候电话还主要是在政府中应用居多，普通民众没有条件使用。直到1993年，情况才有所改变。"按增长率算1993年中国新增电话5800万门，增长率达到50％，居世界第一。"② 截止到2009年4月，中国固定电话用户达到了3.35亿户，移动用户达到6.70亿户。③ 但是，到2009年10月份的一个数据显示，固定电话用户为3.28亿，减少了1437万户。④ 这一现象理应引起关注，因为这其中包含着人们对电话理解的变化：中国移动推出了一项业务，办理任何手机业务就会免费赠送固定话机和号码。这款由移动推出的业务对中国电信的影响是可以想象的。毕竟由中国电信所推出的固定电话业务已经不能适应当前社会的流动趋势了。

从目前拥有的材料来看，相比之下，电话并没有如电报那样在民间引起抵制，倒是在皇宫里产生了争议，就是挑战了皇帝的尊严。根据史料记载："第二天师傅们一齐向我劝导：'这是祖制向来没有的事，安上电话，什么人都可以跟皇上说话了，祖宗也没有这样干过……这些西洋奇技淫巧，祖宗是

---

① 原出溥仪的《我的前半生》，引自《西洋风——西洋发明在中国》，第110页。

② 刘善龄：《西洋风——西洋发明在中国》，上海古籍出版社1999年版，第111页。

③ 中国电话用户数破10亿大关，手机用户数占6.70亿，http：//it. people. com. cn/GB/1068/42899/9191964. html。截至2008年底，全球电话用户约为53.7亿。其中，手机用户41亿，固定电话用户12.7亿。手机普及率达到61.1％（即每10个人就有6个人拥有手机）。其中，大约2/3的手机用户处于发展中国家。其中手机用户增长速度最快的是非洲，其手机普及率为28％。全球手机用户超固定电话用户3倍，该数据源自《中投顾问—经济与产业观察》http：//blog. ce. cn/html/81/329481 —242408. html。

④ 工信部：我国移动用户数破7亿　固话用户锐减，http：//www. bluehn. com/2009/0928/24363. html。

不用的……''外界随意打电话,冒犯了天颜,那岂不有失尊严?'"① 这似乎可以看做是这项技术内在的特性:消除权威、消除神秘和消除尊严。但何以会这样却值得进一步深入研究。

四 BP 机、小灵通与手机

1983 年,BP 机出现了,但并没有持续太长的时间,2000 年后 BP 机被手机所取代。"据了解,移动电话替代无线寻呼的趋势早在 2000 年就已露端倪,到 2002 年这种趋势快速加剧,并且一发而不可收拾。"②

移动电话的产生要晚得多,但是相比之下,移动电话带来了一种新的方式。"手机正在变得与在场密切联系。用固定电话,我们呼叫场所;用移动电话通信,我们呼叫人。"③ 甚至有学者把移动电话看做是新的社会本体论产生的契机,翟振明就是如此,他从移动电话的移动与固定的辩证关系论述了人与移动电话之间的新的社会本体论形态。④ 还有韩水法把移动电话看做是新的人与自然关系开启的时刻。"现代科学与技术发现了自然之间的新的联系,而它带来人与自然之间的新联系——比如移动电话——而这种联系同时也就造就了人与人之间的新的联系途径。"⑤ 而这种新的联系有待于进一步的理论探讨。

在手机发展过程中,小灵通作为中间过渡产品出现并与手机并行,1999

---

① 刘善龄:《西洋风——西洋发明在中国》,上海古籍出版社 1999 年版,第 110 页。

② 《什么是 BP 机?》http://wenda. tianya. cn/wenda/thread? tid=5603a52aa71e9 b4a.

③ Peter Glotz, Stefan Bertschi, Chris Locke (eds.), *Thumb Culture:The Meaning of Mobile Phones for Society*, Bielefeld:transcript Verlag, 2005, p. 11.

④ *The Mobility of Mobile Phone:A Phenomenological Analysis*, presented at the Phenomenology and Media Conference in May, 2003, Helsinki, Finland.

⑤ 韩水法:《启蒙和理性》,《哲学研究》2009 年第 2 期。这篇文章作者提到了一个简单的、一笔带过,但是却意义重大的观点,即移动电话是人与自然之间的新的联系。只是其重要性并没有得到进一步的论证。

年正式进入中国市场，其寿命也很有限。现实表明，小灵通将在2011年年底退出这个市场。如此小灵通的市场寿命也就是12年，还不如BP机。手机在发展过程中经历了很多波折。但是无论怎样，最终手机成为主导的产品，成为我们这个时代的通信工具。根据联合国国际电信联盟（ITU）的统计数据，截至2009年10月，全球手机用户达到46亿，宽带网用户将突破6亿。① 根据工信部的数据，截止到2009年8月，全国有7.1亿手机用户，其中使用手机上网的网民已达到了1.176亿，这也为移动互联网的发展提供了强大的用户基础。② 这显示出手机的发展已经超越了原始的通信技术，它与信息技术不断融合。我们在这里主要集中在手机上。在手机使用了很长时间后，人们对手机的认识才摆脱了完全的电话概念，开始意识到手机是一种新的生活方式。③ 能够收听音乐如MP3、打游戏、发短信。特别是短消息的出现彻底改变了手机在人们心中的单纯的移动电话的概念。

短消息的出现是手机革命史上的一个标志。④ 如今，短消息被政府各部门作为便民服务的一个极好方式，各类通知如天气预报、友好提醒等都通过短信来发送；在个体之间也经常通过短消息互通信息。最明显的是过节日的时候，各种各样的节日问候消息层出不穷。⑤

从上面的一个数据——固定电话用户3.28亿户，移动用户达到7.1

---

① 《国际电联：2009年底全球将有46亿手机用户》，http：//tech.163.com/09/1009/09/5L61SQGF000915BE.html。

② 《工信部：我国移动用户数破7亿　固话用户锐减》，http：//www.blue-hn.com/2009/0928/24363.html。

③ 根据名为Mobile phones seen as "essential"的BBC研究报告（2000—2003），手机对于我们的私人和情感生活来说，变得越来越重要。25—34岁之间有46%的人认为如果没有电话他们将无法生活。http：//news.bbc.co.uk/1/hi/technology/3019657.stm。

④ 这就是拇指文化的形成。根据上述报告，86%的人根据短信来安排自己的活动，而不是声音电话。

⑤ 我们经常会碰到的事情是：往往收到多条一模一样的消息，大家互相转发消息。这样的问候多了，反而不再是一种问候，而是一种骚扰。这里有个问题是很有意思的。我们经常会打招呼问，吃了没有？这句话我们可以说经常听到，但是却始终不会感到厌烦。然而对于一模一样的短消息收到几遍后马上就会感到厌烦。

亿——可以看出，移动电话用户远远超过了固定电话用户，这意味着电话技术的发展是非常有意思的，似乎显示出某种价值观念的变迁。如果说电话意味着原初经验方式的技术性展示，最初电话主要是听觉的展示，那么这种展示必将扩展到其他感官，如视觉和触觉。视觉的技术展示就是如此，只是经历了波折。1945 年前，德国的工程师就在柏林与莱比锡之间建立了可视电话线路，1956 年贝尔实验室研发出可视电话系统，1964 年由 AT&T 公司在纽约世界博览会上正式推出，整部设备售价 50 万美元。但是，结果是"可视电话在目标市场甚至没来得及扎下根"就失败了，成为通信科技史上最明显的失败。① 2009 年 4 月，中国移动 3G 正式商用，3G 手机有着横行天下的势头，而 3G 手机最大的特点就是将视频聚合进电话技术中。而且，"第三代移动通信（3G）会聚各种技术，具有根本改变我们生活方式的力量"②。我们可以相信，它将带给我们全新的技术体验形式，但是这种看法需要给予限制，这是因为这种技术自身的有限性使然。移动视频电话，也就是 3G 手机的命运会怎样呢？如果相应问题没有得到有效解决的话，其前途难以预料。

五　E-mail 与 MSN 即时通信

随着电子计算机的出现，E-mail 也出现了。1997 年前后，这一方式曾经代表了一种时尚，现在成为日常生活中的一种习惯，已成为人们之间联系的普遍方式。这显示出技术演变的一条轨迹，作为初始地方发明物，技术体现的是时尚价值，往往体现了与现实相异的生活方式；作为普遍应用物，技术成为人们的习惯；作为历史的东西，技术又体现为供人参阅的物品，凝聚了一种猜测。任何技术物都难以逃脱这种轨迹，除非这种物品被遗弃。

① ［美］皮普·科伯恩：《创新的迷失》，贺丽琴译，北京师范大学出版社 2007 年版，第 50—51 页。总结起来，可视电话失败的主要原因是其高昂的售价，在当时推出时售价为 50 万美元，在社会上普及难度可想而知。

② 黄鸣奋：《拇指文化、手机与社会存在》，《读书》2009 年第 4 期，第 163 页。

MSN 是由 HOTMAIL 开发的聊天工具，与其类似的是 QQ、YAHOO、网易泡泡等其他聊天工具。这些工具最后都集中在一个方向上：可视交流上。这一点是目前手机、电话所无法比拟的。

在前面已经指出，现代技术自身所具有的不同于以往技术的特征，即整合能力，在现代技术发展过程中，体现出一种独有的整合力，而以往的单项技术并无此能力。就电子通信技术的发展而言正是如此。它是一个电信界与信息界联合的过程，20 世纪 60 年代，两个领域就融合在一起。"现在，电话局部交换机都由电子计算机来控制其运行，电话传输网络也相应地使用信息技术来监控并保证其自动化的安全可靠性。最后，随着信息处理的数字化，计算机成了电话网络的用户，并可以接受远程咨询。计算机之间的互联网络使相互遥远的各地可以分享信息资源。"① 随着网络技术、卫星技术的发展，这种整合的力量更为强大，从一般电话到现在可视电话的出现，借助网络如 QQ、MSN 等也开始使用视频技术来实现丰富立体的联络方式。手机恰恰如此，作为电话，它的基本功能是通信，这一基本属性并没有发生变化，随着手机众多功能的发展，手机发明人担心手机就此会消失，所以甚至提出手机应该只具有通信功能。现代的手机就是整合一系列其他技术领域的产物，从功能表现上就可以看出来，如视频功能、电视功能、上网功能等。特别是上网功能的出现，使得移动网络开始出现，一种新的不同于传统网络文化的形式——移动网络文化开始出现，而这些将导致更深层次的问题。

上述对电子通信技术发展的历程做了简单的梳理，旨在描述出现代技术发展的整合特征，而这在以往单个现代技术领域是无法体现出来的。这是技术史发展所忽略的一个方面。这些新的技术的出现带来的是一种深刻地发生在我们周围的变化，使得我们的体验发生着变化。而我们的任务就是要理解我们自身发生着什么样的变化。在进入这个问题之前，还需要对上文所提到的与这些现代技术相关的接受问题给予关注。这也是技术考察中一个不可忽

---

① ［法］弗兰西斯·巴尔、杰拉尔·埃梅里：《新媒体》，张学信译，商务印书馆 2005 年版，第 13 页。

视的维度。从技术接受关系到人们价值观念的变迁，在我们上述所描述的接受历程中，充分体现了价值观念对于技术接受的影响；当然有意思的是，在管理学上也存在着相关的研究，只不过他们偏重从技术内部挖掘技术接受的问题，如技术的可用性、易用性与技术接受之间的关系。

第二节　电子时代的影响

上述历史描述已经勾勒出新传媒发展的线索。我们这里所要研究的对象属于特殊形态的传媒，其中，我们并不涉及单向的传媒，如电影、电视、报纸，而是涉及双向的与通信技术有关的传媒，如书信、电话、E-mail、MSN、QQ 等。对此，我们可以把麦克卢汉的思想作为一种有效的起点，毕竟其他人都是在他的基础上开始自身的理论论述的。麦克卢汉是从"感官延伸"这一角度开始其论述的。

一　麦克卢汉的电子技术观点

麦克卢汉对传媒的研究基本上还是遵循着口语时代、印刷时代、电子时代的分段观念，在此基础上他用"感官延伸"的观念来说明各个时期的技术。我们这里主要看其对电子时代技术的理解。

在他看来，"3000 年来，一切技术都是人体分割肢解的延伸。中枢神经系统的电气技术延伸，是前所未有的"[1]。而且，对此理解没有任何的"导航图"。在他看来，机械系统的封闭与电气系统的封闭是完全不同的。当推动电气技术时，他会以集体意识的形式打开。他谈到，夏尔丹《人的现象》一书主要是将电磁是中枢神经系统的延伸作为主题。

---

① ［加］梅蒂·莫利纳罗等：《麦克卢汉书简》，何道宽等译，中国人民大学出版社 2005 年版，第 334 页。

他从封闭化、非集中化、休闲化、非视觉倾向等角度谈到了电气技术。"封闭化"意味着人类感官外化之后达成的一种状态。在他看来，外化的技术过程是封闭的系统，机械系统的封闭不同于电气技术的封闭。"一个电气系统很像一个小型的部落社会——生态型的、内环境稳定的社会。"① 而以前的文字系统则是开放的。

"非集中化"意味着信息传递的方式。在他看来，电路上的信息传递是非集中化的。"电路即瞬间的线路在形态上不是集中化的，而是非集中化的。"②

他还对这个时代给出了一种概括。他认为，电气时代是休闲的、深度参与的和无须职业分工的时代。

"休闲化"意味着深度参与。当一个人全神贯注于他从事的活动时，他就进入了休闲的状态。在麦克卢汉看来，电气系统是深度参与的。

"非视觉倾向"意味着摆脱视觉的特点。他一直把电气时期看做是非视觉的时期。"在电气时代，我们正在回到一个非视觉的世界中。"③

麦克卢汉在这里所表达的电子技术作为中枢神经的延续之观点并没有突破以往看待技术的人类学观点。这是我们需要意识到的。

二　电子技术的听觉化特性

电子技术在我们生活周围迅速生长、构成了我们生活的全部。周围世界中很少人坚持着写信的传统，年青的一代几乎没有写过书信，都是通过电话、短信、MSN、QQ 等方式联络，他们的生活方式发生了根本的变化。

我们这里所要探讨的是这样的一个问题：从我们关于空间世界的结构出发，分析电子技术的去远意味着什么？我们要从不同的电子媒体方式入手，

---

① ［加］梅蒂·莫利纳罗等：《麦克卢汉书简》，何道宽等译，中国人民大学出版社2005 年版，第 334 页。

② 同上书，第 335 页。

③ 同上书，第 343 页。

看其如何改变着这种空间上的体验。

正如上面所显示的，电子技术的"非视觉化"特性极其明显，这意味着我们进入了一个听觉的世界，和语言联系在一起的世界。我们对电话的分析将看到这一点。

麦克卢汉对电话的分析应该受到关注，毕竟是他比较早地开始思考电话。在他看来，电话是高度听觉化的媒介。① 他把听觉看做是感知的一个形式，并分析了在电话中感知所发生的变化。他指出，在人的感知系统中，每一种感知都可以对其他感知进行转换。如果一种媒介使得某一感知延伸，其他感知也应有所反应，或多或少有潜意识的反应。"麦克卢汉说，电话是高强度的听觉媒介，如果用视觉构想对方就在眼前，就可以降低听觉紧张的程度。"② 另外，电话还是一种"高参与性、低清晰度"的媒介。

当电话与听觉关联在一起的时候，我们就可以理解一个问题了，即新技术与语言（声音）是紧密地连接在一起的。"语言"是以声音为媒介的。对声音的研究和传递成为人类科学技术发展历史上的一个目标。也可以说，声学的研究为语言的发展提供过一定的帮助。对声音的研究在 18 世纪获得了发展。"十八世纪里，在朝向建立为一门精密科学的声学上取得了相当大的进展。这方面最重要的实验工作是索维尔③和克拉尼做的。"④ 这些为电话的发展奠定了科学理论的基础。对这一点，麦克卢汉已经给予过说明。

---

① 我们比较倾向这样一种观点：电话意味着一种解释方式，"表现了对我们在世界上的双重存在的阐述——'是我在此处'与'我是在此处'"（《拇指文化、手机与社会存在》，第158页）。

② ［加］菲利普·马尔尚：《麦克卢汉——媒介及信使》，何道宽等译，中国人民大学出版社2003年版，第155页。

③ 约瑟夫·索维尔（1653—1716），认识的"拍"的原理；恩斯特·洛伦兹·弗里德里希·克拉尼（1756—1827），杆的纵振动和扭转振动的发现者。

·　④ ［英］亚·沃尔夫：《十八世纪科学、技术和哲学史》，周昌忠等译，商务印书馆1997年版，第182页。

三 电子技术的去远体验

在前面的论述中已经指出，"空间"意味着地方和文化的交互作用。那么，电子技术是否改变了我们的空间体验观念？我们可以从电话以及其去远体验的分析中得到启发。

一般说来，固定电话与移动电话之于空间的关系有所不同，就固定电话而言，人们受到了场所的限制，一个固定的号码总是联系着一个固定的场所，但是手机则不同，"它将通信权力置于个人手中，同时又让人们摆脱场所、时间与体制的约束，是一种导致社会变革的激进力量。"① 这是对电话与物理空间关系的阐述，更重要的问题是对内部空间与电话之间的关系进行阐述，而这就与空间拉近体验有着密切的关系。

（一）电话空间体验的基础

在伊德看来，由电子技术所导致的现象是虚拟体验。"当你使用电子设备时，你所做的就是创造一种十分不同的虚拟的感觉。如果你在用电话谈话，你不会因为在地理位置上辨别出和你通话的人距离有多远。与我谈话的人在电话中位于某处。你可以与位于沈阳的电话另一端的人谈话，你也可以与电话之中位于西安的某人谈话，因此，就赛博空间或交流空间而言，地理上的距离消失了。而且，这是一种现象，一种现象学的现象。因此当你谈话的时候，距离总是相同的。通过与你在电话上交流，表明了技术是好的和透明的。在沈阳打电话与在西安打电话是相同的，你说不出任何区别，这就是赛博空间多重稳定性的一个方面……在这里，技术是宏大的，它围绕着某种东西。因此这些都是对于空间的经验，它们是对于空间经验的一种变更，这种变更可能是电子的。这就是我所称的多重稳定性。"②

---

① 源自《拇指文化、手机与社会存在》，第 160 页。此观点为 Hans Geser 提出。

② 曹继东：《现象学与技术哲学——唐·伊德教授访谈录》，《哲学动态》2006 年 12 期。

伊德提到的电话是一个非常有意思的现象，以后我们将揭示出其意义所在。① 此处仅想就此对电话进行现象学的分析，以期揭示出电话所伴随的空间去远体验。选择电话作为分析的对象所具有的难度是非常明显的，因为这个物品太过熟悉，是我们日常生活中不可缺少的物品。但恰恰是这样，我们选择这一物品也就是实践着技术现象学的纲领。对电话的分析，从其基本概念出发，会涉及两个方面：空间距离与声音听觉。这两个因素就构成了我们理解电话的出发点。为了方便分析，可以从日常观念和某些学科领域切入对于电话的理解。

"电话，中国人最初称德律风，就是英语 telephone 的音译。"② 英国人贝尔发明于 1876 年，到今天已经近 140 年。这项发明对于人类社会产生了极大影响，造就了新的体验形式，如今已经成为我们生活世界中一件普通的物品，除了日常观念中的理解外，不同社会科学领域对其反思更是零星散乱，不成系统，所以值得进一步系统研究。我们首先从日常观念开始。那么日常观念如何理解电话呢？

在日常观念中，很多人把电话看做是"沟通工具"。在这一看法基础上形成了"电话是［沟通］工具"这一工具论命题。这一理解非常牢固地扎根于人们的意识中，因为在日常生活中，我们尽可能地采用电话来谈事情、传递信息，而且这种方式在最大可能程度上节省了时间，省却了不少麻烦。但是这种看似清晰的规定，事实上对于理解电话并没有给予清晰的说明。因为我们会看到，语言、手势、信号等，都是用于沟通的工具。在这样的理解中，电话与其他沟通工具之间的差异无法看到，也就是说，电话之所以成为电话，其听觉和声音因素并没有被凸显出来。即使把电话看做是借助声音来沟通的工具，也是容易产生问题的。因为语言恰恰也是借助声音来完成沟通的。如此，电话与语言有着怎样的区别？就又成为问题所在了。而且，我们

---

① 伊德对于电话的分析比较散乱，主要集中在他的 mutlistability in cyberspace，他提到的一个电话特性是"对于在场的即时需求"（a real time presence）。

② 刘善龄：《西洋风——西洋发明在中国》，上海古籍出版社 1999 年版，第 107 页。

会看到，如果用"沟通工具"来界定电话，会对某些现象无法给予解释。比如原本在北京的说话者告诉他的对话者他在上海，或者本来正在约会的人会在电话里说他在工作，等等。如此，为什么作为"沟通工具"会导致这样一种谎言的出现？根据一般理解，被称为"沟通工具"的东西应该是中立的，其作用是将信息原原本本地来回传递，在这个意义上才是"沟通"。另外，对于处在不想被打扰状态中的人来说，电话响起意味着干扰。而这就是"沟通"所无法解释的。

除了日常领域，社会科学也给出了关于电话的理解。我们可以通过经济学、符号学、传播学等领域的考察概括出相关的观点。经济学领域把电话作为众多商品中的一种，普通之极。经济学的把握对我们来说只是一种视角，离电话的理解最远。在符号学的视野里，物体语义学是最好的资源。它恰恰探讨我们日常生活中物体的意义，而物体语义学最大的代表就是罗兰·巴特。那么，罗兰·巴特的物体语义学给予我们怎样的理解呢？他对物体（Object）从功能属性来进行科学式的分析。就电话而言，电话的颜色、电话的形状就被分离出来。物体语义学则对这些颜色、形状给予文化上的解释，而这种解释就构成了理解物体意义［非功能］的关键。"一部电话的外表永远具有一种独立于其功能的意义：一部白色的电话永远传递着有关某种奢华性或女性的概念；有办公室电话，有传达着某一时代（1925）概念的老式电话。简言之，电话本身能够属于一个物体作为记号的系统。"① 所以符号学把电话看做是符号（signe）。在这一基础上形成了"电话是一种符号"这一符号学命题。这是符号学为我们所提供的理解电话意义的线索。符号学将事物的意义给予一种断裂式的理解：电话本身与电话的外表甚至电话的按键等外形的设计被分离开，并且在这样的一个框架中展开对事物意义的分析。这种分析让我们看到，要超越工具论来看待事物的意义。

① ［法］罗兰·巴特：《符号学历险》，李幼蒸译，中国人民大学出版社2008年版，第190页。

相比之下，传媒学对电话的理解离电话的本质更近一步。[1] 因为它是从听觉感官对电话做出解释的。在麦克卢汉的描述中，技术是身体的延伸。"我们的一切文化和技术都是我们身体、感官和中枢神经系统的延伸。但是，每一种延伸都产生迥然不同的心理和社会影响。"[2] 所以在这一前提下，我们发现他把电话看做是听觉感官的延伸。只是他的研究更加关注电话对人的心理和社会的影响。如此，我们看到麦克卢汉提出的出发点与我们想指出的东西比较一致：电话与听觉有关，只有从听觉和声音进入电话分析才会对电话有更好的理解。只是由于他更加关注电话这一媒介形式对于社会影响以及人心理的影响，这使得他从获得电话本质的边缘滑落。

如此，可以看出，在自然观点中电话从各个角度得到了规定，但是无论是符号学的还是经济学的都使我们远离电话的本质。只有从电话的词源来分析电话，才使我们有所收获。电话，英文名为 telephone，把这个词拆分为 tele- 和 phone，那么我们将获得一条理解电话的线索，即通过空间和声音来理解电话。

从"tele-"这个词根我们可以看出"远"成为隐含在电话中的空间特征。只有在远距离的情况下，电话才成为需要。电话成为远距离通话的一个方式得以出现。但是，"远"的使用极易让我们产生主观的状态感受：远与近。事实上，在理解电话上，"远"仅仅是地理空间距离的分隔。但是，多大距离是远呢？这就是个有待于分析的问题。为了有效说明"远"这一点，我们用空间分离与共享来说明这一问题。空间的分离与共享是我们根据物理意义划分的结果，空间的分离可以是身体上的分离和地理上的分离。从根本上来说，地理上的分离实际上可以看做是身体更大程度上的空间分离。以下的分析主要是围绕身体的分离展开。

以身体为界限的空间分离与共享的划分实际上更多的是依靠感官知觉。

---

[1]　电话研究一般是被看做传媒研究领域的，包括如下问题，如电话对于人的感知的影响、对于人的空间体验的冲击等。

[2]　［加］梅蒂·莫利纳罗等：《麦克卢汉书简》，何道宽等译，中国人民大学出版社2005年版，第334页。

通常，感官知觉被分为五种形态：触觉、视觉、听觉、味觉、嗅觉。① 后来动觉被作为第六种感官存在。在康德那里，前三种——触觉、视觉和听觉——被作为一类，所具有的特点是客观性多于主观性。在本书中，这一类感官是受到关注的，但是受关注的原因并非客观性多于主观性的缘故，而是由我们所分析的对象——电话——决定的，电话更多的是依赖于这一类感官。到目前为止，电话主要实现了听觉的联结。

如果依照上面对于知觉的划分，空间分离的问题就变得容易理解了。基于身体的空间分离表现为视觉上的分离、触觉上的分离和听觉上的分离。处在不同场所的人如 A 和 B，他们处在两个不同的地点，那么这个时候 A 和 B 就处在视觉、听觉和触觉上的分离。这也就是上面所提到的物理空间上的分离，如上海和北京两地。空间分离表现为彼此看不见对方的形象、听不到对方的声音和摸不到对方的身体。另外一种空间分离表现为某种知觉的共享，但是这种知觉以外的其他知觉处在分离状态中。如视觉实现了共享，但是听觉和触觉却是分离的。在这种情况下，AB 双方可以看见对方，却听不到对方的声音、触摸不到对方。这种情况出现在很多场合下，如监狱中的会客室、银行柜台及医院的隔离室中。再一种空间上的分离表现为触觉上的分离，双方可以看见对方的形象而且能听见对方的声音，但是因为距离上的隔离，无法接触到。在特殊的情况中，双方听觉上是分离的，但是视觉上、触觉上却没有分离，双方彼此无法通过听觉交流，只能看见对方并且可以相接触，如聋哑人利用手语交流时，他们就是处在这样的状况中。还有一种情况是视觉上的分离，但是听觉上、触觉上不分离，双方相互无法看到，但是却能够听到彼此的声音并且彼此接触，如盲人与外界的交流即是如此，他的拐杖成为其触觉的延伸。以上是不同情况的空间分离。

分离空间是电话使用的基础。处在不同地理空间的人为了满足交流和沟通的欲望才会使用电话这样的交流工具，处在空间分离状态之中的人才会使

---

① ［德］康德：《实用人类学》，邓晓芒译，上海世纪出版集团 2005 年版，第 37 页。

用电话这一跨越距离的装置，而且这种交流是通过不断模拟面对面的空间共享。如早期电话实现了听觉的共享，不断提高着通话的质量；但是现代电话实现了视觉共享；未来电话甚至可以实现触觉上的共享。① 所以，根据上述逻辑，共享空间中使用电话——分离空间联结的中介——就显得多余起来。

我们的问题是在共享的空间中，电话使用是否显得多余？在 Gary Backhaus 的分析中，我们看到在共享的空间中，电话的使用是多余的。"想象这样一个环境：两个人隔着桌子坐着，通过电话进行交流。很明显这样的情景是非常荒唐的，在这样的例子中，电话是一个多余的传送器。"② 电话之所以多余，是因为电话本质上是基于一种分离空间的产物。通话者处在不同的地理空间中，交流就成为困难，电话通过将声音传送过去从而实现通话。所以在面对面的交流中，电话自然就成为多余的传声筒了。在面对面的交流中，"声音已经通过共享的听觉空间进行传送了"。"共享的听觉环境是电话使用变得多余的必要条件。"

但是，在视觉和听觉上的共享空间中，电话使用能够展示出多样的意义。电话有可能构成对话场域中被谈论的对象，它以被谈论的对象方式进入对话者的世界中；还有电话以一种承载历史价值的方式进入对话者的世界中，等等。上述与电话的功能无关。而在共享空间中，电话使用不但不显得多余，最终还会制造出一种浪漫的情景。我们在影视片中会看到这样的镜头：男女主人公在街头能够看到甚至听到对方的声音，但依然使用电话互诉衷肠。这让观者不禁产生一种浪漫的感觉。这个情节往往是因为对方彼此不知道就在共享空间中，以至于忘掉了电话。这样一来电话就不仅仅是表现为连接不同空间的媒介而实现了听觉上的共享空间。

上述说明主要是围绕电话出现的可能性。运用视觉空间与听觉空间的关

---

① 1956 年可视电话原型机出现，但是很快失败，被称为通信科技史上的最明显的失败。现实和逻辑的矛盾在这里体现出来了。所以理想的模式并没有在现实中体现出来。

② Gary Backhaus, *The Phenomenology of Telephone Space*，Human Studies 20，1997，pp. 203—220.

系，我们还可以解释一个经常碰到的电话现象：电话谎言。所以，这才产生了我们日常生活中的一个现象：谎言规避了伦理。因为某种原因身在北京的人却说自己在上海，明明在约会的人却说自己在加班。我们在上面预留的问题：空间的转换如何使得伦理责任发生了扭转？这个问题的提出，主要是针对电话通话中所碰到的惯常现象：使用电话的人撒谎更加容易。为什么是这样呢？为什么主体在电话这一工具面前选择了谎言？一般分析认为，撒谎与电话这一器具无关，而是通话者自身使然。但是，我们恰恰要揭示的是主体在电话的空间转换中使得撒谎成为可能。谎言的发生除了内心使然外，就是谎言成立的条件。如果谎言容易被识破，那么谎言就会失去存在的前提。往往当面对质是拆穿谎言的最好方法。面对面、话对话，使得谎言失去了隐身之所。电话的出现，使得视觉空间向听觉空间转换，在通话中，通话者彼此无法查看到对方的表情，想象与猜测成为感知的主要方式。在听觉世界中，谎言最容易滋生，因为与想象相伴随，人也容易相信谎言。所以，在通话过程中，电话听觉空间的建立弥补了视觉空间的不足。而在失去视觉的听觉空间中，伦理主体的伦理规范就慢慢失去了作用。①

可以看出，电话空间是基于听觉确立起听觉空间，是对原先的视觉空间的解构。正是这两种空间的脱离使得电话空间的确立有了可能。

依上所述，电话为我们所提供的空间形式是听觉空间。但是在听觉空间的确立过程中将看到其对视觉空间的一种解构与建构的过程。在电脑技术与通信结合之前，处在模拟电话阶段的电话所拓展的空间形式仅仅是对听觉空间的建构，在此基础上形成了特有的听觉文化传统，这对西方传统视觉空间产生了极大的冲击。恢复视觉空间的地位成为一种理想。所以在后来的电话发展中，视觉空间缓慢地发展着，随着电脑技术与通信技术的结合，即 ICT 技术的出现，视觉空间重新崛起，与听觉空间一起成为电话空间不可缺少的

---

① 手机出现后，这个问题变得更加明确，因为"引入手机后，情况便并非如此。对打电话的人来说，对方当时所处之所并非一下子就明显"（《拇指文化、手机与社会存在》，第159页）。如此，不确定性就导致了谎言的出现。这样听觉空间取代视觉空间和处所确定性的消失是电话谎言出现的两个主要原因。

部分。特别是在大尺度范围的通话中，视觉空间的实现显得极其重要。两种空间形式的关联变化意味着借助技术从而重新实现身体的自然化。未来电话必然是集合听觉、视觉、触觉的装置，在这一装置中，给我们提供了一种别样的空间类型：模拟人的自然空间体验的技术空间形式。

另外，从声音的角度也可以看到视觉空间形式与听觉空间形式之间的关联。我们前面提到，借助电话的通话是通过对语言的技术化处理来完成的，在这个过程中，在记号中，语言的意义被消除。当然这样建立起的听觉空间也就是一个纯粹意义上的听觉空间。而且由于同时性作用使得听觉世界得以保持。但是，也正如我们看到的，空间距离的存在消解了视觉空间。在大多数情况下，通话者无法看到对方。这导致了心理紧张的现象，所以麦克卢汉强调在通话过程中设想对方的形象，然后可以缓解通话过程中的紧张。如此，可视电话的出现实现了麦克卢汉的理想。当然，验证其理论，如是否能有效消除紧张，还无法确认。

"phone"即声音，是我们切入电话分析的另外一个基础。对声音的分析具有三个途径：物理学、心理学和现象学。在物理学中，声音是由物体振动产生的。所以物理学将声音的要素分为三个：声音振幅、频率和相位。与此对应，心理学对三要素的描述是"响度、音高、音色"。我们一般所说的听到声音是从响度来说的。根据研究，正常人听觉的强度范围为0dB—140dB（也有人认为是-5dB—130dB）。超过这个范围人耳就无法接受。声音的减弱实际上是响度的变弱，这是从纯粹的音的角度而言。物理学与心理学给予声音以客观式与主观式的分析，当然这些分析都是科学式的；现象学关于声音的分析主要探讨声音意义的构成。胡塞尔和德里达对声音现象给予过绝妙的分析。在现象学视野中，一个有意义的声音是怎样的？是如何构成的？问题是：从声音角度看，对于电话理解能够提供怎样的帮助呢？

我们还是从物理学角度来对声音的传递进行分析。在视觉、听觉共享的情况下，声音能够作为有效媒介存在，自然发音就足以完成交流。但是处在空间分离的情况下，超过一定距离声音就无法听到。神话传说中的"顺风耳"就说出了人们希望能听到很远距离的声音的愿望。现代技术则实现了人耳的延伸，这就是电话的产生。所以电话技术主要是将声音通过电话线传递到某地，通过转换装置从而实现接受。

声音的传递需要时间。在空气中，声音的速度是 340 米/秒。在通常面对面交谈的时候，声音传递可以看做是不需要时间的。电话是利用电子信号的传递来实现声音的传递，简单来说，就是把声音首先转换为电子信号，然后通过线路传递，再通过接收装置转为声音。电缆中信号速度与光速相同，为 300000 千米/秒。所以在一般尺度下，信号转化、传递所需的时间可以视为 0。在大尺度距离下，电子信号传递的延迟性就可以看出来。如地球到月球的距离为 380000 千米。那么信号从月球到地球的时间是 1.28 秒。

如此，在一定范围内，我们可以说，电话给我们创造了一种全新的空间体验。处在不同空间的人会产生处在同一空间的虚拟体验，这一点是通过同时性来保证的。正如日常生活中面对面说话一样，人们的反应是同时的。通常我们碰到如果有人反应慢 1.28 秒的话，我们会感觉对方反应迟钝，交流就存在困难。当然，"同时性"是一个需要说明的概念。我们看到，在一定范围内的电话通话中，同时性概念是有效的，这也保证了我们基于听觉的共享空间体验的产生。

把同时性概念看成电话空间拉近体验的基础，需要意识到其所存在的局限性。从空间距离上讲，当大尺度时，电话通话就会使得"同时性"概念产生问题，即日常理解的同时性概念就不适合大尺度情况下的电话通话。日常生活让我们形成这样一个体验：嘴一张开，声音就会被听到。这完全忽略了声音和光传播速度的差异。在小尺度情况下，如面对面交流，这种差异是无法感知到的；但是在大尺度情况下，情况出现了变化：看到说话者的嘴动与听到声音存在先后顺序，由于光速远大于声速，所以往往是先看到嘴动，而后听到声音。"如果有一天，与火星联系的无线电话建立起来以后，我们用电话去问一个问题，得等 20 分钟才能接到回答，我们就会习惯这种同时性的相对性了，我们就会把它看做是十分自然的，一如我们今天把地球表面划分许多时区的不同标准时间之被视为十分合乎条例一样。"① 所以，如果从"同时性"概念本身来看，这一概念的相对性就被揭示出来了。科学哲学把"同时性"概念看做是操作问题。"当分处相隔遥远两地的事件相比较时，同时性问题会导致奇特的结果，这是一个经过爱因斯坦的分析而著名的问题。"② 所以，"同时性"是空间拉近体验的基础，但是其问题在于，大尺度下的"同时性"不仅没有达到空间拉近体验，反而回到了从前，将空间距离彰显出来，而且时间膨胀越大，空间距离越大。

上述关于声音的分析更多是从自然科学角度进行的。我们应该从话语的角度来分析声音。纯粹的声音与有意义的声音不同。纯粹的声音仅仅指物体振动所产生的现象；而有意义的声音指人类的"说话"。说话以声音为媒介。声音是可被制作、被模拟的东西，其自身的意义是可以脱离存在，换句话说，如果经过一定的转换，声音可以和言说者分离；但是话语则不同，话语是被赋予意义的声音。电话的出现，放大了这个过程：声音的意义与意义的承载者之间的断裂被分割、被转换、被整合。

电话对于声音意义的分割表现在这种装置对声音的传递过程中。在整个传递过程中，传递的是电子信号，只是到了受话者一方，经过其解释，意义被重新整合起来；电话所完成的转化过程，是言说者的话语被处理为电信号的过程。根据最早电话原理的记载就可以明白。"电报之法奇矣，德律风则奇之又奇。此器成于光绪三年（1877），有美国人倍尔者，用电气收入人声，由线通彼处之电气，复发为人声。"③ 在这个转化过程中，一些东西被过滤出去。当然，噪声背景被过滤使得声音能够听得清楚；但是，被过滤的并非仅仅是这些，话语的意义也被过滤掉，成为记号。所以，话语者承载着意义，并且将意义赋予话语。但是，有些人则会有效地利用这种过滤，使得话

---

① ［德］H. 赖欣巴哈：《科学哲学的兴起》，伯尼译，商务印书馆 2004 年版，第122 页。

② 同上书，第 118 页。

③ 出自薛福成《出使日记续刻》光绪十八年（1892），转引自刘善龄的《西洋风——西洋发明在中国》，上海古籍出版社 1999 年版，第 107 页。

语完全成为声音，能够转换为电信号的东西。所以，这才产生了我们日常生活中的一个现象：谎言规避了伦理。因为某种原因身在北京的人却说自己在上海，明明在约会的人却说自己在加班。当然，视觉的遮蔽也使得这一谎言得以加强。

那么，现象学对于事物意义的分析又给予电话分析怎样的资源呢？现象学所给予的资源需要辩证地去看待，胡塞尔的意识及其相关项的分析无法适应于我们。我们所谈论的电话是一件日常用品，并非意识。符号学将电话外表（白色）和文化价值观念（奢华）关联起来寻求着文化上的解释。而现象学则超越符号学的理解，从历史的角度试图去描述电话物品意义的产生过程。海德格尔对众多物品的分析总是集中在传统物品上，如壶、银盘。他回到的地方也是有着浓厚的宗教神话韵味的东西：天、地、神、人的汇聚。这一切都是通过"用"之行为的分析来实现的。电话就是这样的物品，一件听的用具。那么，对电话的分析要怎么去把握呢？我们可以看到什么样的东西被会聚起来？

对电话的分析将指向何方？自然是指向电话这一物品背后的超验领域。"电话是沟通工具"仅仅拘泥于物品的功能本身，无法实现；"电话是符号"所提出的文化意义形成了功能对立的世界，这依然不够。我们通过电话分析想要达到的是对承载起功能本身和与功能意义相对立的东西的揭示。所以，对电话的反思还有待于进一步深入。我们必须面对这一熟悉的生活物品。从电话中所感受到的是超越于物品本身的东西，这才是技术现象学所追求的东西，也是真正意义上的技术哲学，源自于古典哲学的理想。那么，我们从这一物品超越性地看到了什么？

如此，一个基本的观点是：电话意味着接口，其功能是接入、接通。当"空间"即世界的内涵被确立起来的时候，电话意味着与另外一个世界的接口，使用其功能，可以完成与这个世界的连通，从而进入到这个世界。这就是现代世界。一个由"现代性"与"形而上学"共同构筑起来的世界。这即是我们所看到的最直接的东西。

借助后现代主义者鲍德里亚对于电话的态度，可以判断出隐含在电话中的现代性因素。"他在所有地方，也不在任何地方"通常被看做是最具有鲍德里亚式色彩的回答。① 解释鲍德里亚这种状态的最直接的方式即电话。鲍德里亚拥有一个"不会变化"的电话号码，这是他进入现代世界的接口，同时也是外人进入他的世界的接口。他知道自身无法摆脱现代社会，所有就使用现代性的产物——电话——这一有效的接入工具，但是由于电话的移动特性，他可以到达任何地方，所以他"无所不在"，可以在任何地方；但是，由于洞察了现代性的特征，一种卷入、强力的吸入，他拒绝着被接入，所以他巧妙地利用了电话答录机来拒绝接入。电话答录机的功能之一是"外出留言"②，如此，鲍德里亚永远处在外出状态，没有人知道他在哪里，所以他又不在任何地方。于是鲍德里亚为自己构造了二者的状态：号码总是一个，不会变化，直接对应身份，允许与现代社会的接入；但是，如果按照这个号码找过去，得到的结果却是，他永远处在不在场状态。

如此，逐渐切入电话与现代性所勾连的地方：我们每个人都拥有电话，都在不经意间使用电话。"不经意地"表达出了一种生存状态，我们熟悉现代世界本身，我们与现代世界的交往通过各种方式被诠释着。电话只是诠释我们现代生存方式的一种形式。拥有电话即拥有一个号码，号码与身份直接对应，在号码面前，每个人都被确定化。通过拨号，根据对应关系总是可以找到与号码所对应的身份。没有人能够摆脱这个现代逻辑，身份面对被符号化的危险并且不断被符号化。另外，号码又是被分配给予的。我们所选择的是早已被筹划好了的，尽管每个人可以按照自己的喜好、习惯来选择，但是选择的结果总是事先被规定了的。身份面对被强制的命运。

这就是电话所体现出的现代逻辑（符号）与强制逻辑（分配）。我们无法摆脱这一逻辑。"不经意地"或者"下意识地"使用电话道出了我们已经为现代性逻辑所同化。很少有人能够意识到摆脱之途。鲍德里亚为我们提供了很好的答案。技术自身为我们提供了解脱之法。在电话强大的接入面前，

---

① ［法］布希亚：《物体系》，林志明译，上海世纪出版集团 2001 年版，第 4 页。
② 010 型电话录音机其他功能分别是：1. 自动应答；2. 双方通话录音；3. 可过滤接听；4. 无声接听；5. 监控监录；6. 单放功能。

电话答录机却产生了迷幻的效果，它介于电话与身份之间。当主人不在场（外出）或者拒接来电的时候就会选择这一设备。这样的结果就是，因为电话的移动性，他可以在任何地方，又因为他总不在一个地方，答录机使得人们无法获得他在任何地方的信息。

面对强制逻辑，人们无法选择；面对符号逻辑，人们也很难规避。中国人的习惯使得这一现代性物品得以最大限度的利用，每个人都希望拥有一个号码，尽管是被分配的。隐含在电话之中的现代逻辑和强制逻辑共同作用使得现代性的力量得以体现：电话自身所具有的确定性被表达得淋漓尽致。所以，如果说电话意味着与外部世界的接口，那么我们选择电话就意味着选择与外部世界的接入，更确切地说，是选择与现代世界的接入。当然，人们已经无从选择，甚至没有选择的机会，人们不断将自身与现代世界进行拨号连接，一种强力使得人们的这种接入得以推进。在接入过程中，他则是通过不断将听觉空间与视觉空间结合于一起的方式，削减着自身伦理之心。他更是通过确定性的逻辑使得身份被固定化，没有人能够逃脱。

当然，电话作为接入工具的更极致表现是与虚拟（空间）世界的连接。借助电话，我们将自身推进到与超现代世界的界面上：虚拟空间。拨号功能，恰恰是在电话通话中所忽略分析的一个地方，使得我们完成着与虚拟世界的连接。如果连接未成功，我们将停留在电话自身的现代性逻辑中；如果拨号成功，我们将进入虚拟世界这一超现代性的逻辑中。在此，答录机失去了功能。

（二）电话空间体验的实质

似乎每一位现象学家都有一种倾向：他们面对物从事着现象学的反思，如胡塞尔偏爱树与桌子、[①] 海德格尔偏爱壶与银盘。[②] 这有点像中国哲学家的"格物致知"，路向不同，但是其精神取向相似，我们将选取电话作为现

① ［丹］丹·扎哈维：《胡塞尔现象学》，李忠伟译，上海世纪出版集团2007年版，第83页。
② 孙周兴编：《海德格尔选集》，上海三联书店1996年版，第927页。

象学反思的一个对象。海德格尔（1927）注意到了电话，"听筒"成为其分析的一个线索，但是却没有深入下去。后来情况有所改善。Gary Backhaus（1997）对电话空间进行着现象学反思，揭示了电话空间的现象学特性，电话的现象学反思被推进了一个高度，甚至本质变更的方法也得到了有效的应用。[①] 后现象学者唐·伊德（2003）给出过线索，他从交流空间的角度分析了电话空间的虚拟体验。[②] 本书试图从现象学中的"在与不在"这样一对概念来展开对电话的现象学分析，试图呈现出电话这一用具的意义。

　　前面已经指出，伊德（2003）并没有专门对电话进行分析，他是在分析赛博空间问题的时候涉及了电话，认为使用电话通话创造出虚拟的体验。他的分析对于理解电话提供了一种可能性：交流空间与地理空间距离的虚拟体验。在交流空间中，我们会产生虚拟的体验，即地理空间距离消失了。这的确可以说是理解电话的一个关键点。现代技术的发展使得人类自身空间性结构的去远维度得到了凸显。无论是科学领域的望远镜还是显微镜，无论是交通技术还是信息技术都使得我们在空间去远上获得了成效。电话作为现代技术发展的一个阶段，自然也具备这种特征。然而，当他把这种现象称作是"现象学的现象"时，却让其他人感到迷惑：在何种意义上空间拉近被称为现象学的现象？这个问题他却没有回答。事实上，地理空间距离的消失并非仅仅和交流空间联系在一起才具有意义，它代表着一种基本的现象。当我们把地理空间距离的消失与造成这种消失体验的方式联系在一起的时候，当我们把空间拉近体验与人类空间性结构联系在一起的时候，空间拉近体验的现象学意义才显示了出来。另外，他对于位于不同地点通话所产生的相同体验的说明还存在着局限。他认为这种相同体验是赛博空间多重稳定性的众多方面之一。但是，这种相同体验却需要一些前提，即通话距离在一定尺度范围

---

① Gary Backhaus, *The Phenomenology of Telephone Space*, Human Studies 20, 1997, pp. 203—220.

② Don Ihde, Multistability in Cyberspace, Mikael Hård, Andreas Lösch and Dirk Verdicchio（eds.）（2003）, *Transforming Spaces*, *The Topological Turn in Technology Studies*, http：//www.ifs.tu-darmstadt.de/fileadmin/gradkoll//Publikationen/space-folder/pdf/Ihde.pdf.

内，如与火星上某点的通话体验决然不同于与地球上任何一点的通话体验，甚至会改变人们的通话体验；① 再一个前提是线路的稳定性与信号传输。在这里需要说明的是，可以通过空间距离不同推导出相伴随的空间体验不同，但是反过来却不行，比如大尺度空间距离下，延迟现象是必然的，但是延迟现象的出现并不必然是在大尺度空间下通话的结果，它也可以是诸如信号传输等问题导致的结果。延迟体验很有意思，如果说电话空间中的交谈作为话语流而存在，那么每一次听到的当前话语都是事先以前瞻（protention）形式放置的结果。这种以前瞻形式被放置的语音包当被释放出来时就表现为当前（now）我所听到的话语。而在面对面的交流中，情形则有些不一样。

因此，伊德关于电话的现象学分析给我们所提供的线索是可用的，但却存在着若干局限。他的分析指向的是普遍的赛博空间，而绝非电话本身，而且对于电话之中的问题并没有触及。如电话中的空间拉近体验如何构成？所以说，伊德的电话并不能因为其言说过"现象学的现象"而被称为现象学的分析，更不能因为我们对其的一种成见——后现象学的发起者——而把他的所有分析都推导为现象学式的。我们所能做的仅仅是反思性地对待他的分析，将之看做现象学分析的一个起点。

这一有价值的起点就是电话所给予我们的空间拉近体验。但是这一体验形式却需要深思，而且需要引入一种新的视角，只有在这一视角下，电话中的空间拉近体验才能够得到澄清。这就是在与不在这一对范畴。

胡塞尔在他的现象学分析中为我们提供了一种关于在与不在关系的描述。② 借助这对关系范畴我们对可见面与不可见面进行分析，可见面与在对应，而不可见面与不在对应。胡塞尔把我们对于可见面的体验看做是"最原初地被给予"，它是"活生生地自身被给予"，另外在变换中，原先的不可见面会变为可见面，所以在时间流中，这些不可见面也应该是"活生生地自身

① ［德］H. 赖欣巴哈：《科学哲学的兴起》，伯尼译，商务印书馆2004年版，第122页。

② Fr. Robert Sokolowski, *Presence and Absence, A Philosophical Investigation of Language and Being*, Bloomington: Indiana University Press, 1978.

被给予"。二者的关系除了这种变换关系之外，更为基本的是二者互补而确保了物的整体呈现。"只有在在场（直观性地被给予的侧面）和缺席（没有给直观给予的杂多的侧面）的相互作用下，这棵苹果树才能够作为一个超越的对象而显现出来。最终，胡塞尔宣称，被直观地给予的侧面，仅仅是因为它与对象缺席的侧面的视域性关联才呈现对象，仅仅是因为它在一个（缺席者）视域里的嵌入，那在场的侧面才作为在场的侧面被构成。"① 可以看出，在胡塞尔那里，在场与缺席共同构成了事物的呈现。② 我们面对一个物体，我们所感受到的是物体能够被感受到的面与其他无法被感受到的面的综合。我们以对一个立方体的观看为例子来说明这一点。

"物体必然只能'在一个侧面中'被给予，而且这不意味着它在某种意义上是不完全的或不完善的，同时也意味着侧显式呈现所规定的东西。"③ 但是，胡塞尔没有说明这种被给予的完善性或完全性所需要的条件，事实上是常识体验成为这种条件。这一常识应该被理解为存在于我们意识中的前理解结构，缺乏这种结构，我们对立方体的感知就无从谈起，胡塞尔上面所说的缺席与在场的关系就会失去支撑，这个事实决定了我们理解的过程。以对立方体的感知为例。首先我们具备基本的"数学常识体验"，即立方体本身应该有 6 个面、12 条边和 8 个顶点。然后，关于立方体"在一个侧面中的被给予"的讨论都是基于这个前提——常识体验——展开的。这一讨论可以分为五种情况：

（1）所有的 6 个面无法感知。

（2）感知到 1 个面，其他 5 个面是不可见的。

---

① ［丹］丹·扎哈维：《胡塞尔现象学》，李忠伟译，上海世纪出版集团 2007 年版，第 101 页。

② 这种关系只有基于一种常识体验才是有效的，这种前理解即：呈现在我面前的物必然是一个完整的东西，合乎理性的存在物。就如我们对立方体的认识，当我被告知呈现在我面前的是立方体的时候，我意识中首先浮现出来的是 6 个面组成的物体，如果我只看到了其中的几个面，那么必然会有一些面存在着，只不过现在缺席。如果缺乏这种前理解的认识，那么这种关系性的存在则会出现问题。

③ ［德］胡塞尔：《纯粹现象学通论》，李幼蒸译，商务印书馆 1997 年版，第 121 页。

（3）感知到 2 个面，其他 4 个面是不可见的。

（4）感知到 3 个面，其他 3 个面是不可见的。

（5）所有的 6 个面都可以感知。

上述可感知的情况与我们观看的视角有关系。我们首先对特例（1）和
（5）进行说明。首先是（1），当我闭上眼睛，或者背对着立方体的时候，
（1）是有效的；这种情况所关联的问题是：不仅是所有面的无法感知，而关
乎我如何断定立方体的存在？在物理学上，我们也可以看到类似的情况。爱
因斯坦和玻尔的争议最后化为一个问题，月亮在我不看它的时候还在不在？
这一问题可以通过现象学的方法来解决。（5）的情况就是当这个立方体是透
明的或者我自身具有一种穿透立方体的特异功能。

接下来，我们排除了上述的特殊情况，而是基于一个基本的前提，我们
始终朝向这个立方体，对其进行观看，持续的观看将让我们获得上述（2）、
（3）、（4）的结果。在这个过程中我们将感受到可见面与不可见面区分的有
效性。当我正面朝向立方体，这时候，立方体向我呈现出来的是一个二维空
间上的正方形，也就是说朝向我的这个面是可见的，而其他 5 个面是不可见
的；接下来，我们保持着正面，眼睛朝上移动，在偏离第一个直面和第二个
面正面朝向前，情况（2）是有效的，此时 2 个面是可见的，另外 4 个面是
不可见的；接下来我的眼睛回到原来直面第一面的情况，然后朝我的左上方
或者右上方或者左下方或者右下方一直到与第二个面保持直面前，情况（3）
是有效的，即 3 个面是可见的，另外 3 个面是不可见的。

我们只能看到上述 3 种情况，想看到 4 个面、5 个面的情况只有借助辅
助手段，如镜子，但这已经超越了这里所谈论的问题。另外上述情况也发生
在我们保持不变而物体发生转动时，这是计算机技术取得突破后带给我们最
大的便利。传统现象学的有效性在计算机上得到了最大的实现。

如此，在我们保持看的情况下，会感受到构成立方体的可见面和不可见
面。在我们面对立方体转动的过程中，我们意识到立方体原先的不可见面变
得可见了，或者可见面变成不可见面。"一个醒觉的自我的体验流的本质正
在于：连续不断向前的思维链锁连续地为一种非实显性的媒介所环绕，这种

非实显性总是倾向于变为实显样式，正如反过来，实显性永远倾向于变为非实显性一样。"① 在我们感知到可见面的时候，理性告诉我们另外的不可感知的面还是存在的，而且我还期盼着另外不可感知面以合理的方式出现。在正常情况下，这种期盼将获得满足，立方体会以前理解结构合理的方式出现，我们必然会看到其他的与我们已经看到的面相同的面。但是，如果碰到了另外一种情况，比如被欺骗的状况下，理性会让我陷入错误的认识中，意料中的期盼落空了。如此，我们碰到的一个问题是：在物体的构成中，可见的面与不可见的面之间的关系这一现象学的问题。

这可以作为我们分析的理论基础，但是还不够。需要解决的问题如下：在特定的体验形式中，在场的意向对象与缺席的意向对象其呈现方式有何不同？由于这种分析的方式，即对一个在我的视线中呈现对象的分析中，在场者与缺席者的呈现方式是相同的。正如我们在上面所看到的，原先不可见面会在一段时间之后变为可见面，在它以可见面呈现给我的时候，呈现方式没有变化。但是，在其他情况下，我们会发现在场者与缺席者呈现的方式是不同的。当然，可以在后面的分析中进行，这里我们只需要明确我们分析的起点：将以在场与不在场作为分析的基点来看待通话现象。

首先可以确定的是，telephone 中 phone 所包含的线索意味着电话是一种借助听觉（声音）来交流的工具，它所带给我们的是基于声音的听觉体验。② 但是，更深层次的问题表现为：通过听觉来实现交流的电话是否是一种基于听的感知方式，如同我听到了我自己发出的声音或听到了汽车的喇叭声这样的听觉感知？这个问题并不是我们所设定的那样，它是一种基于听觉的感知。这种延伸的感知需要借助现象学的理论来加以澄清。

我们先就基本感知开始。胡塞尔对此进行过说明，他在对外部知觉（outer perception）的分析中指出，"看、听、触、嗅和味都是把事物的知觉

---

① ［德］胡塞尔：《纯粹现象学通论》，李幼蒸译，商务印书馆 1997 年版，第 105 页。

② 在这一体验的分析中，现象学的结构依然是有效的。在电话构成分析中，听者、听觉活动与意向对象是主要的现象学构成因素。

带到我们面前的通道。我们在通常会话过程中使用他们，因此在他们各自的
意义上使用他们……因此无论在什么地方，我也可以通过自己和他人，我看
着我的手，我听到属于我、属于我的身体的词汇和噪声。在第一个例子中，
看和听与拥有身体的他人的知觉相关。为了确信这一点，我们也可以通过心
理领域来分析：我看，我看到他人在生气，或者我看到他表情上的怒容，我
看到他看上去很悲伤，很虚伪，等等。然而，需要区别这种看与对颜色或运
动的看，区别对物理事物的看。因此可以说，脸部和脸部表情，神情、手势
的动作可以被看到，他们被理解为是一些心理现象的表达，因为心理现象自
身是无法看到的。在上述例子中，我们首先要排除这种对于心理现象的
看"①。在此基础上，他概括出知觉的特征，"知觉是对一些对象（object）
的知觉，或者更准确地说，是对一些事物（thing）的知觉，另一方面知觉
是对正在知觉的自我的知觉……我幻想，我判断，我概括，我感觉，因此幻
想、判断等等都是自我的知觉，判断是自我的判断。等等"②。那么在电话
通话中的情形是怎样的呢？一方面，与我通话的对方说着一些话，我也听到
了他的声音，但是我看不到他；另一方面，我说着一些话，对方也看不到
我，但对方能够听到我的声音。在这个过程中，看已经失去了作用，我是借
助声音与他人进行着交流。这就是通话过程中所发生的事情。但是这一过程
却明显与面对面不同，在电话知觉中，面对对方的心理体验，我既看不到他
的身体形象，也无法确定我所听到的声音是属于他人身体的。为了更清楚地
理解这一点，我们需要更仔细地分析。但上述前提还不足够，我们需要一个
概念，这就是 Leib（身体），其意义是人的心灵与肉体的统一。

如果欲分析上述问题，那么我们可以借助上述所提到的范畴——在场与
缺席，如此所面对的问题是在电话通话过程中，在场者与缺席者是什么？这
是我们在此分析所面对的问题。

为方便进行分析，我们通过对比两种场景来为将来的分析开辟道路。其

———————

① Edmund Husserl, *Thing and Space: Lectures of* 1907, R. Rojcewicz (Translator), Kluwer Academic Publishers, p. 8.

② Ibid.

一是面对面的交流。在这种交流过程中，我们能够感受到对方语调和手势的细微差别，能够感受到说话者面部的微小变化与肢体活动。其二是阅读文本。在这一过程中，文本作者对我来说是缺席的，我们只是通过固化的语言——文字——与其交谈，而这很接近我们的电话通话的过程，在电话通话中，说话者对我们来说也是缺席的，我们通过声音与其交谈。这两种情况中，后者更能对后面分析有所帮助。

需要指出的是，在电话通话过程中，我们始终保持着一种常识或者说是经验，我们没有为我们与何者进行通话的困惑，而是确定：一旦我们拨通某个号码，我们必然和与这个号码对应的人，也就是我们希望与之进行通话的人进行通话。如此还可以确定，通话的他人具有我一样的身体，这种经验在胡塞尔那里被看做是"隐含的意向性"①，其作用是指向了我认为我所听到的声音深处包含着某个发出该声音的身体以及该声音所表达的意识。所有讨论都是基于这种经验展开的。具备上述条件，展现这种在场者与缺席者的分析才是可能的。

在前面我们已经明确了一个基本的经验事实：在我通话的过程中，我和他人正在通话。但是这一日常表达无法将问题导引向深入，所以我们需要改换一种描述方式，即我与一个身体（Leib）进行着通话。这样声音与身体才会作为关键性的因素显示出来。我与身体进行着通话，意味着通话过程是在两个层面上进行的。其一是我可以确定听到身体发出的声音；其二是我可以确定我无法看到承载此声音的身体。这样，在场者是他人的"声音"显现，缺席者是他人的身体性存在，如肢体动作、面部笑容等。② 在整个通话中，他人的声音对我们来说是在场的。通过声音，我与他人的共同经验使得我能够联想到他人的形象。这一联想的深度决定着他人在场的呈现。当然这里需要明确的前提是：这种声音是通过信号的转换而完成的，它与原本的声

---

① ［英］A. D. 史密斯：《胡塞尔与〈笛卡尔沉思〉》，赵玉兰译，广西师范大学出版社 2007 年版，第 134 页。

② 现代视频电话和具有 3G 功能的手机已经完全可以将图像传输过来，在这个过程中，我们具备了一种新的体验，即与这个人面对面地交流。

音——面对面的声音——有区别，但是上述持有的经验则忽略了这一区别。这里的问题是，在电话的呈现方式中，他人的声音是否就是直观被给予的东西呢？我们可以说，通过电信号塑造的声音经常被我们当作是直观被给予的东西。但事实上通过电信号被塑造的声响与他人的声音是有区别的，尽管我们的耳朵往往无法识别出这一点。试想一下这样的一个场景：一个智能机器人能够模拟出我所熟悉的人的声音，而在电话这边的我却无法识别出这一点来。更重要的是，随着视频电话的出现和普及，能够模拟出我所熟悉的人的形象，而尽管我可以看到这个形象，但是我却无法识别这是否是他本人真实的表达。这在一些影视剧中有所体现，如《终结者 2》和《星河舰队 3》。所以从这个角度来讲，伊德给予我们的线索是恰当的，必须始终意识到电话所呈现给我们的感觉是虚幻的。然而，因为主观中的设定，① 声音是他人身体的意识表达，我们把这种虚幻的感觉看做是真实的。所以在日常生活中，出现了特别是移动电话落入其他人的手中时，由于这种认定导致了很多受骗的情形。

与我通话的那个他人的在场是否是真实的在场？"随着真实在场与作为想象的再现中的在场的差异，整个一个差异的体系就这样通过语言被拖入同一解构（deconsturction）之中：在被再现者和再创造之间，作为想象（Vorstellung）的表现和作为再现（Vergegenwartigung）的再现之间；因为再现对再现者有一种作为想象的表现。"② 那么在电话通话中，真实的在场是什么？在面对面的交谈中，发生了一个事实，"当我听他人讲话时，从根本上讲，他的体验并不亲自对我在场。胡塞尔认为，我能够具有一种原始的直观，也就是一种对在他人之中向世界陈列的东西的直接感知，对他人身体的可见性的感知，对他的手势，对人们听到的他发出的声音的感知。但是他经验的主题的一面，他的意识，他由之特别赋予他的符号以意义的活动，对我并不像对他自己那样是直接地和原始地在场，反之亦然……他人的体验只

---

① 这里的主观设定就是前面所说的隐含的意向性，使得该声音作为一个完整的人在向我呈现。

② ［法］德里达：《声音与现象》，杜小真译，商务印书馆 2001 年版，第 65 页。

是因为它直接地被包含一种形体面貌的符号所指示才对我变得明显起来"①。那么在电话通话中，这样的事情是否发生着？存在着一种设定，即我所听到的声音意味着他人对我来说是在场的，如同面对面一样。现象学的情境——他的体验通过多样的符号——加强了这一设定的有效性，当然在电话通话中，他人的体验仅仅通过唯一的声音来表达，再加上我的想象，完整的他人形象就确立了起来。严格说来，真实的在场不是声音，这种声音是虚拟的结果，是作为话机——一种用具——出现的。

在这个过程中，缺席者是言说者的身体形象。在电话通话过程中，一个基本的事实是：我与他人位于不同的空间中，比如不同的地点，或者说即便是同一个空间内，但是彼此被分割开来的区域，如隔离病房。在前者，言说者的容貌、姿势等感性身体形象是缺席的；在后者，尽管言说者的容貌是在场的，但是声音却是分割的。我们这里主要是针对前者这一情况来说的。在通话过程中，言说者是缺席的，这表现为其身体的根本缺席。当然，缺席者可以重新以视觉、听觉等形式在场，这需要时间。经过长途跋涉，他可以到达我面前，与我进行面对面的交流，这就是缺席者的重新在场。与胡塞尔现象学中对一棵树的观察相比，我要看到树的背面更容易，而这种重新在场所需要的时间更长。但无论怎样，这种被认定与他人同一的声音作为在场呈现给我的一面与他人身体的缺席共同构成了与我通话的那个他人。从这里可以看出，这种声音远远无法与和我通话的那个人等同，用现象学的概念来说，我们超越了那被直观性给予的被认定的声音侧面，从而达到了把声音等同于与我通话的那个人。超越发生了，这就是电话通话中所发生的一切。

电话通话中的缺席者是个非常有意思的话题，这与日常生活中的一种情况相似：如某人离开了某个居所，此时某人不在场于某居所，但是这种缺席却并不意味着永远的缺席，因为某人可以重新回到居所中。当然，在这一变迁中，人离开居所与事物发生位移完全不同，尽管会有些相似，但

---

① ［法］德里达：《声音与现象》，杜小真译，商务印书馆2001年版，第48页。

是却在根本上存在着不同。用海德格尔的术语来说，居所意味着区域（regionality），区域意味着世界性得以产生的地方。一个人离开一个居所，从生存论上来说，意味着离开一个世界。电话中的缺席者类似于此，缺席者可以通过某种方式回到原先在一起的场所中。在这里，我们必须区分出此处的缺席者之特征所在。有一种缺席者，如生者逝去。在这一现象中，缺席者无法回到原先的世界中。但这已经超越了我们所要言说的东西，故而避开不谈。

　　缺席者不仅仅表现为他人自身，如形象，还有另外一个关键性的因素：视域性的缺席。这种缺席是在场者的撤离。"切近的上手事物的特性就在于：它在其上手状态中就仿佛抽身而去，为的是恰恰能本真地上手。日常打交道也非首先持留于工具本身；工件、正在制作着的东西，才是原本被操劳着的东西，因而也就是上手的东西。"① 在我们使用电话的时候，电话作为用具，恰恰体现了这样的现象。当然电话是好着的时候，处在一种上手状态的时候，才是这样抽身而去。那么，我们可以发问，什么样的因素抽身而去？的确，有些东西在我们通话的时候——这是我们关心的事情——悄然隐身，隐匿起来的不仅仅是眼前的这个物品，而是很多。任何一个因素的问题都会使得通话成为不可能。

　　那么，在上手状态中，哪些东西抽身而去？这就是用具整体。那么，在电话这样一个用具中，用具整体是什么？知识性的如电学原理、电磁学、电话原理、电话说明书等；非知识性的如网络系统、话筒与听筒等。在这一整体中，还有一些观念性的预设：号码与号码使用者的同一。这些都是在通话活动中抽身而去的东西，而真实的情况是：这些因素都存在着。

　　用具整体由这些不同的因素组成，任何一个因素出现问题都会使得通话活动变得不可能，使得上手状态消逝不见。但是，往往的情况是，作为背景

---

① ［德］海德格尔：《存在与时间》，陈嘉映译，上海三联书店1997年版，第82页。

的其他因素慢慢消逝，不仅在未通话之际，而且也在通话之际。前者的消逝是在生活世界的结果，生活世界作为大的背景消融了这一切，而在我们通话活动之际，一个被我们称为电话的东西是在我们面前的东西。而这个东西仅仅是集听与说于一身的设备。①

那么二者的关系为何？这是我们所关心的问题，也是理解发生在电话通话中的空间拉近体验的基础。如果运用现象学的视角来看，在场者之所以在场主要关联于缺席者。在电话通话中，虚拟的他人的声音因为关联于他人的容貌等才变得有意义起来，而正如我们上面所分析的，它需要一种设定。再者，在场者与缺席者共同作用才呈现出对象。所以声音与被想象的形象共同呈现出我所通话的他人。这对于大多数情况是有效的，但是有一种情况在日常生活中也是很普遍的，就是与从未谋面者的通话。从未谋面者有两种情况，一种是彻底的陌生人，另一种是神交者。在此种情况下，我们无法想象出他人的形象；但是在后者，我们通常会根据自己的神交经验来勾勒对方的形象。这在虚拟的网络世界中已成为普遍的现象，如网恋就是如此。男女双方从未谋面，仅仅通过文字的交谈、电话的交谈，但是却彼此为对方想象出一定的形象。大多数情况是与想象的形象大有差异，其结果就是"见光死"。但是通常情况下，因为我们的经验很容易让我成功地勾勒出他人的形象。这种经验如同在上面关于立方体的知识一样，如果缺乏共同的经验，我们就与原先的世界发生了断裂。如同突然失去记忆的人，他被剥离了原先的世界，离开了原先的经验。

上面的分析已经表明：声音是通话中的在场者，在通话空间中，正是声音实现了空间拉近，使得通话者具有空间拉近体验，这就是邻近。在面对面的交谈中，感知到他人的体验使得彼此空间拉近。"……听者感知到说者把某些心理体验外在化，而且在某种程度上也感知到这些体验。"② 那么在电话通话中，情形是如何的呢？

---

① 杨庆峰：《技术现象学与空间拉近体验反思》，《自然辩证法研究》2009 年第 4 期。
② ［法］德里达：《声音与现象》，杜小真译，商务印书馆 2001 年版，第 49 页。

情况有些类似，但是这种类似情况的产生却是有条件的。在面对面的交流中，说者通过声音表达自己的体验，而听者通过感知声音及其他可感知的因素如手势、面部表情等，然后感知到这些体验，声音这一表达方式被众多的其他方式所排挤。但是，电话通话中却存在着一种情况，它完全不同于面对面的交流。

我们首先碰到的一个问题是，我如何能够确定此声音意味着我与一个人正在通话？这个问题在上述的分析中已经初步得到了解决，隐含的意向性向我保证了这一点；接下来的问题是，我如何能够确定此声音是意识的真实表达？

这就是我们经常碰到的电话现象：电话谎言。这一现象在前面给予过多角度的分析，电话谎言现象要面对上述所说的"声音是体验的表达"这一现象学观念的质疑。在这一现象中，声音遮蔽了体验，在电话这边的人通过他人声音从而感知到的体验是建构起来的体验，而并非原初的与声音表达一致的体验。所以说，在面对面的关系中，声音与体验之间呈现为表达的关系，声音是对体验的表达，而且其他因素——如面部表情、形体姿态等——不断强化这种表达关系。但是在电话通话中，这种表达关系发生了转化，首先可以确定的是，与我们前面分析相关的这种体验，是借助想象维系的，声音所表达的体验与原始预表达的体验完全不一样，他人会根据自己的需要建构起对自己有益的体验形式。而且由于他人对于我来说是缺席的，他的面部表情的缺席，他的身体姿态的缺席等，更加削弱了这种表达关系的维系力。特别是电话通话中的声音实质也必须被意识到，在电话通话中，我们所听到的是数字模拟信号，与我们发生关系的是由计算机转换的电信号。这意味着这些声音不具有原始意义，只是听者赋予其意义，特别是在同一观念的制约下，这些声音的意义才有了可能。试想有这样的情况：通过电脑模拟出某人的声音然后将电话接通，电话另一端的人根本无法识别出这一设计。他依然会认为，更准确地说是设定，他与某人自身在通话，而不是其他。他如何辨别他究竟是与他人本人还是与计算机进行通话？一种柏拉图所描述的认识论困境出现了。①

身体形象是缺席者，这是我们已经明确的在电话通话中的结果。但是正是形象的有效性使得空间拉近体验成为可能。形象是他人的容貌、身体、音容笑貌等。这是我在想象中所构想的结果。这种构想是交互性的，构想者借助以往的共同经验构想起对方的形象，然后借助声音来达到了这样的结果。

我们在前面的分析中已经指出，想象是对他人缺席因素的把握方式，这与对在场因素的把握不同，电话通话中把握在场因素的方式是通过听觉感知。这就是现象学中所提到的"想象"与"知觉"的区别。基于想象所产生的是一个"想象的世界"，而基于知觉所把握到的是"真实的世界"。想象是对影像（image）的认识，"影像不能以任何方式回到感觉内容中，也不能在感觉内容的基础上被确立"②。我们认为，空间拉近体验反思不是空间知觉，而是一种不同于空间知觉的空间体验形式。③ 如此，我们上面关于空间拉近体验的分析表明：它是基于声音和形象的体验形式。如果说它不是空间知觉——物理空间的拉近以及心理空间拉近的话，那么它是通过对形象的想象而实现的体验形式，换句话说，我们通过想象从而实现了空间拉近，加上前面所提到的通过声音我们体验到了他人的内心体验，通过这两种因素，一种空间体验形式被确立了起来。

可以看出，现象学中所包含的想象理论——如胡塞尔与萨特——并没有为我们的分析提供更多的东西，因为他们把想象限制在与知觉的区别上，唯独想象理论的"异于在场的物"④ 的规定使得我们对空间拉近体验的反思有所推进，通过这一规定性我们有效地分析了电话通话中的空间体验形式。在

---

① 柏拉图的认识论困境主要是指正确的意见与知识之间的区别。正确的意见是碰巧猜对的结果，而知识则是永恒为真的。我们在电话通话中所感受到的这种困境是"我与他人自身通话"这一认识属于何者？通常我们会设定、假定、想当然地认为我与他人自身通话，而真实的情况却没有给予注意。或许我与电脑在通话，但是我依然会认为我在和他人通话。除非我事先知道这个人死去。

② ［法］萨特：《想象》，杜小真译，上海译文出版社2008年版，第102页。

③ 杨庆峰：《技术现象学与空间拉近体验反思》，《自然辩证法研究》2009年第4期。

④ ［法］萨特：《想象》，杜小真译，上海译文出版社2008年版，第2页。

我们上述分析中，已经表明：他人形象、神态以想象的形式进入我的意识中，更重要的是，这种进入并非单线的，而是包含了以往的原初经验，他们一起构成了我们的电话通话的可能性。随着通话的进行，模糊的东西越来越清楚，陌生的东西越来越熟悉。那是一种以往深藏的共同的生活经验的唤起，当然也可能是新的充满好奇的、令人着迷的图景的形成。[①]

当然，对电话的现象学分析只有指向更高的哲学诉求，这种反思本身才是有意义的，否则只会成为精致的个体游戏。那么这种更高诉求是什么？理解。理解在语言这里存在一个困难，"甚至面对面的谈话也不能完美地传达一个寓意。在说者与听者之间不可避免的差异（在过去的经验中，在期望中，在个人习语中）将维持误解的永恒的可能性"[②]。这个问题牵涉到了语言的局限性，如语言自身的误解是否无法通过自身消除等。我们的问题是，现代技术的发展是否避免了语言的上述局限？或者是否改善了语言自身的局限性？我们认为，只要把电话看做是中介、声音的延伸，那么这个问题就必然存在。因为在中介观念中，电话只是语言的延伸，而延伸并无法消除语言所存在的局限性。而在我们的分析中，电话所展示出来的是：电话不仅仅是借助声音（在），它还依靠形象的缺席（不在），共同构成了并且弥补了语言所存在的缺陷。借助这些，实现了尽可能的空间拉近，某种程度上来说削弱了语言自身特有的误解的可能性。

（三）虚拟技术中的去远体验

从词语翻译的角度看，"虚拟空间"就是一个二元论的产物，"虚拟"与"实在"相对。将"virtual"翻译为"虚拟的"很容易让人误解。如果我们从这个词语所处的技术背景来看，会发生视角的转换。在《牛津英汉大辞

[①]　在这里我们面对一个关键的问题，即交谈能否将寓意给予传达？误解的永恒可能性在电话技术面前能否给予消除？所以我们发现，语言的不达意性并没有因为技术的发展而消除，但是可以改善。

[②]　[美] 加里·古廷：《20 世纪法国哲学》，辛岩译，江苏人民出版社 2005 年版，第 358 页。

典》中，对于 virtual 的解释是"物理上不存在但是由软件制造出来的"。这样看来，仿真与模拟更能说明其实质。为了有效理解这个概念，我们结合相关技术从三个不同层面来说明这个问题。

第一个层面上的 VS 应该是基于 20 世纪 90 年代以后才发展起的虚拟技术出现的现象。这项技术的采用使得我们能够如真实般地感受到与原来地方的关联。比如，飞行员可以借助相关技术来产生开飞机的体验、医生可以利用这项技术来产生做手术的体验。所以"虚拟现实指这样一类情景：人感觉自己好像正在经历某个环境"[①]。

具体说来，虚拟技术主要模拟人类感知，在不同阶段所表现出来的差异在于技术的复杂程度。如从实现视觉体验的阶段转变到实现触觉体验及其他知觉体验的阶段中，技术装置变得极为复杂。我们可以简单来看一下，"通常用户带着一个头盔，头盔里内置一个耳机和两个电视屏幕，每个眼睛一个屏幕，也可能还有一双特殊的手套和其他连接电子控制受动器（压力产生设备）的服装。还有一些传感器探测用户身体的运动，尤其是头部的运动。用户的动作信息传递给计算机，计算机根据这些信息计算用户应该看见什么、听见什么、感觉什么，并传出适当信号给印象生成器"[②]。虚拟现实的实践者查·戴维斯（Char Davis）也描述过这种方法，"要进入虚拟时空王国，人们必须穿戴专门的设备，就像潜水员似的。这套设备包括一件界面背心和一顶立体观察头盔（在本领域中被称作头戴式显示器 HMD）。头盔内设有的两个小型 LCD 屏幕一起产生立体效果，还有立体声耳机也是如此。背心和 HMD 通过各种电路与一台电脑和数目声音合成器/处理器相连接。人在环顾四周时（包括背后和脚下），电脑通过界面背心和头盔中的运动轨迹传感器计算出他的视点和在虚拟王国中空间位置的相应变化，从而实时即随时

---

① ［英］戴维·多伊奇：《真实世界的脉络》，梁焰等译，广西师范大学出版社 2002 年版，第 84 页。

② 同上书，第 85 页。

产生相应的视觉元素和听觉效果"①。相比之下，中国 VR 技术装置非常简单，仅仅是盔式立体眼镜。如在品牌酒马爹利 MXO 的 2007 年巡展中，VR 的运用过程是使参与者戴上盔式立体眼镜。首先从"芬芳绿野"、"黄金峡谷"、"银色幻想"三个完全不同风格的环境中选择一个，再选择日夜、天气（如晴天、雨雪等），然后开始在这个空旷的世界创造出具有自己风格的城市，可添加桥梁、公共建筑、标志性建筑，建好后可以通过用手在空中移动而在这个世界随意漫游。最后还可选择合适的角度拍照留念，照片通过后台打印好并配以精美的装帧后送给参与者以做留念。②

除了上述的专门与仿真或模拟相关联的虚拟技术外，也就是第二类的 VS 是与互联网上相关的空间类型。从技术史角度看，这种空间出现的时间也是 20 世纪 90 年代左右的事情。互联网史研究专家 H. 罗纳多（H. Ronda）指出，"这些研究完成于 1992—1993 年，正是互联网向许多国家传播、世界各地各种局域网实现首次互联的时候"③。随着互联网的成熟，这种虚拟空间才能够得以扩展，也就产生了与现实空间相对应的网络空间。例如，网上店铺与现实店铺是一种互相补充的两种形式。

第三类是一种决定着人类的生存状态的虚拟空间。从这个意义上来说，虚拟可能更合适，但更多地表现在科幻电影中，如影片《黑客帝国》（*The Matrix*）、《楚门的世界》（*Trueman*）。即世界本身是信息构建或者人为构建的结果，来自母体机器的模拟或者控制者的操控。我们暂且把这两个世界称为 W（a）与 W（a'）。有着这样的一种结构：

$$H \qquad H'$$
$$W（a）\qquad W（a'）$$

在这一处境中，H 是机器或者控制者，H' 是被控制者。W（a）是机

---

① ［英］弗兰克斯·彭兹等编著：《空间》，马光亭等译，华夏出版社 2007 年版，第 80 页。

② 马爹利 MXO 巡展，http：//www. excelite. de/Chinese/c％20product/c％20vr％20mxo. htm。

③ ［英］朗达·豪本：《互联网的国际和科学起源及网民的出现》，载《科学文化评论》2008 年第 2 期。

器或者控制者 H 所处的世界，W（a'）是被控制者 H'所处的世界。在大多数影片中，H'是指人类，W（a'）是人类所处的世界。问题是对于 H'而言，W（a）与 W（a'）何者为真实的世界？只有在这一世界之外的 H 看来，W（a'）是虚拟的、合成的。对于 H'而言，根本无法意识到 W（a'）的虚假性，除非 H'脱离世界 W（a'）——如影片《黑客帝国》或者与 W（a）H 接触。他所有的意识和体验都是信号刺激的结果。如此，H'的处境无疑让我们想到了柏拉图的洞穴比喻。这个比喻非常适合我们所说的虚拟实在。对于何者来说，虚拟是实在的？对于洞穴中的人来说，虚拟是实在的。"因为在洞穴里，人们完全而明确地拥有现实事物。执迷于其观点的洞穴中的人深知不能猜度这样一种可能性，即：他的现实事物或许根本上只可能是虚幻的阴影。"① 那么，对于何者来说，实在又是虚拟的？对于放弃其原有观点的洞穴人来说，原先的实在会被认识到是虚拟的。

对于"虚拟空间"从三个层面给予的分析表明：在这个问题上我们需要意识到贯穿在其中的线索：即不同空间形式与人之体验、人之生存状况的关联。"虚拟空间"对于我们来说意味着真实还是虚假？这个问题开始破碎，其伪合理性开始表露无遗。因为，"我们是谁"这个问题决定着上述问题的合理性。

戴维·多伊奇将虚拟技术与人的理解力关联在一起。他指出："我们将看到虚拟现实的存在并不表示人类理解能力的固有局限性，相反，它表示人类理解固有的无限性。它并不是由于人类感觉器官的某些偶然性质引起的异常现象，而是整个多重宇宙的基本性质。"② 这种理解还是停留在认识论的视野中，只有打开存在论的视野，我们才能够发现其中的关键核心所在，即从空间场所变化的角度来看我们所说的虚拟空间。如此，这个问题才开始变得具有可理解性。在这个过程中，表面上看，主体进行的是体验之间的转换——在仿真体验与现实体验之间的转换，但事实上，它所完成的是空间场

---

① ［德］海德格尔：《路标》，孙周兴译，商务印书馆 2004 年版，第 247 页。
② ［英］戴维·多伊奇：《真实世界的脉络》，梁焰等译，广西师范大学出版社 2002 年版，第 89 页。

所的转换——在现实空间转换与虚拟空间之间的转换。这需要借助现象学变更这一概念才能看清。

理解 VS 需要现象学视角的引入，于是我们从"现象学变更"概念中获取我们对于这个问题的洞见。这就是 VS 之于人的存在结构的意义是什么？首先要确立的观点是：虚拟空间是人类此在空间性的表现，创造空间的表现。如果说自然科学给予我们符号空间或抽象空间的话，那么现代技术则给予我们 VS 这样的东西。

我们可以从胡塞尔的现象学变更概念开始。"现象学变更"主要涉及两个关键的概念：变更（Variation）与变项（Variant）。首先从倪梁康的《胡塞尔现象学概念通释》中看一下对这两个概念的界定。

变更概念。胡塞尔在"现象学的心理学"讲座中首次对现象学的本质直观方法本身进行论述，并将这种方法具体定义为"通过自然想象而进行的本质变更"，它是一种"通过想象来摆脱事实之物的关键步骤"：在素朴的经验，例如对一张红纸的感知，为我们提供了一个出发点，一个前像（Vor-bild）之后，想象便在以后的操作中起着主导作用。我们可以根据这个经验进行自由的想象，也就是说，可以创造出任意多的后像（Nachbild），即任意多的与前像相关的变项。譬如我们设想各种各样的事物，在此同时关注这些事物中的那个在前像中已经引起我们兴趣红的因素。这个红的因素是在后像中的共同之物，或者说，是在变项之中的常项，它意味着普遍的红，即红的埃多斯、本质的红。[①]

变项概念。变项概念与胡塞尔的本质直观方法有关，他在后期也将这种方法称为"自由想象的本质变更"。"变项"在这里意味着在自由想象过程中出现的事实性之物，它是在本质变更过程中必须被忽略的东西，以便精神的目光能够集中到作为"常项"的本质之上。[②]

在这两个概念基础上，他又对本质变更概念给予了说明。"本质变更在

---

①　倪梁康：《胡塞尔现象学概念通释》，上海三联书店 1999 年版，第 474 页。

②　同上书，第 473 页。

胡塞尔现象学中是本质直观方法的一个本质组成部分。它作为对一个范例的自由想象变更是把握本质（埃多斯）的必然前提。"① 而且这一方法是现象学中最基本的方法。"本质直观、或者说本质还原的方法对于现象学来说是最基本的方法，也是唯一具体的操作方法，这里所说的现象学是广义的现象学，既包括早期现象学——本质心理学，也包括后期现象学——超越论本质现象学。"②

那么，在他的现象学变更方法中到底存在怎样的特性呢？胡塞尔的现象学变更被大部分学者概括为"想象的变更"，如唐·伊德（曹继东）、倪梁康。当然伊德的创建在于他提出了克服的方法，对想象变更（胡塞尔）、知觉变更（梅洛—庞蒂）给予扬弃，提出了他需要的变更，如在他对技术的分析中，就提到了这种方法。"在对技术的分析中，文化解释学，使用变更去观看不同文化使用相同种类技术的各种方式，在不同种类的文化之中，相同的技术是可以被不同的使用的。"我们暂且把他的概括称为"解释或理解变更"，这对于问题的理解开启了一种可能性。

但这仅仅开启了一丝缝隙。在海德格尔的观点基础上，这一开启被极大地推进了：此在的存在结构是在空间之中。"空间"概念被推演为世界概念。此在的存在结构使"在……之中"这一本质性的东西开始显露。当然，这还不够，他对柏拉图洞穴比喻的分析才真正让我们看到了前行的可能性。所以，在虚拟空间（世界）中的此在有着新的本性和存在方式。可以看出，在整个现象学发展过程中，本质变更概念经历了自身的变更，而我们恰恰是在这个变更过程中发现了看待 VS 的基本观念，即隐含在洞穴比喻中的一个非常重要的线索：从场所变更达到事实本身。他为我们奠定了前行的基础，即用场所变更来看待 VS。

所以，在现象学变更概念这里，我们使用的是场所变更，并非理解或解释变更。那么，场所变更对我们意味着什么？这才是我们所追寻的真正核心

---

① 倪梁康：《胡塞尔现象学概念通释》，上海三联书店 1999 年版，第 474 页。
② 倪梁康：《意识的向度》，北京大学出版社 2007 年版，第 22 页。

问题所在。

在当前的虚拟空间研究中，存在着明确的逻辑线索：经历着"体验变更"再到"理解变更"的过程。新型的 VS 越来越强调人类体验感觉的多元性，强调全身浸入方式（full-body immersion），而非传统的浸入式（immersive）。如米切尔·海姆（Michael R. Heim）（1993）则强调虚拟空间全身浸入的特性；① 在查尔·戴维斯完成的两件作品——Osmose（1995）和 Ephemere（1998）——中就能够看到这个趋向。② 除了开启新的体验可能性外，不同阶段的虚拟空间还向我们揭示：进入 VS，我们对世界的理解，我们对世界的态度，更准确地说关乎我们自身的理解会发生转变。"帮助我们从对世界万物的习惯认知和文化偏见中暂时解放出来，使我们能够以全新的方式感知我们自己和我们周围的世界，尽管只是暂时的。"③ 我们还可以从美国虚拟实在研究专家米切尔·海姆那里得到启示，虚拟空间对他来说意味着什么？从现实空间向虚拟空间的转化意味着什么？在他身上则表现为东方和西方世界的融合。确切地说，VS 开启了他理解中国文化的窗口，还开启了他实践中国文化的可能性，"工夫"在他身上表现得非常明显，"中国文化给了我另一类实践的机会，证实这后一种实践曾长时间帮助过我们并还将继续激励着我。这第二类实践便是修炼身心的太极（拳）和气功，这两者都是中国传统文化赠予人类的大礼物"④。他从 1990 年以后开始修炼太极拳和气功，这段时期，他对于中国文化的理解又进入了一个新的阶段，将风水理论与 VR 研究结合在一起。⑤ 如此，VS 对于他来说，是人类理解世界方式的全新开显。在这个过程中，他本人体验世界的方式发生了改变。

---

　　① ［美］米切尔·海姆：《从界面到网络空间》，金吾伦等译，上海科技教育出版社 2000 年版，第 118 页。

　　② ［英］弗兰克斯·彭兹等编著：《空间》，马光亭等译，华夏出版社 2007 年版，第 66—100 页。

　　③ 同上书，第 66 页。

　　④ ［美］米切尔·海姆：《从界面到网络空间》，金吾伦等译，上海科技教育出版社 2000 年，中文版序。

　　⑤ Michael Heim, *The Feng Shui of Virtual Environments*, http：//www.mheim. com/files/Feng％20Shui. PDF.

但是，如果仅仅将虚拟空间带给我们的看做是体验方式和理解方式的变化，那依然停留在传统认识论的基础之上。但是，事实上 VS 所带给我们的是更深层次的问题：一种与人之本性相连但又超乎其上的与生存状况相关的东西。

法国学者加什东·巴什拉（Gaston Bachelard）从人性角度关注到了技术、空间与人性的问题。他曾对空间与人的本性角度给予了分析。[①] 他从最初的科学哲学家后来过渡到对空间问题的研究，指出了空间变换与人之本性的关联，"通过变换空间，离开寻常感受的空间，人就开始了与一个空间的沟通，这个空间能够启迪灵魂……因为我们不是在改变处所，而是在改变我们的本性"[②]。在巴什拉的描述中，空间与人的本性联系在一起，开启了我们看待空间的一种方式。另外一位是 B. 斯蒂格勒（Bernard Stiegler）（1952—　），这位法国学者于 1998 年推出《技术与时间》第一卷，2008 年推出《技术与时间》第二卷，在他的巨著中对于技术与人性的问题给予了特别的研究。技术所创造的空间，如 VS 对于人之本性的影响也是非常明显的。美国学者丹尼斯·W. 威斯（Dennis M. Weiss）则提出应该从哲学人类学的视角重新思考空间、技术以及人类本性的问题，"这可以更加辩证地认识并和解我们在高技术时代关于无家可归的经历和体验"[③]。他所提到的哲学人类学主要关注两个问题：成为一个人意味着获得怎样的规定性？宇宙中我的位置在哪里？在对这两个问题解答的基础上，他提出后人学的主张（posthuman）。如果把他的观点应用到我们这里所谈到的问题，即 VS 对人类的本性产生了不可忽视的影响；从 VS 到 RS 的转变也影响着人类的本性。

但是，这并不能使我们满意，传统认识论、人性理论及哲学人类学给予我们的东西无法满足对这个问题的探讨。我们的问题是：现象学变更概念对

---

① 这位法国学者是非常有名的一个人，曾经对福柯、阿尔都塞及库恩产生过影响。
② ［英］弗兰克斯·彭兹等编著：《空间》，马光亭等译，华夏出版社 2007 年版，第 97 页。
③ 马会端、陈凡：《全球化与技术：国外技术哲学研究的新趋势》，《哲学动态》2008 年第 5 期。

于我们理解虚拟空间有着怎样的意义？以场所为核心的现象学变更让我们看到了打破以往二元论的可能性，虚拟空间与现实空间之间的二元划分开始消解。一种发生在不同空间之间的变换引起了我们的关注。我们的经验为我们打开了所谓的现实空间的窗口，这意味着借助经验，我们看到了自身的知性能力。随着现代科技的发展，新的体验方式成为可能，我们形成了新的经验。在这个世界里，有的和现实世界相仿，我们能够做现实世界中其他人能够做的事情，当然有的与现实世界违背，我们能够做现实世界中完全不可能的事情。虚拟空间是一个尚未成形的空间形态，虚拟空间体验是一个尚未明确的体验形态，对虚拟空间的理解是一个尚未确定的过程。一切都在可能性中展开。

我们追问的是虚拟空间的意义，在这种追问中，虚拟空间的意义发生了极大的转变，他从一种具体的虚拟技术所创造的独特空间形式而成为标识人类存在方式的一个词汇。理解虚拟空间并非理解其技术原理，而是关注虚拟空间之于人类生存的意义，也就是这一空间形式给我们勾画出怎样的未来生存？

在柏拉图的洞穴比喻中，"先知者意识到了洞穴墙壁上现实世界的虚拟性"，这样的境况是如此的熟悉，在现代计算机技术的虚拟现实中，我们显然处在了先知者的地位：我们深知自己的处境，而且如果愿意改变，我们完全可以改变。如摘下头盔我们随即就离开了虚拟世界。但是，我们大多数情况下并非是先知者，我们并非知道自己所处实在世界的虚拟性，就如《黑客帝国》与《楚门的世界》中尚未觉醒的主人公。所以，虚拟技术与虚拟现实并非仅仅是一种独立的技术，而是可以看做是对整个人类处境做出描述的概念。

那么从现实世界到虚拟空间的变更发生了什么？技术批判主义是我们必须加以克服的观念。技术批判主义的观点认为"技术培植了一种全球无家可归的普遍感觉"[①]。以家乡的"歪脖树"为例子。对于远离家乡的人来说，

---

① 马会端、陈凡：《全球化与技术：国外技术哲学研究的新趋势》，《哲学动态》2008 年第 5 期。

歪脖树是家乡的记忆。我思念家乡的歪脖树并不是我思念一颗歪脖的树,而是思念家乡,歪脖树作为一个特殊的事物将整个家乡世界凝聚起来,如同"壶"凝聚了天地神人一般。它凝聚了一个意义世界,对我来说,是小时候同伙伴们玩耍的地方。在这样的过程中,现实的事物与生活世界是一体的,现实世界总是在时间性中不断生成自身;而虚拟现实却并非时间性的生成,更重要的是,虚拟技术在模拟的过程中,切割了人与世界的关联体纽带。

但是,在场所转换过程中,我们才能意识到真实的东西:场所变换使遗落与获得同时发生。VS塑造了人们不同的意义世界,原来的意义世界发生了转变,一种异样的意义世界得以确立。无论如何,技术批判主义无法接受这一点,他们认为VS带给我们的是被割断根源的空间场所,而非"世界"。假如虚拟技术模拟我所熟悉的歪脖树的时候,哪怕它无比的真实,但是我丝毫没有感受到某种熟悉的东西被唤起。

这又涉及我们一直所思考的空间去远问题,虚拟空间导致了"近",我看到了家乡的歪脖树,似乎又回到了家乡,一种空间的拉近成为可能。如何理解?这意味着虚拟之近或者技术之近。所谓虚拟之近有了特殊的规定性。在仿真的家乡的歪脖树的例子中,首先歪脖树的图片被转换为数字信号,然后转化为三维图像,借助HMD,我感知到了歪脖树的形象,确切地说我看到了我所熟悉的歪脖树的样子,看到了与梦里家乡的场景,实现了部分在场的近。我甚至可以去触摸它(VS完全可以实现这一点)。这是真实的。[①] 所以,在二者空间转换的过程中,并非仅仅是理解方式的转换,并非仅仅是本性之转换,而是一种场所的变更,这同样是一种基于时间性、历史性的东西的变更。在这个过程中,我们真实地意识到了我们自身的规定性。

对于VS而言,我们似乎成为处在洞穴外的观看者。我们确信:VS是

---

① 但有一点是必须考虑到的:VS带给我们的是除了惊叹与新奇我并没有产生一种由乡土情结所激发的情感,没有流泪、激动和感慨,如"少小离家老大回,乡音无改鬓毛衰。儿童相见不相识,笑问客从何处来"(贺知章《回乡偶书》)。而这是离别家乡多年的人回到家乡感情的自然流露。之所以如此,是因为虚拟世界所遗落的是时间性、历史性,而奠基于历史性中的情感随时可以被唤起,哪怕当一个人回到家乡时,想看到梦里的歪脖树的时候,回去之后没有看到,但是还是会唤起同样的情感。

技术模拟的结果，所有的影像都非真实的。于是认为我们并非感知到真实事物的形象，我们只是感知到模拟的或数字的信号，在我们的视觉的捕捉下逐渐形成一种我们所熟悉的对象，也就是有意义的对象。借助 HMD 所感知的形象就是"墙壁上的图像"。真的是这样吗？如果继续以"真实和虚假"二元论的方式看这个问题，就是这样的。一种视觉上的感知完全是一种处在洞穴中的体验，一种虚拟的体验。特别是如果技术出现了问题，如信号传递出现延迟，这一点更加明显。这是我们必须考虑到的。但是未来的 VS 所带给我们的将是新的对于我们自身的理解。VS 所开显的是全新的我们，理解了生命、理解了界限、理解了熟悉的东西。至少新的 VS 已经展示出这一点来。①

　　或许是由于技术的保障和观看者历史性体验的存在，使得这一虚拟体验实在化，近之感觉也就随之而产生了。因而，恐怕拭目以待 VS 中可能性展现的我们并没有意识到，可能性开启的恰恰是我们自身。

第三节　语言与技术体验

　　从前面的分析可以看出，"去远"与"定向"是两个基本性的标志着空间性结构的概念。但是，一个非常有意思的问题是：在海德格尔那里，随着思想的深入，语言成为存在的家。语言成为此在的存在结构，这个问题甚至演变为伽达默尔的解释学主题。如果是这样的话，从此在的存在结构看，究竟在技术与语言之间有着怎样的关系？究竟在技术与语言之间因为一个怎样的因素而被勾联了起来，从而使我们获得了一个通达此在结构性的规定性？

　　我们的一个基本假设是：此在的存在结构是勾连起二者的一个主要的结点。自此，此在逐渐展开自身，是空间性—时间性存在；是技术性存在；是

---

　　① ［英］弗兰克斯·彭兹等编著：《空间》，马光亭等译，华夏出版社 2007 年版，第 97 页。

语言性存在。在这个过程中，通过技术及其进步我们通达此在空间性的结构，感受到人类自身拉近人与人之间、人与世界之间空间距离的努力，通过语言及其发展，我们依然通达了此在空间性的结构。如果说技术的空间去远问题已经得到了关注，那么，包含在语言自身之中的问题是考察语言如何实现了此在的去远这一空间性规定？

这个问题是非常有意思的，它的考察将使我们看到，语言与空间之间的关联也是显然的。如此，技术与语言之间的关联获得了一个最起码的解释。

一　技术与语言、文字

一个得到承认的事实是：语言与文字是有区别的。"口上说的语言，笔下写的文字，两者显然是不同的。"[①] 这一区别不仅仅是载体的区别：语言借助声音，而文字借助视觉符号来表现自身。这一区别应该是更深层次的。在这个问题上，我们所遇到的将是一个异常复杂的问题，只能简单述及。

就文字学本身来说，语言与文字之间的区别在中国文字学和西方文字学中有着完全的不同。[②] 文字学家唐兰曾经谈到过中西方历史上文字与语言的关系的差异。"因为西方人的语言和文字差不多，研究语言也就研究了文字，所谓古语言学或古文字学，有些人甚至于想把它叫做文献学，所以，只有语言学（Science of Language）特别容易发展。反之，中国文字是注音的，语言和文字在很古的时期就已经不一致，从文字上几乎看不到真实的语言，所以，在中国，几乎可以说没有语言学。"[③] 这一观念中对于西方文字与语言关系的论述有待于商榷，在西方语音主义的传统之下，文字受到了极

---

① 唐兰：《中国文字学》，世纪出版集团、上海古籍出版社 2006 年版，第 3 页。

② 中国人研究文字开始于周朝，其典籍如《尔雅》，其历史发展名称有所不同，从"小学"到"文字学"的转变；西方文字学的产生较晚，如盖尔布（I. J. Gelb）在 1952 年使用过这个词，德里达在 1962 年出版《论文字学》。

③ 唐兰：《中国文字学》，世纪出版集团、上海古籍出版社 2006 年版，第 3 页。

大的贬低。① 所以其尽管文字与语言差不多，但文字学却没有发展起来，直到德里达出现才改变了这一情况。当然，唐兰对于中国文字与语言的关系却说得非常清楚。他主要是指内在结构，具体的区别表现为中国文字是单音节，语言却是双音节或者多音节。②

其他的一般西方理论中则把文字看做是"言语的再现"③，不仅如此，文字成为次要的东西，如索绪尔、德里达等人。他们认为二者本质上有着完全的不同。"事实证明，语言的本质与文字无关。"④ "语言和文字是两种不同的符号系统，后者唯一存在的理由是在于表现前者。"⑤ 再者，二者有着先后的关系，在逻辑关系上表现为语言先于文字，在历史起源上也有同样的表现，"在进化阶段上，语言先起，文字后起"⑥。当然这一再现观念自身也存在着问题，伽达默尔从解释学角度批判了这种观念，在他看来，"以文字形式规定下来的东西就一切人眼前提升到一种意义域之中，而每一个能阅读它的人都同时参与到这个意义域之中"⑦。当然，他依然延续了索绪尔所遵循的传统，文字是第二性的，"与言语性相比，文字性显然是第二性的现象。文字的符号语言总要归结到真正的讲话语言"⑧。

上述分析基本上明确了语言与文字的差异，从历史起源、内在结构上都可以看出其所具有的区别。但是，这没有触及空间拉近的问题。而这恰恰是我们的核心问题。我们认为语言是时间性的存在，而文字更多地将其自身展

---

　　① 西方文字学兴起的一个背景是文字一直处在从属地位或被贬低的地位。德里达的分析就指出了这种情况，特别是他对黑格尔贬低文字的做法给予过充分说明。

　　② 根据唐兰的观点，双音节语在中国古代语言中非常多，双音节语具有不可分析性。双音节语如葡萄、窈窕等。但是很多人是分不清的。三音节语并不多，四音节语更为罕见。另外，就文字而言，双音节字却是可分析的。

　　③ ［法］德里达：《论文字学》，汪堂家译，上海译文出版社1999年版，第37页。

　　④ 同上书，第41页。

　　⑤ ［瑞士］索绪尔：《普通语言学教程》，高名凯译，商务印书馆2005年版，第47页。

　　⑥ 朱光潜：《诗论》，武汉大学出版社2008年版，第74页。

　　⑦ ［德］伽达默尔：《真理与方法》，洪汉鼎译，上海译文出版社2004年版，第507页。

　　⑧ 同上。

现为空间性的存在。

二　语言与时间性

　　语言是时间性的存在，主要是来自海德格尔的一个观念，在那里，对语言与时间性的关系给予过极其准确的描述。

　　那么，语言是怎样的呢？如果我们破除对于海德格尔的迷信，客观地面对这个问题，就会发现一个非常有意思的现象。对语言时间性特征的描述最早出现在语言学领域。这就是索绪尔（Ferdinand de Saussure，1857—1913）。这位瑞士的语言学家在他的讲课笔记中谈到这个问题，后来他的学生把所有相关的笔记整理出版，就成为通常所说的《普通语言学教程》，这本书第一版出版于1916年。他谈到语言符号的时间性特征。"能指①属听觉性质，只在时间上展开，而且具有借自时间的特征：（a）它体现一个长度，（b）这长度只能在一个向度上测定：它是一条线。"② 可以看出，索绪尔对能指——音响形象的时间特征进行了论述，由于听觉特征以及单向度的长度特征使得其时间性特征明显表现出来。另外一个人就是海德格尔，他指出了传统语言学对于时间的过分依赖性。"语言学捉襟见肘，只好求援于流俗的传统时间概念，但依借于这种时间概念，语态的生存论时间性结构甚至还从未提出过来。"③ 而且，他直接揭示出了语言的时间性。"……这样看来，话语

---

　　① 索绪尔对语言学的分析建立在语言符号这个概念之上，语言符号由两部分组成，相当于硬币的两面，即能指和所指。能指与音响形象对应，所指与概念对应。他之所以指出这一点，是因为日常生活中，我们出现了一个通常的理解，把这种对应看做是事物与名称的对应。这一个对应就形成了哲学中的实在论传统。所以索绪尔所做出的能指与所指的对应是使得语言学从哲学的实在论传统中摆脱出来，成为独立的学科。下文他对能指的分析指出了时间性特征；对所指的分析指出了空间性特征。从而整体上就可以形成语言具有的时间性和空间性特征。

　　② ［瑞士］索绪尔：《普通语言学教程》，高名凯译，商务印书馆2005年版，第106页。

　　③ ［德］海德格尔：《存在与时间》，陈嘉映译，上海三联书店1997年版，第397页。

就其本身而言就是时间性的……"如此，我们看到，他在这里已经奠定了一个揭示出技术与语言的前提：语言是时间性的，而非空间性的。即使对于技术的理解其基础也应该是语言的。这恰恰与我们的观点不谋而合。

德里达的《论文字学》（1967）所谈及的语言的时间性特征则是根据索绪尔的观念做出的。语言有着自身的口述传统，文字则是派生的东西。"……根据不仅在理论上而且是实践上（按照实践的原则）支配着言语与文字的关系的西方传统，索绪尔仅仅从文字上看到一种狭隘的派生功能。"① 姑且不论这一观点受到了德里达怎样的批判，我们主要是关注他所说的语言的"口述"。"语言有一种不依赖于文字的口耳相传的传统，这种传统并且是很稳固的，不过书写形式的威望使得我们看不见罢了。"② "口述"强调"口"，口与心相连，口直接表达情感，所以这也就是通常所说的语言表达情感。③ 如果是这样的话，口与声音相连，而声音则是将自身表现为时间性的存在物。我们所听到的一段声音就是将自身体现为时间的东西，它在时间中展开自身，我们所听到的声音是一段时间上延续的结果。

对语言与时间性之间关系的揭示将为一个重要的现象提供一种有效的解释。这就使语言与时间内在地关联在一起，语言是时间性的存在物。指出这一点相当的重要，它将使我们走进电话、手机等现代电子通信技术。但在这之前，我们需要面对一个无可避免的现象：随着现代技术的发展，语言表现出凌驾于文字之上的趋势。随着现代技术的出现，时间性特征日渐突出，计算机、交通技术等都不断使得我们感觉到时间的缩短，继而感觉到空间体验的变化。这一现象连带出一个语言与文字的关系问题。

更多的趋势表明：现代电子通信技术的出现逐渐将语言作为传递的对象了。这个事实说明技术与语言紧密地关联在一起，而且这是以往非电子时代

---

① ［法］德里达：《论文字学》，汪堂家译，上海译文出版社1999年版，第41页。

② ［瑞士］索绪尔：《普通语言学教程》，高名凯译，商务印书馆2005年版，第49页。

③ 根据朱光潜的理解，这种表达不应该看做是割裂的内与外的关系，而是统一起来的内外关系，他用了"平行论"的说法，语言是情感的症候。

所无法实现的事情。甲骨、绢、纸张所承载的只能是文字，而不是语言。一个有意思的问题是：电子通信技术与语言是否有着一种内在的关联？这种内在的关联如何理解？

这里的一个基本观念是现代技术被看做是形而上学的极致形式。从声音角度也许能够论证其趋势的合理性，而这也是西方传统自身所蕴涵的东西。我们知道在西方传统中，声音具有一种奇怪的凌驾于文字的特权。德里达认为黑格尔本人就表现出这样的特点来。"黑格尔十分明确地指出了声音在理想化过程中、在概念形成和主体的自我显现过程中具有的奇怪特权。"[①] 如果德里达的分析可以接受的话——这一点有待证实，那么这种特权表明电子通信技术出现的必然性，不仅仅是形而上学的必然性，而且也是声音特权的必然性体现。只是我们奇怪的是，西方视觉传统也占据着主导地位，那么在这两种特权中，何者占据更主导的地位呢？或许视觉的主导性决定了声音特权地位的次要性。

三　文字与空间性

如果说，语言将自身体现为时间性的存在，拒绝空间性的；那么，文字的情况如何呢？文字更主要的是立足于空间概念之上。[②] 根据索绪尔，文字存在的唯一理由即"再现语言"。文字的另一个特征是文字乃语言的凝固的视觉形象。如果从这个方面看，我们就可以看出来，文字将自身通过视觉的形式展现出来，我们无从听到文字，[③] 这意味着文字本性上是属于空间性的东西。关于这些我们还是可以看看索绪尔的理论。

应该说，他的第一点分析并不适合中国文字。中国文字的作用并非是再现语言，因为它是注音文字，所以形不是音的再现，而西方文字是拼音

---

① ［法］德里达：《论文字学》，汪堂家译，上海译文出版社 1999 年版，第 15 页。
② 在德里达的论述中，语言的声音—时间特性非常突出，但是对于文字的空间性只是提及，没有充分展开。
③ 仅在一些特异功能中有听到文字的说法，但是证明这些都是骗局。

文字，所以形是音的再现。关于文字的空间性分析则是有意思的。在他看来，文字符号具有不同于语言时间上的前后相继之特征，表现出空间线条的特点。"视觉的能指可以在几个向度上同时并发，而听觉的能指却只有在时间上的一条线；它的要素相继出现，构成一条链条。"① "视觉的能指"较含混，他只是提及了"航海信号"这样一个例子，无法充分说明这个概念。但是他从视觉切入到文字的空间性分析却是有道理的。因为视觉自身更多的是与空间相关联。另外从起源上看，中国文字也是基本上符合这一观念的，而且是更加深入地表现了这一点。古老的文字起源于图画，"文字起于图画，愈古的文字，就愈像图画"②。而图画与视觉相连，恰恰是一种展现在空间中的形式，按照我们后面所提到的，图画或者图像是一种空间性的存在。

现代技术特别是电脑技术的发展不断消除着文字的图画性，我们无从知晓笔画的顺序，根据各种现代输入法就可以随意地找到自己需要的文字，这几乎与翻找垃圾没有任何区别。我们稍微反思一下本书的文字排列情况就能够看到文字空间性上的变迁：本书的页是电脑自行设计的排版格式，上下看字与字同行排列，绝不会错，左右看，字字上下相齐，绝不会突出或凹进。这是技术统一的结果。可以说是文字采取了一种现代的空间排列方式，每个字毫无个性，完全一样。我们可以称之为是以文字形式体现出的技术世界。

幸运的是，我们还拥有书法，书法给予我们的是审美艺术空间。以文字的写法而论，基本上是有着规定的。以文字的写作看，纵然笔画间有着写法上的先后关系，如先写什么，后写什么，都有着规定，但是并不是每一个人都严格遵从这种习惯，也就是说总是存在着打破笔画时间序列、空间排列的现象。中国文字以书法表现自身，书法讲求构图，对于字而言，不同笔画之间的空间关系并无严格的规定，而是随意而发。"绘画方式最适宜于极少数

---

① ［瑞士］索绪尔：《普通语言学教程》，高名凯译，商务印书馆 2005 年版，第 106 页。

② 唐兰：《中国文字学》，世纪出版集团、上海古籍出版社 2006 年版，第 93 页。

文字，才可以自由发展，到了长篇文字，互相牵制，渐渐要分行布白，每一个字就不能独立发展。在同一篇文字里，笔画的肥瘦、结构的疏密，转折的方圆，位置的高下，处处受了约束，但却自然而然地生出一种和谐之美，这就是书法。"① 我们以苏东坡的书法作品《洞庭春色赋》② 为例来看中国文字书法中的空间性特征（见图 5-2）。

图 5-2 《洞庭春色赋》整体效果

我们回到苏东坡的书法作品中，就会发现一个截然不同的世界。苏东坡所采用的纸张大小为 868.29 平方厘米，有 684 个字。前者共 32 行，后者共 35 行。整体效果图看得不是很清楚，但是能够大体掌握整体构图的空间性特征。图 5-3 为部分文字图，图中文字为"吾闻橘中之乐，不减商山。岂霜余之不食，而四老人者游戏于其间。悟此世之泡幻，藏千里于一班，举枣叶之有余，纳芥子其何艰，宜贤王之达观，寄逸想于人寰。袅袅兮春风……"我们无法从他的书法作品中看出"标准的整齐"，这只有技术才能够实现行与行、字与字之间间距完全相同。上述作品中不仅行与行之间，而且字与字之间都有着不同的间距，不同笔画有着上下左右中的规定。字与字的间距、行与行的距离用"疏密"来形容。美学家宗白华先生对此有精到描述，"中国字若写得好，用笔得法，就成为一个有生命有空间立体味的艺术品。

---

① 唐兰：《中国文字学》，世纪出版集团、上海古籍出版社 2006 年版，第 95 页。

② 《洞庭春色赋》（上）与《中山松醪赋》（下），均为苏轼撰并书。此两赋并后记，为白麻纸七纸接装，纸精墨佳，气色如新，前者行书三十二行，二百八十七字；后者行书三十五行，三百一十二字；又有自题十行，八十五字，前后总计六百八十四字，为所见其传世墨迹中字数最多者。前者作于公元 1091 年冬，后者作于公元 1093 年，为苏轼晚年所作，苏轼贬往岭南，在途中遇大雨留阻襄邑（今河南睢县）书此二赋述怀。自题云："绍圣元年（1094）闰四月廿一日将适岭表，遇大雨，留襄邑，书此。"时年已五十九岁。http：//www. wenhuacn. com/article. asp？ classid＝37＆articleid＝7159。

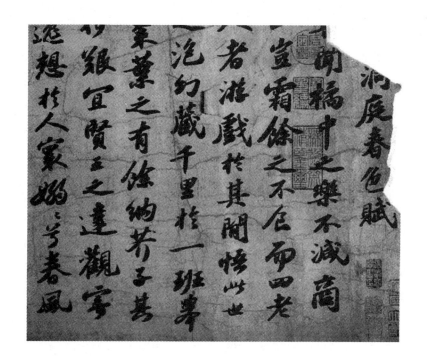

图 5-3　《洞庭春色赋》① 部分内容

若字和字之间，行与行之间，能‘偃仰顾盼，阴阳起伏，如树木之枝叶扶疏，而彼此相让。如流水之沦漪杂见，而先后相承’。这一幅字就是生命之流，一回舞蹈，一曲音乐"②。我们以文本为例，看最上面能够看清的第一

---

①　《洞庭春色赋》文为："吾闻橘中之乐，不减商山。岂霜馀之不食，而四老人者游戏于其间。悟此世之泡幻，藏千里于一班，举枣叶之有余，纳芥子其何艰，宜贤王之达观，寄逸想于人寰。袅袅兮春风，泛天宇兮清闲。吹洞庭之白浪，涨北渚之苍湾。携佳人而往游，勤雾鬓与风鬟，命黄头之千奴，卷震泽而与俱还，糅以二米之禾，藉以三脊之菅。忽云蒸而冰解，旋珠零而涕潸。翠勺银罂，紫络青纶，随属车之鸱夷，款木门之铜镮。分帝觞之余沥，幸公子之破悭。我洗盏而起尝，散腰足之痹顽。尽三江于一吸，吞鱼龙之神奸，醉梦纷纭，始如髦蛮，鼓包山之桂楫，扣林屋之琼关。卧松风之瑟缩，揭春溜之淙潺，追范蠡于渺茫，吊夫差之愁颜。惊罗袜之尘飞，失舞袖之弓弯。觉而赋之，以授公子曰：乌乎噫嘻：吾言夸矣：公子其为我删之。" http：//www. msk. gov. cn/E _ ReadNews. asp? NewsID=129。

②　宗白华：《美学漫话》，长江文艺出版社 2008 年版，第 122 页。

行字有"闻"、"岂"、"者"、"泡"、"葉（叶）"、"艰"、"想"等7个字，从左右角度看，这7个所能见到的字表现出一个类似于"～"走势的样子。再从上下右边的两列间距看，右起第一列与右起第二列中的字，如"橘"与"霜"、"中"与"馀"字列之间的间距是完全不同的，甚至我们无法去精确地表达出这种间距，只能以一种审美的欣赏心态去直观到这种差异。所以文字书法的空间性有着独特的规定，文字的空间排列无法精确化，不存在严格的需要遵循的规则，不同人会有着不同的写法，其空间性取决于一个与艺术有关的概念——"意蕴"或者"神韵"。所以说蕴涵在文字空间性背后的是与神韵有关的东西，如果看看一些评价，[①] 则会看得更加清楚：文字的空间排列与"精气"、"郁屈瑰丽之气"有关，体现其气，呈现"狮蹲虎踞"之势，表现出"砺猛虎之爪牙"之式，[②] 这些都从文字的最终排列中体现出来。

但是，现代技术的发展遮蔽了我们对这一点的认识。电脑技术不仅消除了文字空间性的差异性，同时也消除了文字空间性之中的精气及狮蹲虎踞之势，更消除了文字空间性背后的神韵与个体之意境的理解。以上书中的"之"来看，"橘中之乐"中的"之"字与"霜馀之不食"中的"之"完全不同，应该说体现着不同的神韵，当然他们共属于同一个整体气韵所表现出来的东西。然而，如果采用印刷字体以及电脑显示的"之"字，则毫无区别。从文字自身的发展来看以及强调空间上的和谐这一角度看，偏旁左右关系则是非常重要的。如此看来，现代技术产生之前的文字自身的空间关系有着独特的存在。

除此以外，还有文字的行文顺序，更是体现了一种空间关系。在中国书

---

① 乾隆曾评："精气盎郁豪楮间，首尾丽富，信东坡书中所不多觏。"张孝思云："此二赋经营下笔，结构严整，郁屈瑰丽之气，回翔顿挫之姿，真如狮蹲虎踞。"王世贞云："此不惟以古雅胜，且姿态百出，而结构谨密，无一笔失操纵，当是眉山最上乘。观者毋以墨猪迹之可也。"http：//www.wenhuacn.com/article.asp? classid＝37&articleid＝7159。

② 岳师伦：《翰墨风神——中国书法的意蕴》，北京大学出版社2008年版，第33页。

籍中，文字是从上到下、从右到左给予安排的。"中国文字从上至下，所以称为下行（现在一般人把中国文字认为是右行，西方文字认为是左行，是错的）。其实中国文字是下行而又兼左行的，一到两行以上的文字就是如此（不过甲骨金文里也有右行的），至于题署匾额，那就往往只有左行了。从中国文字的性质来说，每一字都是从上写到下的，当然以下行为适应，可是它们又是从左写到右的，为什么行款倒是从右写到左呢？这恐怕只是习惯的关系，觉得这样才便利。"[1] 其他民族的文字也表现出类似的空间关系，"《法苑珠林》把梵文认为是右行的，佉卢书是左行的，而仓颉书是下行的。梵文即婆罗门书，从左至右，和现在的西方文字一样。佉罗书即佉卢虱吒书，[2]隋言驴唇，是从右至左的。"[3] 文字的空间排列不同，就要求阅读者形成不同的阅读习惯。如读中国文字就是从上到下，表现为头部的运动时就是不断点头。而西方文字的阅读习惯完全不同，从左到右、自上而下，表现为头部的运动就是不断摇头。当然上述关于文字空间行为的解释——只是便利——还可以接受，因为人类自身的一个思维经济原则表现在运动上，就是以各自最经济的方式进行阅读和写作，但是存在的一个问题是：最经济的方式为什么在不同的民族那里会有不同的形式呢？这倒是很奇怪的事情。另外一种解释——习惯——却难以让人感到信服。习惯的形成是一个经验过程，是在外部因素的引导、约束下形成的，所以文字的空间行文顺序应该是先于习惯的，而不是反过来去解释空间行文。从文字的性质来解释文字的空间行文顺序非常符合理性原则。但是正如上文分析指出的，这种解释却存在着局限，能够解释中国文字的上下空间关系，却无从解释左右关系。另外，能否对于西方文字做出解释也是有待于进一步考察的事情。这是个复杂的问题，幸运的是，我们这里只是需要指出文字的空间性特征。

---

[1] 唐兰：《中国文字学》，世纪出版集团、上海古籍出版社 2006 年版，第 97 页。
[2] 佉卢文是古代精绝国文字，这种文字在公元前后曾在印度北部使用，后来又在西域流行一时，但其八百年后突然失传，灭绝干净，1901 年斯坦因发现佉卢书起，中外语言学家就开始重视、研究这种古老的文字。
[3] 唐兰：《中国文字学》，世纪出版集团、上海古籍出版社 2006 年版，第 97 页。

　　如此，我们所依靠的是这样一个基本观点：文字是欢迎空间的，因为它在空间之中呈现自身；而与文字相对立的语言恰恰是去除空间的，不断消除空间，而且这一消除是建立在时间性的基础上的。这一猜想得到了社会学的证明。我们发现了一个有趣的循环逻辑：时间性是空间消除的基础；语言在取代着文字，这恰恰与技术的发展是何等的吻合。可以把这一逻辑给勾画出来。

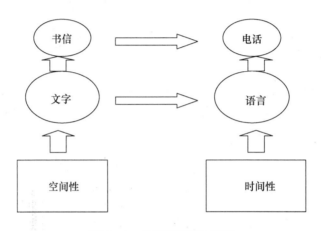

图 5 - 4　三者的逻辑结构图

　　可以看出，"去远"的实现是在时间性的基础上成为可能的，我们很容易看到，当前空间的消除主要是通过时间的缩短来达到的。① 此外，"去远"在联络方式上也是由文字向语言演变的；从技术层面上看，书信向电话的演变也正说明了这个问题，文字为语言所取代的合理性得到了技术上的支持。

　　如此，海德格尔的观念——语言与技术的关系——逐渐开始清楚起来，这是两个层次的问题。但是，我们却看到，二者在时间性的基础上被勾连起来。只是，语言是直接的勾连，而技术是间接的勾连。它通过空间概念勾连

---

　　① 目前，一般 Z 字头的从上海直达北京的列车需要 12 个小时，但是新的高速列车只需要四五个小时就可以跨越千里的空间。这恰恰说明了空间的消除是建立在时间的基础上，这也在某一程度上证明了空间的真理是时间的这一传统观念。

在一起。所以从这个角度上看技术，它属于空间的概念。而这也正说明，技术的体验更多的是空间性的体验。即便是感觉为时间性的体验，也是服务于空间性的体验的。

那么这与我们的问题有着怎样的关系呢？具体说来，我们的基本观念是：技术发展过程与文字、语言之间的变迁有着内在的关联。如果说文字与空间性相关，而语言与时间性相关，那么从历史自身看的话，我们能够观察到这样一个现象，在现代技术发展过程中，文字所获得的力量为语言所取代，如电话的出现就让语言成为主导，电脑技术的发展也证实了这一点，最初主要体现为文字性的，无论是文本还是其他形式，都与文字有关，而到今天，语言、语音性的东西成为主导。在人类自身空间拉近的过程中，如何理解这一现象构成了整个问题的所在。

四　时间的压缩与空间的呈现：去远的形式

对于这个问题我们放在后面进行探索。现在要做的是面对一个现象：这一现象即现代社会中空间为时间所压缩，空间上的距离通过时间压缩而实现缩短。如从北京到上海距离为 1463 千米，人类跨越这一空间距离的方式有很多，如果从发展历程看，经历了步行、牛车、马匹、自行车、汽车、火车、飞机等阶段，这一过程代表着现代技术发展的历程，而在不同的时期，我们会发现，要跨越这一距离，所花费的时间越来越短。[①] 这说明在实现空间拉近的过程中，基于技术手段发展的一个结果是以缩短时间为基础的，这表现为物理空间的拉近基于时间性之上。如果把这一规律对应在现代技术的发展上，我们似乎可以做出一种解释：现代电子技术的出现实际上是以时间性来体现自身的，在时间性不断压缩的时期，语言自然而然地与电话等现代电子技术关联在一起。但更为重要的是，文字依然会确立起自身的地位，只

---

① 骑自行车沿着高速路走需要花费 684.756 小时，1 个半月多，T 字头的特快耗时 13 小时 32 分，Z 字头的耗时 11 小时 58 分，而坐飞机则需要 1 小时 45 分钟。

是所出现的文字最终是可还原为二进制符号的东西，而不是原先文字赖以存在的活生生的生命体，以神韵为表现根源的东西。无论如何，但形式上却显示出同样的趋势，所以有可能的是，哲学自身的"语言学转向"并非全部，还包含着从未受到关注的"文字学转向"①。但这一转向并非仅仅通过德里达的分析体现出来，必须承认德里达的分析在西方历史上将文字学带到了前台，但是中国文字学早已扭结在哲学发展之中了，在这里我们所强调的是紧密地和现代技术的发展表现出来的东西。现代电子通信技术已经实现了这一功能——把空间压缩为时间，这样一来，我们惊奇地发现，时间上的不断压缩实际上是对时间自身的一种压缩，一种去时间化的过程。如果把视角转移到上面所分析的与时间相关联的语言上，这种去时间化的过程实际上就是去语言化的过程，表现出来的依然是文字呈现自身以及去语言的过程。如此时间压缩导致了空间拉近体验的增强，这意味着语言的退场导致了表现空间性文字的增强。所以说，这种变化——时间压缩与空间拉近——意味着现代技术的发展能够与语言学、文字学的发展关联起来，在后者发展过程中，语言与文字之间表现为复杂的纠缠关系。尽管语言先于文字，但是文字却比语言更具有权威性，② 而电子信息时代语言重新获得其普遍性，③ 直至手机、计

---

① 语言学转向是西方哲学发展的一个阶段，开始于分析哲学，旨在认为哲学问题是语言问题，只需要把语言概念给予澄清，哲学问题就可以解决，代表人物如维特根斯坦。在写完《逻辑哲学论》之后，他认为自己解决了所有的哲学问题。总体上看，他们把语言分析看做是语义学问题。所以语言学转向对于文字与语言同一的传统来说，是合适的，而对于文字与语言相异的中国哲学来说，是文字问题还是语言问题则需要更细致的分析，而这一分析的必然结果是对单一欲图覆盖整体的语言学转向的解构。

② 如索绪尔就专门分析过文字权威性、占据主要的四个根源：如文字的书写形象、视觉印象、文学语言的增强、省力原则等（参见索绪尔《普通语言学教程》，第49—50页）。

③ 这里的电子信息时代主要是指20世纪初到20世纪80年代之间，这段时期电子信息技术将语言凸显出来，所以这段时期也被誉为听觉崛起的时期。这意味着听觉主导地位的获得。

算机所开辟的时代重新使得文字获得了它的生命力。①

在使用电话时，我们能够真切地感受到，电话所产生的空间拉近体验现象，无论是身隔多远，这种空间上的距离都可以不断压缩。根据翟振民的分析，这一空间压缩的结果就是 0 距离（zero-distance）的产生，表现在电话现象方面就是 0 距离通话交流的现象（zero-distance communication）。② 他采用了"本体论距离"这样一个概念来描述这种现象。这的确具有重要意义，对于反思电话是有帮助的。但是，在空间拉近的根源解读上，他的分析却存在着一定局限。他认为即时时间（Real Time）也就是时间被缩短到极致是导致 0 距离的根源所在。在他看来这种时间相当于面对面的交流，因为即时时间的有效，电话谈话中等同于面对面的交流。这其中存在的问题我们已经通过赖欣巴哈所举出的一个地球与火星通话的例子给予了说明，更重要的是，这一概念并没有从电话通话本质上给予有效回答。我们认为，在现代电子时代，去远似乎通过一个虚拟幻象来达到它的效果。幻象意味着在真实的空间与真实的主体之间建立起一个中介，这一中介使得主体产生了一种认知体验错觉。"去远"就是这样的幻象。在我们"去远"这一幻象中，本来的空间距离并没有消失和变化，主体之所以会产生这一错觉完全是时间压缩的结果。

正如我们前面指出的，现代电子技术与语言（声音）有着内在的关联。在空间拉近过程中，语言填补着空间上的缺失，塑造起"去远"的幻象。这使得我们想问，语言如何实现这一功能？我们从语言自身入手，发现了一个

---

① 这两种技术重新确立了文字的时代，如手机短信、阅读占主导地位，而通话功能反倒落后。尽管视频手机、3G 手机极力推广自身，但是效果反而不明显。与文字的本性有着内在的关联。计算机更是如此，被称为文字浏览的时代，其他音频文件却不占主导，当然计算机自身存在着的兼容并包的特性使得其将文字与语言共同呈现出来，文字与语言的发展在计算机时代反而没有表现出以往的单线取代关系。

② Zhai zhenmin, The Mobility of Mobile Phone: A Phenomenological Analysis, presented at the Phenomenology and Media Conference in May, 2003, Helsinki, Finland. 中国现象学网，http://www. cn. phenomenology. com/modules/article/view. article. php/451/c7。

有意思的答案。这就是语言自身的"隐喻"功能。[①]"隐喻"是语言的一种功能，在表达者与被表达者之间产生了一种空间上的填补。所以我们看到了隐喻功能的实现。

　　为了有效地说明这一过程，我们用图5-5来更为清楚地分析。

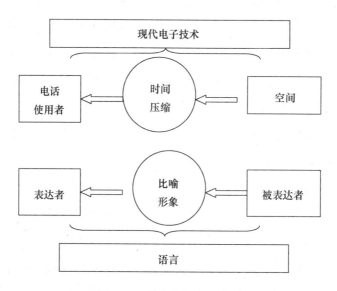

图5-5　技术与语言的关系

　　如此，这一关系就显得清晰起来。"比喻形象"——语言的功能——的出现使得表达者为语言使用者所理解。左向箭头意味着传达，如被表达者以比喻的形象被传达给表达者的过程，从而也完成了他的认知过程。如"一朵玫瑰象征着一心一意"，当心爱的人互送花朵的时候，这个象征意义就已经存在了。而且，这一比喻象征的形象至关重要。同样，在现代电子技术中，也有类似的关系。"时间压缩"成为空间的比喻象征形象，电话使用者显然将自己的空间体验建立在这一认知基础上。空间及其消失就因为时间的压缩而成为可能了。"这种集体性具有一种与以往不同的时间性，一种取消空间的瞬间性。它使金融资本、货币转让成为可能。但它也使各种集体关系成为可能，这在以前是不可能的。以前，如果谈到集体性，你会想到许多人聚集

---

　　①　关于语言的原始隐喻功能的说明，《论文字学》，第153页。

在一起，或者通过无线电联系在一起。但现在却是一种全新的关系，我们尚未知晓这对我们意味着什么，是好是坏。"①

第四节　图像与技术体验

在前面可以看到，文字与语言分别以各自独特的方式实现着空间去远。这二者更多地体现出自身的中介性特征。文字主要是通过想象和情感来实现着空间去远，语言主要是通过时间性这个维度实现着空间去远。但是，图像实现空间去远的意义远没有被意识到，这与图像在哲学中的地位有关系。德国学者洛伦兹·恩格尔指出，"现代语言哲学揭示出我们对语言的依赖程度有多深，如罗兰·巴特所说，不是我们在说语言，而是语言在说我们"②。这道出了图像的历史境遇。③ 事实上随着现代技术的发展，我们所依赖的各种技术无不展现出图像的特性来，如电影、录像、网络视频等。所以"在当今世界，除了口传和文本之外，意义还借助于视觉来传播"④。所以，如果考虑到机器和数字技术产生的图像世界的时候，这种追问就显得必要。它所具有的特征使得其空间去远显示出直接性特征。这就是以动态的方式让现实呈现出来。视觉在这个时期显示出其作用，因为我们对图像的感知更多的是依赖视觉完成的。

---

① 王逢振主编：《詹姆逊文集》第 3 卷，中国人民大学出版社 2004 年版，第 208 页。

② 孟建、Stefan Friedrich 主编：《图像时代：视觉文化传播的理论诠释》，复旦大学出版社 2005 年版，第 4 页。

③ "图像的历史境遇"很容易让我们思考这样一个问题：如果西方哲学从语言传统中走出来，那么将走向怎样的一个方向？这一问题的提出实际上是对未来方向的历史境遇的一种思考，对西方哲学自身传统的一种反思。在这个问题上，我们可以看到三条路径的回答：其一是走出语言传统，走向物之路向，如现象学、后现象学所开启的"事物"之路向；其二是走向文字之路向，如德里达开启的文字传统；其三是当前十分流行的图像路向。那么该如何评判这些路向呢？哲学走向何方？这都是值得关注的问题。

④ 罗刚、顾铮主编：《视觉文化读本》，广西师范大学出版社 2004 年版，第 3 页。

一 传统图像

传统意义上，图像是指非语言的表达方式，它与影像不同，而且与事物相关联。影像是事物在意识中的再现，是一种在场的形式；而图像则是与事物并列的另外一种存在形式，只是图像与事物之间存在着有机的关联。这种关联通过相似的关系表现出来，呈现为两种不同形式。其一，一致的不可能性。一致性意味着图像完全忠实地反映事物，如地图与现实，就是一种忠实的、客观的反映。其二，模仿传统的确立，模仿意味着相似，但肯定又不一样，因为某种原因，模仿只能无限接近样本而无法完全等同于样本。一致性一直是理想状态，莱布尼兹排除了自然界中存在着两片完全一样的树叶之后，后来的哲学家中没有人愚蠢到像荷兰女王那样发动整个宫廷的人去寻找两个完全相同的东西。当然现代技术的发展打破了这一点，我们发现精确复制出一模一样的事物完全可能，通过现代流水线我们生产出完全一样的、符合同一标准的技术产品。① 现代社会的结果就是根据某一技术标准而持存某物，这使得相同东西、相同行为的人开始多了起来。我们甚至可以用希腊神话中的普洛克儒斯忒斯之床（Procrustean bed）来描述现代技术。那么图像与它所表达的事物之间呢？传统图像无法实现忠实的再现。既然无法忠实地再现，模仿就成为主要的传统，并且通过艺术这种形式充分表现了出来。当然模仿并不意味着100％的复制，而是对其主要特征的模仿，"力求形似的是对象的某些东西而非全部"②。

---

① 这里所出现的现象说明，"人"是具有"这个"的存在物，而技术物则是群体性的存在物。莱布尼兹的无完全相同的两样东西即可以作为自然物、人的形而上学基础。但是现代技术发展却打破了这一基础。

② ［法］丹纳：《艺术哲学》，傅雷译，人民文学出版社1981年版，第19页。

所以丹纳（1828—1893）才提出，绝对正确的模仿不是艺术的目的。①伽达默尔把这种绝对正确的模仿称之为"极端自然主义"②。正如我们所看到的，极端自然主义是与科学相连被排除在艺术之外的。传统图像的模仿特性作为其本质的规定性是与艺术内在相连的。

更进一步说，模仿与艺术形式相连。根据丹纳，艺术从形式上被分为五大类：诗歌、雕塑、绘画、建筑、音乐。他指出，诗歌、雕塑与绘画共同的特征是多多少少"模仿的艺术"③。模仿的概念从柏拉图那里被提出，理念与现实的关系就是摹本关系，所以"模仿概念起源于古代，但它之达到其美学的和文化的顶峰却是在 17 和 18 世纪的法国古典主义中，最后才影响到德国古典主义。这一运动的核心是一种把艺术当做是对自然的模仿的艺术观"④。除了模仿，传统图像还是对现实世界魔术般的展示，"在传统图画的规则之下，人类和通过视觉再现出来的世界之间的关系或多或少具有魔术般的性质"⑤。对于我们而言，则更加突出艺术中传统图像所具有的非再现的关系。

那么如何理解传统图像所具有的非再现关系呢？我们可以通过伽达默尔对维尔纳·舒尔茨（Werner Scholz，1898—1982）的风景画的分析看到，其中传统图像实现空间去远的方式如何与语言、文字的去远方式相似。他对维尔纳的风景画就是从传统图像角度来评价的。在伽达默尔看来，这些风景是姿态。"这些风景是什么呢？海岸线和在我们面前冲击着海岸的海浪，撕裂着天空的废墟似乎在为事物的无常而悲哀，甚至鲜花、游鱼、猫头鹰、蝴蝶，所有这些事物都是姿态。它们说着勋章的沉默语

① 丹纳在他的《艺术哲学》中指出，绝对正确的模仿并非艺术的目的，如摄影、速写尽管是对现实完全的模仿，但却不是艺术（傅雷译，人民文学出版社 1981 年版，第 17 页）。但是，丹纳把摄影排除在艺术之外却是错误的，因为我们会看到摄影最终还是作为艺术出现的。

② 洪汉鼎编：《伽达默尔集》，上海远东出版社 1997 年版，第 484 页。

③ ［法］丹纳：《艺术哲学》，傅雷译，人民文学出版社 1981 年版，第 17 页。

④ 洪汉鼎编：《伽达默尔集》，上海远东出版社 1997 年版，第 484 页。

⑤ 孟建、Stefan Friedrich 主编：《图像时代：视觉文化传播的理论诠释》，复旦大学出版社 2005 年版，第 9 页。

言，一种不需要词语而让我们去认识彼此一致的事物的象征语言。并且，最后也存在着人类姿态。这些姿态不只是在一个绘画式地再现的世界中的个别人的姿态。他们本身就是绘画姿态。"[1] 如此，风景画并不是对原先的那个画家所选取的视角所看到的场景的反映，而是一种多于反映的关系，也就是非再现的关系。这种多于反映的关系就是一种审美体验产生的根源。在这幅作品的产生过程中，空间距离保持张力，处在近与远之间从而使得审美体验产生。具体到上面所说的风景画，"展示姿态"是整个画面的主旨，自然界通过自身的姿态，一种类似于人类自身语言的东西呈现出自身。在这个过程中，我们所感受到的是"自然界的力量和自然之美"，而非以外形存在的自然物。

所以传统图像通过非再现的关系阐述了自身与事物的关系。而且需要说明的是，在这个过程中，我们会清晰地把握住艺术风格与这种关系之间的内在联系，无论怎样的风格，传统图像更多的是将事物的意义给予呈现并通过此方式实现着空间去远，使得我们能够对事物有着超越官知的理解。当然西方理论和中国理论之间有区别。

为了有效地理解这一点，我们对莫奈的名画《日出·印象》（1872）（见图5-7）给予分析。

图5-6 莫奈（Cl aude Monet，1840－1926）

---

① 洪汉鼎编：《伽达默尔集》，上海远东出版社1997年版，第509页。

图 5-7　日出·印象

1872 年，规格：48cm×64cm，藏法国巴黎马尔莫坦美术馆

莫奈是法国印象主义著名画家，图 5-7 这幅画是其早期代表作之一。①

———————————

①　印象主义，impressionism，法国 19 世纪中期到 20 世纪中期的"一场试图用当时的科学研究成果探讨色彩物理现象（包括欧仁·谢弗勒尔［Michel Eugene］的实验，他是法国科学院院长、法国化学家）以达到对色彩和色调［TONE］更精确再现的艺术运动……他们还认为作画更应努力捕捉色彩和光线的某种稍纵即逝的印象，而不能把作画当成画室里的合成劳动。……第一次印象主义艺术展览于 1874 年举办，参展作品有莫奈［Monet］、雷阿诺［Renoir］、西斯莱［Sisley］、毕沙罗［Pissarro］、塞尚［Cezanne］、德加［Degas］、吉约曼［Guillaumin］、布丹［Boudin］和贝尔特·莫里索［Berthe Morisot］的作品"（源自爱德华·露西—史密斯《艺术词典》，殷企平等译，上海三联书店 2005 年版，第 106 页）。谢弗勒尔的成果如何影响到印象主义，需要说明。他是有机分析方面的先驱者。1824 年，他就这个课题写了一本书，后来，他在一家著名的制毯企业当染色指导，因而对色彩心理学发生兴趣，所以他的成果引起了印象主义画派的关注。

这幅油画描绘的是透过薄雾观望阿佛尔港口日出的景象。从画表面看，每一个物体自身的轮廓是模糊的，并不存在一个清晰的轮廓和界限，海水、天空、景物，交错渗透，浑然一体。近海中的三只小船，在薄雾中渐渐变得模糊不清，远处的建筑、港口、吊车、船舶、桅杆等也都在晨曦中朦胧隐现。由于 19 世纪中期法国绘画界的主要理论是现实主义，强调忠实地、客观地反映现实。所以 1874 年送去展览时，当时新闻界的评论是"对美与真实的否定，只能给人一种印象"①。美术界通常用"零乱的笔触"来描述莫奈的这幅画，这实际上只是表面看到的结果，表面上看，整幅画笔触的确零乱，不如几何图像那样规整，但这恰恰造就了画面的艺术效果。他这种通过模糊的边界也就是物体与物体界限的消失来表现世界统一性的做法，让我们想到了梅洛—庞蒂对知觉的描绘，后者或许对于理解莫奈的这幅作品会有所帮助。在他那里，他描述了感知中外部空间及其他事物与身体的界限消失，从而融合在一起。"比如，但物体清楚明晰的世界消失了，我们可感知到事物都脱离了它的世界，世界就变成了一个空无一物的空间。这就是夜晚发生的情形。夜晚不是在我面前的一个物体：它把我包裹于其中，并渗透入我所有的感觉，抑制了我的思维，甚至几乎要消除我的自我认同。我只能看到一定距离之外移动物体的轮廓，而不再进入感知的警觉……它只是单纯的深度，没有前景或背景，没有表面，也没有与我之间的距离。"② 所以在莫奈的构图中，物体与物体之间的明晰界限消失了，这是在晨雾中发生的情形。借助晨雾，通过不同的物体，莫奈与他所观看的世界融为一体，同时也传达出一种理念：展示出事物与观看者之间的相融性。

所谓"印象"的评论固然有趣，其中却反映出一种与现实主义完全不同的理念，后者强调忠实、客观地反映世界，而印象则强调每一流变物体所呈现的不同样子。没有忠实地反映自然——每一个物体缺乏明晰的轮廓，只是展示世界的表面。所以传统图像所具有的作用经历了某种变化，从对现实的

① 做出这个评论的是当时《喧噪》周刊的记者路易·勒鲁瓦。

② 〔英〕弗兰克斯·彭兹等编：《空间——剑桥年度主题讲座》，华夏出版社 2007 年版，第 66—100 页。

反映——极端自然主义——向现象呈现过渡。印象也点出了主观性的因素，如果从客体性角度看的话，亦是现象的呈现，在不同的时刻，同一个角度看到事物表面不同的变化。这是流变中的事物，而并非静止的事物。它为我们拉近了与事物的距离，从写实的拉近与印象的展现，从而完成了传统图像所具有的功能。这可以从莫奈后期的"组画"作品中感受到这一点。①

在这个过程中，极端自然主义——现实主义——的图像观开始消失在人们的视野中，通过对处于时间流中的事物表面的勾勒实现了空间去远。这已经离现象学很近了。而对于莫奈而言，他本身的角度没有变化，固定在一处，他更多的是捕捉到事物同一个表面在时间流中所展现的东西，正如上面所提到的"组画"就是对同一对象不同时间的捕捉。在现象学这里，变化的同样是被观察者，这意味着观察者通过不同角度观察到被观察者的呈现。

此外，中国的山水画更是能够揭示出图像所具有的超越性的东西。中国画的首要法则是显示"气韵生动"和展示"胸臆境界"。所谓"诗情画意"中的画意主要是指画之意境和境界。我们以唐寅的《山路松声图》② 为例（见图 5-8）。

我们无法从构图技巧、作画技法上多做评论，③ 此幅作品旨在表现幽远、玄妙的境界。这是超越画面对象的地方。在这幅作品中，对象有流泉、飞瀑和古松。通过对泉水、瀑布和松树的刻画体现出上面所说的意境。中国山水画不同于西方的油彩画，不是通过色彩来表现事物，而更多的是通过黑

---

① 所谓的"组画"，就是画家在同一位置上，面对同一物象，在不同时间、不同的光照下，所作的多幅画作。这是莫奈晚年作品中的一个特色。比如 1890—1891 年间，对同一干草垛，共创作了 15 幅作品；《池中睡莲》一共创作了 26 幅。

② 《山路松声图》是一幅全景山水画，画上高山矗立，苍松虬曲。山间流泉飞落，击石鸣洞。山下小道，曲折盘旋。一位隐士立在桥上仰首观松，静听松声。还有一童抱琴随后。画面左边作溪水、远山、绿荫、村舍。画中题诗为"女几山前野路横，松声偏解合泉声。试从静里闲倾耳，便觉冲然道气生"。"女几山"在河南宜阳，晋代有张轨曾在这里隐居。

③ 构图上立意高远，技巧上作者以细条长线勾皴（中锋湿笔），随着山势变化，或用长线直皴，或作曲线孤皴，连皴带染。局部用侧锋勾斫，偶尔在皴笔线之间，留几道空白，好像黑中露出白线，更突出山石的硬峭质感。http：//www. artsea. net/Article/ShowArticle. asp? ArticleID＝745。

图 5-8　山路松声图

唐寅，纵 194.5 厘米、横 102.8 厘米，

今藏台北故宫博物馆

白、虚实来表现意境，在表达过程中完全符合"景隐则境界大"的法则，更重要的是，我们将看到在上述《山路松声图》中作者通过有形的物体——流水、瀑布、松树——来表达无形的东西。这不仅仅是关系到作者本身的心理状态，而且也是超越心理状态达到道之境界，属无形的东西。

所以在传统图像中我们感受到的是：空间去远实现的途径是通过其意义——姿态、意境——等表达出来，我们与传统图画中所欲表达的东西而不仅仅是与图画中的对象实现切近。这正是我们从传统图画中所领悟到的东西。当然，正如我们所看到的，传统图像在模仿上缺乏精确性，也就是极端自然主义被排除在传统图像之外，但这并不意味着其在图像发展历程中永远丧失了合法性，技术图像的出现使得极端自然主义获得其合法性地位，所以我们将从技术图像这里看到极端自然主义如何获得了其自身的存在意义。

二　技术图像

技术图像的出现意味着伽达默尔所说的极端自然主义获得了其自身合法性。从此"严格忠实于自然"获得了充分的发展和体现，我们获得了最精确的模仿。在这个过程中，照相技术、摄影技术是最明显的代表，电影的出现特别是电影纪录片可以属于这个系列，另外电视也是如此，它们给予我们的图像就是这类技术图像。在其发展过程中，它们从非艺术形式走向艺术形式。但是自从20世纪50年代之后，随着卫星技术、计算机技术、医学技术以及航天技术的发展，新的技术图像不断出现，但是不同于传统技术图像，它们始终将自身显示为科学形式而没有成为艺术形式。

技术图像所经历的过程——由艺术走向非艺术从而又回到艺术——很类似于费希特哲学中的自我—非我—自我的自我运动过程。这个概念的提出主要经历了几个历程：首先是本雅明、V. 弗卢塞尔（V. Flusser），然后是现代视觉哲学流派。这里的图像并非静止的图像，来自照相机的，而是动态图像的可能性，如电影、电视。电子技术的进步促进了这一可能性的实现。如果图像只能保持在静止状态，那么问题还是显示不出来，但是随着动态图像的出现，它与语言一起，就构筑了一个被当作是真实在场的图像。

本雅明（1892—1940）也对技术图像的概念给予过论述，只是他更加强调图像技术对于艺术作品的影响，并没有对技术图像本身及其意义给予挖掘。在他的《机械复制时代的艺术作品》中讨论到了一个问题，复制技术对于艺术作品的影响。这部作品写于 20 世纪 30 年代左右，这个时期他所说的复制技术如木刻技术、① 石印术、② 照相摄影③以及后来的有声电影④等都出现了。其中木刻技术是对版画艺术的复制、石印术是对文字和版画的快速复制，后来照相摄影和有声电影更是促进了艺术作品的复制。"无疑，我们现在的位置处在与希腊人对峙的一极中，从前的艺术品从没有像今天这样在如此大的程度上和如此广泛的范围内对之进行技术复制。"⑤ 这样的后果是"使艺术作品的影响经受了最深刻的变化"。这种变化直接导致了艺术作品原真性的变化，正如洛伦兹·恩格尔指出的，"本雅明进一步论述说，技术图像的出现，导致了光晕的消失，因为技术图像中的不真实感、距离感和陌生感被搁置起来了"⑥。"那么，什么是光晕呢？从时空角度对此所做的描述是：在一定距离之外但感觉上如此贴近之物的独一无二的显现。"⑦ 可以看出，本雅明把光晕看做是艺术作品原作的一个重要概念。那么光晕是如何确立的？这可以从艺术原作看出来，艺术原作有一种特性，被翻译为时间和空

---

① 木刻版画技术最早出现在中国，世界所公认最早的一幅木刻版画是唐懿宗咸通九年（868）的《只树孤独图》。14 世纪以后传入欧洲各国。

② 1844 年，一位印制图画的美国人古里尔采用石印法印制图片，被称为石印术，1880 年，报纸上出现第一幅铜版照片。

③ 1839 年 8 月 19 日法国画家达盖尔公布了他发明的"达盖尔银版摄影术"，于是世界上诞生了第一台可携式木箱照相机。

④ 1927 年 10 月 6 日，华纳公司拍摄并上映的一部音乐故事片《爵士歌手》标志着有声电影的诞生。

⑤ ［德］本雅明：《机械复制时代的艺术作品》，王才勇译，江苏人民出版社 2006 年版，第 67 页。

⑥ 孟建、Stefan Friedrich 主编：《图像时代：视觉文化传播的理论诠释》，复旦大学出版社 2005 年版，第 9 页。

⑦ ［德］本雅明：《机械复制时代的艺术作品》，王才勇译，江苏人民初步社 2006 年版，第 55 页。

间的在场（the here and now of the work of art）。这种时间和空间的在场构成了原作的本真性（authenticity），本真性所带来的东西就是光晕（au-ra）。所以随着图像复制技术的发展，艺术作品的光晕消失了。这就是本雅明对技术图像的分析。其结果是什么？艺术作品不再，有的只是复制品。今天看来，本雅明的分析存在局限，现实也并没有认可他的分析。我们并不是说他对于艺术作品的光晕是有问题的，而是艺术形式扩展超出了我们的想象，上述所有的技术图像都成了艺术形式。如电影艺术形式的出现，其最大特点是艺术创作的可修正性。"制成的电影就是对相当广泛的单个形象和形象序列进行组合剪辑的结果。剪辑师选来进行组合处理的是这样一些形象，这些形象最初被拍摄而成，最终又可以对之进行任意的修正。卓别林为了作3000米长的《公众舆论》拍了125000米。因此电影是最具有可修正性的艺术作品。"[①] 所以，图像技术最终导致了新的艺术作品的诞生。

除了本雅明之外，V. 弗卢塞尔（1920—1991）也对技术图像给予过论述，只是他的论述偏重技术图像与传统图像的比较。

他认为人类文明经历了两个转折点。"第一个阶段发生在公元前2000年左右，可以被定义为直线书写的发明，第二个阶段可以被定义为技术图像发明的时期。"[②] 两个转折点的分析并不是很能站得住脚，因为从传统图像角度看的话，它需要被考虑到。当然，这并不是问题的根本，我们所关心的是在他的论述中如何看待距离在其中所起到的作用。

如此，我们需要面对这样一个问题：如果说，书写与图像是我们所面对的不同时代，那么，远、近在不同的时代有什么样的不同呢？

相比之下，书写距离要大于图像。"当书写被发明后，一种新的能力开始形成：概念化。这是一种从平面抽象直线，产生和辨析文本的过程。概念思维要比图像思维更抽象。"书写的发明，人类在远离世界的问题上迈进了

---

① ［德］本雅明：《机械复制时代的艺术作品》，王才勇译，江苏人民初步社2006年版，第67页。

② V. Flusser, *Towards A Philosophy fo Photography*, 1, http：//www. altx. com/remix/flusser. pdf.

一大步。

表 5 - 1　书写与图像之差异

内容	书写	图像
思维方式	概念化思维	影像化思维
感官基础	思维	视觉
表现形式	文字文本	非文字图像

书写的目的是为了"调和人与图像，为了解释它们"。为了达到这个目的，文本把它自身插入人与图像之间：它们把世界隐藏起来，而不是让世界变得透明。

技术化图像的发明使得这个问题开始变得容易起来。它出现的目的是为了使文本再一次变得可想象，一切又变得循环起来。技术图像更多的是与产生图像的技术有关，如电影、摄影技术等。

他区分了技术化图像与传统图像。"技术化图像的历史和本体论地位不同于传统图像所具有的，准确地说，是因为它们是应用的科学文本的间接产物。历史上看，传统图像是万年来演化的产物。本体论上看，传统图像是抽象的第一个阶段，因为它们从具体的世界中抽象而出，技术化图像是第三个阶段，它们从文本中抽象而出；再从历史上看，传统图像可以被称为前历史的，但是技术化图像可以被称为后历史的；本体论上看，传统图像意味着现象，然而技术化图像意味着概念。"[1] 更为重要的是，他提到了图像形成过程中的一个非常重要的因素——想象。这一因素将使我们能够有效理解现象学中的图像意识问题。他指出，"将外在世界的时空抽象化为平面，并且将这项抽象重新投射回外在世界的具体能力，或者可称为'想象力'。这种能

———————————

[1]　V. Flusser, *Towards A Philosophy fo Photography*, 4, http：//www. altx. com/remix/flusser. pdf.

力可以制作与解读图象，将现象编制成二度空间的象征符号，然后将这一类的符号译码"①。当然，这一因素对于技术图像来说，会存在一定的问题。为了弄清楚这一点，我们需要了解他在传统图像和技术图像之间所作出的区分。如图 5-9 所示：

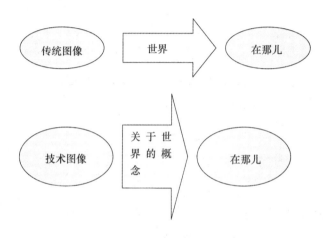

图 5-9　传统图像与技术图像之差异

图 5-9 能够清楚地表达 V. 弗卢塞尔技术图像与传统图像之间的区别。当然，在他那里，技术图像的标志是照相技术。"摄像的发明就像线性写作一样是一个决定性的转折点。"但进入 20 世纪 50 年代，新的图像技术飞速发展，技术图像的种类也日渐增多。如卫星图像、计算机图像、医学领域中的影像技术、空间技术领域等。这些技术图像更多的是与科学有关，忠实于事物的原貌在图像技术中达到了极致，从而也就远离了艺术。由此一个有趣的问题是：传统技术图像还能够与艺术相随相生，但是现代技术图像却完全脱离了艺术，这背后的原因是什么？

---

①　这是台湾人李文吉的翻译，参见《摄影的哲学思考》，李文吉译，台北：远流出版公司 1994 年版。尽管其翻译存在一定的问题，如将 produce 翻译为制作（译为"产生"更好些）。但是他使我们了解到想象力在图像产生过程中的作用，对于理解现象学的图像意识概念至关重要。这也可以得到一定的印证，如倪梁康指出，图像意识必须借助直观行为才是可行的，此处直观行为应为"想象力"。甚至他认为，胡塞尔把图像意识看做是想象行为。这一观点——想象产生图像——在 V. Flusser 处得到了印证。

那么如何理解这种技术图像的转变呢？这关系到艺术的本质。回到前面本雅明所提到的光晕，回到海德格尔的世界，相比之下，伽达默尔的观点无疑是具有启发性的，他指出，"一旦一件作品成功地上升为一种存在的东西或体现为一种新的构造、一个在其雏形中的自在的新世界，形成一种在张力中统一的新秩序，艺术就出现了"①。这意味着艺术在其发展过程中其内在的东西有着自主性，技术无论是作为内在性因素还是外在性因素，都无关艺术本质的呈现。同样，技术图像如果是一种全新的创作，能够展示出新秩序的话，艺术作品就诞生了。所以重要的是，我们需要能够把握到蕴涵在其中的"新秩序"，这才是关键。

三　世界图像

在传统图像中我们感受到了模仿与意义的张力，就模仿而言，并没有走向极端自然主义；就意义而言，停留在意识所能够理解的程度中。所谓抽象画，只是相对于现实物而言的，其意义依然是可以理解的。技术图像冲击着艺术的本质，尽管自身是极端自然主义的展现，但是依然充分体现出技术图像的艺术本性：对于新秩序的寻求。在这两种方式中，我们所感受到的是世界被图像化。艺术作品以图像化的方式诠释着自身。如此升华的结果就是世界图像概念的出现。

世界图像即世界以图像化的方式呈现着自身，这种呈现的表现形式就是我们所说的传统图像与技术图像。我们通达世界的方式如上面所说的，有文字和语言，也有图像。它们可以被归入符号之中。所以世界图像化与世界文字化、世界语言化相伴随。另一个值得注意的伴随现象是：世界数学化。相比之下，这一过程比较晚。世界文字化和语言化与人类的进化相伴随，而数学化的过程则是近代以后的事情，特别是伽利略、牛顿、笛卡尔时期所产生的现象。哲学对于世界的数学化反思很深，如海德格尔对数学中的数学因素

---

①　洪汉鼎编：《伽达默尔集》，上海远东出版社 1997 年版，第 493 页。

给予深入挖掘。但是对于世界的图像化、世界的文字化、世界的语言化等的反思则刚刚开始。我们所感兴趣的是海德格尔所开启的关于世界图像化的反思，这一反思是隐含在世界图像概念之下的。

在海德格尔那里，提出了这样一个问题：什么是世界图像？"说到图像，我们首先想到的是关于某物的图像。据此，世界图像大约就是关于存在者整体的一幅图画了。但实际上，世界图像的意思要多得多。"① 那么，这多出来的意思是什么？"图像在这里并不是指某个摹本，而是指我们在'我们对某物了如指掌'这个习语中可以听出来的东西。"② 这一说法与我们在前面所看到的对传统图像的分析有些不同，在那里图像意味着某个事物的模仿结果。那么我们对某物了如指掌意味着什么？意味着我们一直寻求的东西，空间拉近的内在本质，一种与物的距离的追寻。如果我们对某物了如指掌，那么这意味着我们离此物如此之近。当然在西方思想传统中，这一了如指掌主要是通过看的方式完成的，通过把握某物的形而完成的。有意思的是，中国文化也认可通达某物的途径是官知，但是存在着超越把握物的方式即神遇。《庄子》有记载："……臣之所好者道也，近乎技矣。始臣之解牛之时，所见无非牛者。三年之后，未尝见全牛也。方今之时，臣以神遇，而不以目视，官知止，而神欲行……"③ 目视好理解，眼睛所见即为目视。"目知视，耳知听，此皆官知，官知则止乎物，孟子所谓物交物，则引之而已……惟有神知则能不止乎物。"④ 那么何谓"神"遇？"惟能用心专一即是神。然用心专一，非是用思专一，此则庄子荀卿两家之分歧点，所当明辨者。"⑤ 在中国文化中存在着一个有意思的问题，超越物之限制。"人何以能使其心不在物，而达于神知无隙，而不止乎物？"在这个问题上，我们发现中国传统思想给予我们很好的解答，先使心系于一物，然后忘却其他之万物，如此使"其心

---

① 孙周兴编：《海德格尔选集》，上海三联书店1996年版，第898页。
② 同上书。
③ 钟泰：《庄子发微》，上海古籍出版社2002年版，第66页。
④ 钱穆：《庄老通辨》，上海三联书店2007年版，第205页。
⑤ 同上书，第203页。

知凝于神而得近乎道矣"。"庄子之承蜩为有道，亦犹后世禅宗之即以运水搬柴为有道也。"① 而西方思想则过于耽搁于物之中，即使这种反思开始了，但仍然可见其局限性。这样我们可以重新回到海德格尔的世界图像这个概念之中。

世界图像，德语词为 Weltbild，英语把世界图像译为 world-picture。这个概念包含几个组成部分，分别是数学科学、机器技术和艺术还原为体验对象、作为文化的和作为价值现实化的人类行动概念、文化政策的关注点、弃神等部分。② 世界图像意味着我需要把世界想象为图像，这完全是一个现代概念。③ 世界图像的意义是显示一个趋势，"世界变为图像的过程是与众多存在物中人变为主体同一的过程"。

如此，我们所思考的一个问题开始浮现出来：现代社会的发展使得存在以有利于视觉的形式展现出来，这就是图像时代的诞生。"当今的时代已进入一个图像的时代：电影、电视、摄影、绘画、广告、美术设计、建筑、多媒体、动漫、游戏等正在互为激荡汇流。视觉文化传播在全球范围内极大地影响着我们文明的进程。"④ 当我们看到连贯的画面时，真实的存在似乎就产生了，这也是很多人迷惑不解的地方。我们打电话、看视频时都忽略了其中的一个重要方面：我们与真实存在的距离被真切地拉远了。我们所看到的被称为真实的东西或许是建构的产物，按照某种意图构建起来的。在前面对电话的讨论中提到过的视频电话，问题是一样的，首要的任务是确认我们所看到的是否是真实的存在？但我们发现这一确定很难实现。这是我们以前从来没有意识到的。

---

①　钱穆：《庄老通辨》，上海三联书店 2007 年版，第 205 页。

②　Michael Inwood, *A Heidegger Dictionary*, Blackwell Publishers Ltd, 1999, 249.

③　Weltbild is distinctively modern. "There is no Greek Weltbild: man is at the beck and call of being. There is no ancient or medieval 'system', an essential requirement for die reduction of the world to a picture (AWP, 93f. /141ff)." (*A Heidegger Dictionary*, 249.)

④　孟建、Stefan Friedrich 主编：《图像时代：视觉文化传播的理论诠释》，复旦大学出版社 2005 年版，第 1 页。

海德格尔意义上的世界图像只是强调世界被图像化的过程是人成为主体的过程，而较少对图像本身进行论述。但是，我们却需要对世界图像做出反思，因为在其中蕴涵着对我们把握世界的方式的理解。我们进入图像时代，视觉文化获得了空前的时机。但是此图像时代却仅是技术图像的时代，艺术在其中隐身而去。更重要的是，当我们用视觉来把握这个世界的时候，也就是把世界解读为图像的时候，我们只是停留在官知上。不过不管怎样，我们依然在这种方式中实现了与世界距离的拉近，空间去远在此意义上得以实现。官知是把握物的最佳方式，神遇并非把握物的方式，它所指向的是"道"本身。然而在现代技术的时代，在常说的图像时代，官知更为普遍，在这个意义上，我们依然处在科学技术的牢笼之内，科学技术通过各种方式实现着与物的近，如齐美尔所揭示的那样，望远镜与显微镜拉近了我们与物的距离，但是这却是理性意义上的，是基于官知意义上的空间拉近。我们尚未意识到神遇的重要性，这一方式意味着我们需要拉近的不是我们与物的空间距离，而是超乎物的空间距离。这并不意味着我们需抛弃世界图像，而是在一种态度前保持姿态：其心知凝于神而得近乎道矣。如此，我们才不至于陷入这样一个不可逃脱的逻辑中：当我们尽力去抓住某些固定的、可靠的东西时，却发现一无所获，当话筒挂上、屏幕变黑的时候，一切又都是孤独的重现。

第六章 现象学视野中的近之分析

面对切近之追问，我们回到了本书基本的出发点——现象学。也许在这里我们可以找到一个对基本问题的解答，的确这也是我们希望所在。通过这样的一些思想，是否可以通达我们最初的目的所在呢？现象学的真理，"我感觉到空间拉近"，是否意味着空间真的拉近了？

我们上面所谈论的问题——空间体验变化——在今天所具有的意义，已经显得非常明显了。空间体验变化已经成为理解现代性、后现代性的核心所在。我们从戴维·哈维的描述中看到了这一点。"马歇尔·伯曼（Berman，M，1982）把现代性等同于体验空间和时间的某种方式；……弗里德里克·杰姆逊（Jameson，F，1984）把后现代的转移归因于我们对空间和时间之体验中的危机，在这种危机中，各种空间范畴支配了时间范畴，而它们本身正经历着这样的变化，以至于我们无法望其项背。"① 戴维·哈维本人也理所当然地关注这个问题，他从人类实践活动的角度展开空间体验的变化。"时间和空间的客观概念必定是通过服务于社会生活在生产的物质实践活动与过程而创造出来的。"②

如此，我们不需要举出太多的学者来说明空间体验变化这一问题的重要

---

① ［美］戴维·哈维：《后现代状况》，阎嘉译，商务印书馆 2004 年版，第 251 页。
② 同上书，第 255 页。

性，这一点显得如此明显以至于无须再怀疑，我们更关心的是，当我们确认了这一事实，接下来的问题是如何理解这一空间体验。根据上面的逻辑，空间体验变化主要体现为"空间的拉近"体验。如果用现象学表述就是"我感知、体验到空间拉近了"，这一命题实际上就是我们所集中要探讨的核心问题所在，而这一体验与距离是分不开的。

第一节　距离与物理测量

"距离"是表达空间的范畴之一。在现实生活中，这个概念首先是从物理学意义上来说的，但停留在物理学意义上并非本书目的所在，只有从生存论角度探讨这个概念，距离对于人之存在的意义才有所展示。也只有这样，我们才能够反思现代技术条件下，空间去远，也就是消除距离的本质所在。

一　科学意义上的距离

在数学与自然科学中，距离是一个非常重要的概念，"距离是一个纯量，不具有方向，仅仅是量"。我们可以通过数学与自然科学上的不同量的形式看到这一点。

数学上，把距离看做是"定义在度量空间中的一种函数"。我们知道，两点间的距离等于两点之间的线段长度。但是严格说来，直角坐标系中，点与点之间的距离就存在着两种形式：

（1）二维距离：$d = \sqrt{(\Delta x)^2 + (\Delta y)^2}$（$x$，$y$ 为点在平面中的坐标）

（2）三维距离：$d = \sqrt{(\Delta x)^2 + (\Delta y)^2 + (\Delta z)^2}$（$x$，$y$，$z$ 为点在三维空间中的坐标）

在上述坐标系中，除了点与点之间的距离，还有点与直线、点与面、两平行直线、两平行平面之间距离等多种形式。物理学中距离被看做是"物体从一点到另一点所经过的路线长度"。物理学中距离的计算都可以还原为数学问题来处理。如"地球到月亮的距离是 384401 千米",这一表述就是对地球与月球两个物体之间距离的科学式表达,这一表达充分显示了科学语言的特点:普遍性、可验证。当然这一距离量的获得有着一个非常复杂的过程。这就是测量。在物理学中,距离的测量被等同于长度的测量。① 为了有效地理解这个过程,我们需要对测量本身有所了解。

(一) 测量的逻辑结构

测量由测量者、测量工具以及测量行为构成。我们首先来看一下测量得以可能的逻辑基础。

1. 测量工具

测量工具在测量过程中是非常关键的因素。在物理学中,对测量工具有着非常高的要求,测量工具必须具有稳定性,这样的工具在物理学上被称为刚性工具。所谓刚性即受到外力影响时它不会变长或变短。"只有测量杆在它的移动长度无变化的条件下,一个距离的测量结果才是可靠的。"② 比如绳子和铁尺两种工具中,铁尺就是刚性工具,因为同样用力拉直,铁尺就不容易被拉长,而绳子因为其弹性就容易被拉长。在物理学上存在着一个难题:如何检验测量工具是刚性的呢? 为了检验测量工具的刚性,物理学家们采取了协商和定义的方法来解决这一问题。具体做法是:"假设在第一个点上两根杆互相交叠时长度是一样的,然后把其中一根拿到另一地点去,这两根杆是否仍旧长度相等呢? 我们不能回答这个问题。为了比较这两根杆,我们必须把一根拿回原地,或是把另一根杆也拿到第二个地点,因为要比较长度是只有把两根杆交叠在一起才行。……但是,没有办法知道,当这两根杆分处两地时是否相等。"③ 这就涉及一个专门的问题:一致性问题。

---

① 月球到地球距离的测量经历了一个长期的过程,由于测量技术的进步,所测量结果的误差在缩小。测量方式有几何测量法、雷达测量法和激光测量法,20 世纪 70 年代测量误差减少至 25 厘米,80 年代减少至 2 厘米。

② 〔德〕H. 赖欣巴哈:《科学哲学的兴起》,伯尼译,商务印书馆 2004 年版,第 103 页。

③ 同上书,第 104 页。

在赖欣巴哈看来，检验一致性是没有办法的，问题的解决方案是将观察问题转化为定义问题。"我们不应该说'两根位于不同地点的测量杆是相等的'，而应说，我们把这两根杆称为相等的。"这样的做法叫做"同位定义"。当解决了一致性的同位定义之后，距离的测量才具有意义。当然，一致性的同位定义是可以改变的，改变之后就导致了另外一种结果。所以赖欣巴哈指出，"我们只有得到一个关于一致性的同位定义之后才能够谈论物理世界的几何学"①。

当然，对于测量工具的影响力还是需要被考虑到的，只有在测量杆不受其他因素影响的情况下，刚性测量工具的测量结果才是可以接受的。如此，为了方便，赖欣巴哈指出，我们可以选择自然的几何学来作为正常体系。"在这个意义上，我们选择没有普遍力的那个描述作为正常体系，称之为自然几何学。也可能，我们甚至不能证明一定有一个正常体系，也不能证明在我们的世界里有而且只有一个体系必须被认做经验事实。"

在这些结论的基础上，他对空间做了描述。"空间并不是人类观察者用来建构他的世界的秩序的一种形式，它是一种表述在移动着的刚性测量杆和光线之间都有效的秩序的关系体系，因此也是表述构成其他一切物理测量的基础的物理世界的很普遍特点的体系。空间不是主观的，而是实在的；它是近代数学和物理学发展的产物。"②

2. 测量者

在物理学中，进行测量的测量者不会对测量工具产生任何影响，所以对于测量结果不会有任何影响。在这个过程中，测量者的中立化形象被完满地勾勒出来。换句话说，距离之于测量者就表现为纯粹外在的、主体与对象之间的关系了。人在测量中消失得无影无踪，距离对于测量者的意义世界无法关联在一起。而我们离开物理学领域就会发现测量者本身作为测量工具来存在了。

---

① ［德］H. 赖欣巴哈：《科学哲学的兴起》，伯尼译，商务印书馆 2004 年版，第106 页。

② 同上书，第 110 页。

3. 测量行为

在整个物理学中，测量者的测量行为有着非常明确的目的。我们以赖欣巴哈经常说的高斯测量大尺度的距离为例子说明这一点。

高斯为了确认物理世界的几何学而对三个山峰之间的距离进行了测量。"为了这一目的，高斯测量了以三座高山的顶峰为角的一个三角形的诸角。他的测量结论是这样小心地表述出来：在观察的误差限度之内，欧几里得几何学是真的，换言之，如果对 180 度这个诸角之和有些偏离，观察的不可避免误差也使人不可证明有偏离的存在。"① 测量者的测量行为对于距离的意义理解是没有太大帮助的，而只是为了一个客观的目的。如此，通过上面的描述，我们能够了解到：对于物理学家来说，距离测量是必要的。距离的存在是客观的事实，了解距离是了解物理世界的一个必经途径。但是，这一点只有在物理学领域中才是适用的。在科学之外的领域，距离是不被考虑在内的。

上述物理学中对距离的测量说明，测量过程是测量者借助测量工具完成的测量行为。在距离的测量过程中，至关重要的因素是确定测量工具的刚性，或者说是确定测量标准。但是，在非科学的测量中，测量工具则有着不同的规定。

对物理学上的测量，海德格尔给予了分析和说明。"如果我们指出切近，那就有遥远显露出来。作为对象之距离的不同大小，切近和遥远处于某种对立之中。通过计算间距的长度，我们便测定出距离的大小。在此被测定的间距的尺度始终取自一种延展；根据这种延展，沿着这种延展，间距大小的测定数值被计算出来。通过把某物从另一物旁边拉过去，从而按照某物来测量某物，……我们根据那些延展，沿着那些延展，来测量作为距离的切近和遥远……对于计算性表象思维来说，时间和空间表现为用于测量作为距离状态

---

① ［德］H. 赖欣巴哈：《科学哲学的兴起》，伯尼译，商务印书馆 2004 年版，第 102 页。

的切近和遥远的参数。"① 在海德格尔看来，物理学上的测量无疑是将空间看做是参数。而且，"即便最新的理论，亦即相对论、量子理论和核物理学等，也丝毫不能改变时间和空间的参数特性。这些理论也不可能引起这样一种改变。倘若它们能引起这种改变，那么，现代科学的整个结构就一定会分崩离析"②。

所以，在海德格尔看来，科学体系把切近和遥远当作"时间和空间参数中的间距测量的确定系统"③。而这样做，则无法经验到那种包含着邻近关系的切近。要经验到这种切近只有离开科学领域才能够实现。

（二）非科学领域的距离及测定

所以，海德格尔集中探寻我们经验切近与遥远的非科学的方式。他批判了科学的方式，"倘若我们可以对切近和临近状态作参量式的表象，那么，一秒和一毫米的百万分之一这般大小的距离就必定会是一种近邻关系的最近的切近了，比较而言，一米和一分钟的距离就是最大的遥远了"④。在进入他的论述之前我们需要对非科学领域，诸如社会学、哲学中的空间距离观念给予分析，这对于我们了解哲学上关于距离的测定有很大帮助。我们可以从社会学入手，在这里我们会看到，距离以一种独特的形式表现出来，而且距离的测度更多的是与社会实践行为相关。

1. 社会学领域中的空间距离及测定

在社会学领域，我们首先碰到的是齐美尔，他所提出的距离是以主体（自我）为基点与外部客观世界的距离。为了更进一步说明问题，我们可以用图来表示齐美尔的观念。

从图 6-1 可以看出，这显然与数学中坐标系内的距离完全不一样，我

---

① ［德］海德格尔：《在通向语言的途中》，孙周兴译，商务印书馆 2004 年版，第 204 页。

② 同上。

③ 同上书，第 205 页。

④ 同上。

图 6 - 1　主体性的距离

们无法把主体与客观世界中的事物还原为质点。以主体为基准与客观世界中的人或者事物之间的距离就是他所依赖的距离，而这里的距离测度应该是以社会实践为主的。

除了齐美尔，还有戴维·哈维，他也是把社会实践看做是距离得以产生的基础，他的最具典型的代表概念是"时空压缩"。

戴维对自然科学意义上的空间观念发起了批判。他认为，自然科学意义上的空间是"单一的、客观的、可测量的"，"物理学中的时间、空间和时空概念的历史，事实上是以强烈的认识论上的断裂与重建为标志的"①。这一批判的原则是为空间奠定物质实践活动这一基础。"我将坚持认为我们认识到了空间和时间可能表达的客观品质的多样性，认识到了人类实践活动在其建构中的作用。"②

在分析实践活动上，戴维采取了逻辑推演的方式，从日常生活实践过渡到非日常生活实践领域中。他借助哈格斯特兰德的图表来说明个人的日常生活是如何在空间和时间中展开；借助福柯等人的现象学理论描述了另外的空间活动。最后他利用列斐弗尔的空间生产理论描述出新的物质空间实践活动

---

① ［美］戴维·哈维：《后现代状况》，阎嘉译，商务印书馆 2004 年版，第 254 页。
② 同上。

类型：可接近性与间隔化、占用和利用空间、支配和控制空间以及创造空间。① 戴维的表格非常有意思，如表6-1所示：②

表6-1　空间实践的"网格"

	可接近性与间隔化	占用和利用空间	支配和控制空间	创造空间
物质空间的实践（体验）	商品、货币、人的劳动力、信息等的流动；运输和交通系统；市场和都市等级制度；聚结	土地利用和建筑环境；社会空间和其他"草根"标志；沟通和相互帮助的社会网络	私有土地财产；国家和政府的空间划分；排外的社群和邻里；专属分区制与其他形式的社会控制（管辖和监督）	物质基础设施生产（运输交通、建筑环境、土地清理等）；社会基础的领地结构（正式的和非正式的）
空间的表达（感知）	距离的社会、心理和身体尺度；绘制地图；"间隔摩擦"理论（最小努力原则，社会物理学，商品范围，中心场所，其他形式的场所理论）	个人空间；被占有之空间的内心地图；空间等级；空间的象征性表达；空间"话语"	被禁止的空间；"领土规则"；社群；地区文化；民族主义；地理政治学；等级制	地图、视觉表达；交流等的新系统；新的艺术和建筑"话语"；符号学
表达出来的空间（想象）	吸引/排斥；距离/欲望；接近/拒绝；超越"媒介就是信息"	熟悉；家庭与家；开放性场所；通俗表演场所（街头、广场、市场）；插画和涂鸦；广告	不熟悉；惧怕空间；财产和拥有；纪念性和构造出的仪式空间；象征性障碍与象征性资本；建构"传统"；压迫性的空间	乌托邦计划；想象性景色；铁路小说本体论和空间；艺术家的家情；空间和场所神话；空间诗歌；欲望空间

---

① ［美］戴维·哈维：《后现代状况》，阎嘉译，商务印书馆2004年版，第275页。
② 同上。

可以看出"接近性与间隔化、占用和利用空间、支配和控制空间以及创造空间"这四类实践活动并非相互独立的。这四类实践活动有助于解释"从现代思维方式向后现代思维方式转变相关的空间体验的变化时的某些复杂性"。这四类实践活动的提出无疑是服务于其自身的原则——空间不可能独立于社会行动。我们较为感兴趣的是第一类实践活动——接近性与间隔化。随着我们分析的进行,我们会发现,这一活动是作为空间去远概念的经验化表示而存在的。

"时空压缩"成为戴维·哈维非常关注的实践活动。"压缩"意味着"资本主义的历史具有在生活步伐方面加速的特征,而同时又克服了空间上的障碍,以致世界有时显得内在地朝我们崩溃了。花费在跨越空间上的时间和我们平常向我们自己表达这一事实的方式,都有利于我所想到的这种现象。由于空间显得收缩成了远程通信的一个地球村,成了经济上和生态上相互依赖的一个宇宙飞船地球——使用两个熟悉的日常形象化的比喻——由于时间范围缩短到了现存就是全部存在的底部(精神分裂者的世界),所以我们必须学会如何对付我们的空间和时间世界'压缩'的一种势不可当的感觉"①。

应付时空压缩现象的思路有两条:国际主义的和地方化的。它们在1914—1918年的时间内剧烈冲突。出现在20世纪60年代左右的后现代主义就是新一轮的时空压缩主张。"变化着的对于空间与时间的体验,与现代主义的诞生及其迷乱地从时空关系的这一边徘徊到另一边有着很大关系。如果这就是真实情况,那么认为后现代主义是对一系列新体验的某种回应、是新一轮的'时空压缩'的主张,就很值得探讨了。"②

"最近这20年我们一直在经历着一个时空压缩的紧张阶段,它对政治经济实践、阶级力量的平衡以及文化和社会生活已经具有了一种使人迷惑的和破坏性的影响。"③"我们在始终存在于资本主义动力之核心的通过时间消灭

---

① ［美］戴维·哈维:《后现代状况》,阎嘉译,商务印书馆2004年版,第300页。
② 同上书,第354页。
③ 同上书,第355页。

空间的过程中，经历了又一个猛烈的回合。"①

戴维·哈维关注空间消失之社会后果。②"空间与时间的各种维度在那里都承受了资本流通和积累的持续不断的压力，在时空压缩破坏性的和分裂的较量中达到了顶点。"③"对时间和空间的体验已经改变，对科学判断和道德判断之间的联系的信念已经崩溃，美学战胜伦理学成了社会和知识关注的主要焦点，形象支配了叙事，短暂性和分裂的地位在永恒真理与统一的政治之上，解释已经从物质与政治经济学的基础领域转向了思考自主的文化和政治实践。"④

因此，对时空压缩的回应也成为戴维·哈维的主要任务。他指出存在着如下的回应："第一条防线就是撤退到一种患了炮弹休克症的、厌倦了享乐的或筋疲力尽的沉默之中去，在压倒性地感受到一切外在于个人控制，甚至外在于集体控制的事物是多么巨大和难以对付之前就屈从……第二种反应就是一种自由旋转式的拒绝相信世界的复杂性，以及偏爱根据极为简单化的修辞学命题来进行表达……第三种回应是要为政治生活与知识生活找到一个中间位置，它摈弃宏大叙事，却真的培植出了有限行动的可能性。……第四种回应是试图通过建构一种能够反映出并希望支配它们的语言和意象而骑上时空压缩的老虎。"⑤

对于这些来自后现代的回应，戴维·哈维是不满意的，这些后现代的美学回应该纳入历史唯物主义的全新解释中。"它采取了一个恰当的动态的而非静态的、理论上的与历史唯物主义的概念，去把握这些转变的意义。"⑥这一全新解释就是他极力提出的历史—地理唯物主义的复兴。"历史—地理

---

① ［美］戴维·哈维：《后现代状况》，阎嘉译，商务印书馆2004年版，第367页。
② 其他关注者也有，麦克卢汉在1960年前后所做的"地球村"比喻描述了空间的消失，之后维利里奥（Virilio, P.）在《死亡美学》（1980）中探讨了空间之消失的文化后果。
③ ［美］戴维·哈维：《后现代状况》，阎嘉译，商务印书馆2004年版，第409页。
④ 同上书，第410页。
⑤ 同上书，第434—435页。
⑥ 同上书，第440页。

唯物主义的复兴，的确可以促进坚持一种新的启蒙规划的观点。"①

2. 人类学领域中的空间距离和测定

进入这个领域，我们发现了一个有意思的现象，空间距离测定与身体联系在一起了，这在中西方文化领域中都有所体现。卡西尔也指出，人类自身的身体是理解和表达空间的基础。"由于我们对身体四肢的熟悉使得它们成为空间中所有拓展的出发点。这一身体的意象，作为严格完整的和有结构的有机体，成了我们理解整体世界的一个模型。"② 他很有意思地论述了原始人的身体如何决定他们独特的空间概念。"建立在运动感觉上的空间看来实际上是原始的东西。"③

另外，中国传统文化中充满了以身体表示空间的描述，这在历史文献中多有记载。如以"步"作为距离的描述。《新唐书》有相关记载："太史监南宫说择河南平地，设水准绳墨植表而以引度之，自滑台始白马，夏至之晷，尺五寸七。又南百九十八里七十九步，得俊仪岳台，晷尺五寸三分。又南百六十七里二百八十一步，得扶沟，晷尺四寸四分。又南百六十里百一十步，至上蔡武津，晷尺三寸六分半。大率五百六十里二百七十步，晷差二寸余。而旧说王畿千里，影差一寸，妄矣。"④

如此，"步"意味着两脚迈出的距离。以此为单位测定空间距离的做法也被用来计时。此处"步"的引入说明了用身体器官作为测定的度量。

以"身体器官"作为度量距离的基准存在着问题，不同度量者的步伐很不一样，会导致不同的结果。如缓步走与疾步走、不同的人走出来的结果也不一样。这使我们能够感受到在传统文化中测量尺度是情景化的尺度，即测量尺度是受情景制约的。而我们在上述关于科学领域的测度描述中可以看出，测量工具是刚性的，刚性概念传达出客观性而非主观性的特性，而主观

---

① ［美］戴维·哈维：《后现代状况》，阎嘉译，商务印书馆 2004 年版，第 446 页。
② 束定芳主编：《语言的认知研究》，上海外语教育出版社 2004 年版，第 434 页。
③ ［奥］马赫：《感觉的分析》，洪谦等译，商务印书馆 1997 年版，第 109 页。
④ 钮卫星：《从〈大衍〉写〈九执〉"公案中的南宫说看中唐时期印度天文学在华的地位及其影响》，《上海交通大学学报》（社会科学版）2006 年第 4 期。

性较强的测度工具则会影响到日后的生产、生活等其他方面，所以，这种度量的方法最终还是被人们放弃了。

3. 哲学中的距离及测定

在哲学中，常常强调行为产生空间，这一观点在我们这里是适用的，同样，它也适用于空间距离的度量。因而，我们有必要来看看在哲学上如何理解距离并采取远近的测量标准？

人首先要领悟的是自己在空间之中的存在。作为空间性的存在，精神在身体之中，身体在空间之中。这是一个原初的事实。在此之上才是不同身体之间、不同精神之间、身体与精神之间有着的间隙，或者说是距离。距离是标志主体与客体之间状态的概念。在主体不断外化自身的过程中，距离也就产生了。客体内化也就是距离消失的过程。这两个过程应该被看做是辩证的过程。确切地说，我们可以从主体间性来分析"距离"。

"主体间性"这个概念对于分析距离来说是非常重要的。在现象学家那里，这是一个不容忽视的概念。"胡塞尔认为，主体间性是一个具有无比重要性的主题，并且，从一个纯粹量化的观点来看，他比后来的任何一个现象学家给予这个主题以更大的篇幅。"① 主体间性是相对于唯我论而言的。② 主体间性恰恰表明了主体的空间性存在状态。我们与他者共在，而且是有距离的一种共在。马克斯·舍勒把对他者的经验看做是某种基本的、不能被分析的事实。在这里，处理主体间性问题的传统方式，即追问对他者的经验何以可能？我们将从经验层面上来处理这一问题。首先来看一下经验的主体间性表达方式。

在现象学家那里，探讨的一个问题是：朝向他者敞开的可能性条件是什么？我们的问题也应是如此展开探讨。我们会从现代技术的角度来分析，技术在何种程度上作为敞开可能性条件存在，也只有这样才回答了我们最初所提出的问题：距离拉近的可能性。这一问题在意识那里获得了解答。

----

① ［丹］丹·扎哈维：《胡塞尔现象学》，上海世纪出版集团 2007 年版，第 116 页。
② 唯我论认为，只存在一个单个的意识，即某人自己的意识；或者认为我们不知道是否存在除我之外的主体。

对于主体与事物之间距离问题的测度，海德格尔为我们提供了一条前行的线索，主体的寻视操劳成为距离测定的工具，也就是根据。另外，距离的变化，如拉近和变远都是和主体的这一活动相关的。在海德格尔的思想中，他对隐含在去远之中切近东西的追问成为一个非常重要的主题。他指出，"此在在世本质上保持在去远的活动中"。如何去远以及去远活动中所追寻的切近东西是什么？这构成了整个思想体系中必须回答的问题。我们可以整理一下这个问题在他思想中的发生情况。这个问题在他那里并非一次形成的。

1927年，在《存在与时间》中存在这样的疑问：去"世界"如此之远对此在意味着什么？"决定从周围世界首先上到手头的东西之远近的，乃是寻视操劳。"如此，"寻视操劳"成为度量此在与东西之间距离的标准。那么，什么是寻视操劳？这个问题在海德格尔那里得到了充分的分析。"从现象学角度把切近照面的存在者的存在展示出来，这一任务是循着日常在世的线索来进行的。日常在世的存在我们也称之为在世界中与世界内的存在者打交道。这种打交道已经分散在诸操劳方式之中。我们已经表明，最切近的交往方式并非一味地进行觉知的认识，而是操作着的、使用着的操劳——操劳有着它自己的认识。现象学首先问的就是这种操劳中照面的存在者的存在。"① 在具体说明时，他用寻视作出了说明。"然而，靠什么来揭示出'不合用'？不是通过观看某些属性来确定，而是靠使用交往的寻视。"② 寻视操劳与知觉认知不同，他强调与事物打交道。操劳，英文译作concern，寻视（Umsicht），英文译作circumspection。在英文版本中，寻视被解释为"一种特殊类型的看"。"这里，海德格尔利用了这样一个事实：前缀um可能或者意味着四周（around）或者意味着为了……（in order to），因此，寻视相应地可以解释为或者环顾四周（look around）或者环顾四周寻找某物（look around for somethihg）或者寻找做某事的方法。在德语的通常用法中，寻视（Umsicht）好像与我们的（circumspection）有着同样的内涵——

① ［德］海德格尔：《存在与时间》，陈嘉映译，上海三联书店1997年版，第79页。

② 孙周兴编：《海德格尔选集》，上海三联书店1996年版，第86页。

意识（awareness）的一种类型，其中在决定下一步应该做什么之前环顾四周做决定。"①

可以看出，操劳和用具世界关联在一起，在用中此在与物品处在最切近的关系之中。当然，操劳（concern）与操心（care）并不同。但这并非我们这里所要关注的问题了。

1950 年这个问题在《物》一文中得以再现，而且这次这个问题在一定意义上获得了解答。"这种对一切距离的匆忙消除并不带来任何切近，因为切近并不在于距离的微小。"那么，我们可以来看看海德格尔所追寻到的切近之物到底是什么？

"今天，一切在场者都同样的近，又同样的远。无间距的东西占了上风。但是，所有对距离的消除和缩短都没有带来任何切近。什么是切近呢？……物物化（Das Ding dingt）。物化之际，物居留大地和天空，诸神和终有一死者；居留之际，物使在它们的远中的四方相互趋近，这一带近即是近化。近化乃切近的本质。"② 近化意味着聚集（versammeln）。

那么，如何去远？去远有两种方式：技术去远与思之去远。那么在去远中所追寻的东西是什么？这是问题的关键所在。在海德格尔看来，整个去远活动中所获得的东西有表象与物。③

可以说，海德格尔的思想对于本文分析的意义也由此而诞生。他关于"去远"对此在意义的揭示将为我们提供一种前进的逻辑基础。这是非常值得我们赞赏的地方。但是，我们却不赞成他将技术去远看做是与思之去远对立的东西。技术所追寻到的切近与本真之近有着完全不同的本质。我们所要勾勒的是这样的东西：人类通过不同时期的技术——传统技术与现代技术——所实现的去远仍然是人类自身的本真体验。我们之所以能够获得这一

① Martin Heidegger, *Being and Time*, translated by John Macquarrie & Edward Robinson, China Social Sciences Publishing House Chengcheng Books Ltd., 1999, 98.
② 孙周兴编：《海德格尔选集》，上海三联书店 1996 年版，第 1178 页。
③ 当然，这一所获在 1927 年的《存在与时间》那里，则表现为与此在寻视操劳有关的东西，而在后期则强调为在思中显现为物的东西。

认识在于将一个基本原则确立了起来：现象学所追寻的是人类体验，而技术现象学所追寻的是与技术相关的体验。在这一发问中，我们摆脱的将是价值判断，而指向技术体验本身：一种由技术所塑造的体验。而在技术不甚发达的年代，这一体验更多地充满了非技术的因素，如想象、情意等。

随后，海德格尔继续着从此在的操劳活动中确定此在与物的关联向物之自身物性聚集的改变。

这主要表现在他的《筑·居·思》一文中。1951年，他在这篇文中谈到了空间距离。他以"桥"作为对象做出了精妙分析：

> ……桥是一个位置。作为这样一个物，桥提供了一个容纳天、地、神、人的空间。桥所提供出来的空间包含着距桥远近不同的一些场地。而这些场地眼下可以被看做是单纯的地点，其间有一些可测的距离；一种距离，即希腊语的，始终已经被设置空间了，而且是通过单纯的地点（stellen）而被设置空间的。如此这般由地点所设置的东西乃是一种特有的空间。作为距离，作为 Stadion，空间乃是拉丁语中表示 stadion 的同一个词向我们道出的东西，即一个"spatium"［空间、距离］，一个间隔（zwischenraum）。因此，人与物之间的近和远就可能成为单纯的疏离，成为间隔的距离。现在，在一个仅仅被表现为 spatium［空间、距离］的空间中，桥只显现为在一个地点上的某物，这个地点无论何时都可能为其他某个东西所占据，或者可能由一个单纯的标记所取代……在此意义上的"这个"空间并不包含诸空间和场地（die Raum und Platze）。我们在其中找不到位置，也即找不到桥这种物。①

在这段话中，海德格尔对现代人看待空间的方式进行了勾勒，即把空间抽象化为单纯的点与点之间的距离。在这个抽象化过程中，物体浓缩为点。

---

① ［德］海德格尔：《演讲与论文集》，孙周兴译，上海三联书店 2005 年版，第 163—164 页。

对于物体而言，位置没有意义。关于物体的位置性我们会在另外的地方具体论述。在这里只是关心点与点之间的间隔。这一间隔能够被测量，而且测量的方法如同物理过程中的空间测量。对于我们而言，空间距离的生存论意义应该表现为占据位置的不同物之间的关联。从这个方面看，空间距离是无法用测量去把握的现象，如天与地的距离就是如此。

从这里可以看出，在空间距离拉近的体验中包含着的更深层次或者根基性的问题是物体与空间的关系。物体的空间性在前物理学时期，表现为物体与位置的同一；随后这种同一关系发生改变，物体拥有位置；物体与位置的同一关系发生差异；再随后物体不再拥有位置，物体与位置的完全差异表现了出来。而这一转变是物理学发展的结果，即将物体抽象为点。所以说物体应该从还原点中解脱出来，物体占据的空间，并非是物体占据的，而是空间给予物体自身呈现的场所。这一点涉及物体的空间性的分析，属于后续课题。①

前期海德格尔对工具之分析（tool-analysis）②试图解决的一个问题是物与人之远近的分析；后期他通过"物"之分析（thingness-analysis）则希望解决何谓切近的问题，他最终将人从此在的宏大中释放出来，而作为"终有一死者"出场，而且出场时并非以"我最大"的姿态，而是以与"天、地、神"等趋于一体的方式出现。这似乎提供了一条解救之途，但实际上并非如此。他对物的分析的走向经常被人误解，如隐含的神秘主义等。

科学让我们对对象有所把握，实际上这种对对象的把握是建立在物之切

---

① 在物理学上，任何物体都可以被还原为点，物理学上的"点"属于数学上的"点"，不占有空间，所以以点没有位置可言，由此物体就没有位置可言。由此距离只是表现为点与点之间的间距，而物体与物体之间的间距是超越了科学认识的眼界。这里所包含的问题是：物体被还原为点是如何产生的？基于怎样的需要出现的？对于物体本身这种还原带来了怎样的认识上的冲击？物体与空间的关系发生了怎样的转变？这些都是值得思考的问题。在这个问题的思考过程中，我们可以感受到物体与空间在自然科学的理解与日常生活的理解中的差异，也可以理解空间去远问题的本质。

② Graham Harman 主要对海德格尔的工具分析给予过深入研究，Tool-Being: Heidegger and the Metaphysics of Objects（2002），Open Court.

近的基础上的。所以在科学视野中，对象通过各种方式被拉近了，如齐美尔曾经指出过，显微镜、望远镜拉近了我们与事物的距离。但是真的是如此吗？齐美尔与海德格尔几乎说出了同样的断言，即我们与事物的距离不但没有被缩小反而增大了。这是为什么？又如何理解呢？可以说，科学的问题是让我们在对象的把握上失去了对物的本真切入，所以他们才返回到前对象时期，我们通常称之为"生活世界"。但是由胡塞尔所提出的返回的终点似乎可以看做是海德格尔前期思想的一个再现，并不值得过分夸赞，因为返回到此在生活世界的做法依然没有摆脱对象的常态含义——作为人之对立面而确立的东西。我们依然无从对前对象时期的状态给予描述。所以我们离对象还是很远。我们的问题是，他的物之分析是否使得我们把握了人与物之切近呢？较之中国古代思想中的分析略逊一些，我们仅以"物"观之。有意思的是，这个问题在中国古代哲学那里却获得了可能性。这就是"象"之概念的提出。

根据钱穆的分析，中国哲学中已经有一些范畴使得我们切近于物，通达于物，如以"事"解物、以"象"解物。① 钱穆在他的分析中曾经对"象"做出分析，他的分析为我们的理解提供了可能性。"有形为物，无形为象。象之为状，恍惚无定形，故为未成物前之一先行境界。"② "有形为物"，的确如此，西方的物之理论在海德格尔之前就指出，物是由形式与质料构成，形式即为形。此"形"就是笛卡尔所说的广延。后来西方物之现象学生存论

---

　　① 在中国古代存在着以事解物的传统，如"晦庵《大学》注：'物，事也。'其《格物补传》乃云：'即凡天下物，莫不因其已知之理而益穷之'，此物字亦可作事解。事理物理，理本相通，始是至理。"（钱穆，《庄老通辨》，第394页。）所以，"事物"一概念，经常被我们使用表达实体性的东西。通过这一传统分析开始明白，事与物同义，如道理一样。钱穆还曾经对"人物"给予过分析，甚为精妙，有助于我们理解物。他指出"物字乃是一种模样，可作其他之模范代表。物字模字，声相近，义亦通。如勿字莫字，亦声相近义相通。物字一旁从勿，乃一面旗，旗上画一牛，正如西方人所谓图腾。图腾即是其一群人之代表。有一人，可与其他人团体中一些人有分别，又可作自己团体中其他人之代表，则可称之为'人物'"（钱穆，《中国思想通俗讲话》，上海三联书店2004年版，第96页）。

　　② 钱穆：《庄老通辨》，上海三联书店2007年版，第55页。

理论往物之用这个层面迈进了一步，①并没有对"无形"为何做出分析，但是，我们将看到"象"之阶段有着其重要意义。当然有待于进一步考察。有一点可以大体上确立：如果说科学意味着对对象之考察，那么前科学阶段则是对"象"——恍惚无定形——之把握，这属于哲学之考。只有这样我们才可能切近于事物。如此一来用"道"、"象"和"物"三个核心范畴描述了科学对象何以可能的阶段。如此，加上我们通常所说的"对象"，这四个范畴共同构成了我们所说的科学对象的本体存在，我们与事物达到了切近。

第二节　寻视操劳与空间拉近

物理意义上的"拉近"意味着借助媒介把处于远处的物体拉至面前，处于远处与拉至近处以距离的长度作为衡量。相比之下，前者距离要大于后者。所以，在自然科学的意义上，空间去远意味着缩短不同物体之间的距离。后现代的"近"意味着空间压缩之间所产生的现象，时空压缩主要与物质生产实践活动有着密切的关系。但是，当我们开始面对现象学的问题时，空间去远意味着什么呢？

在胡塞尔现象学意义上，空间去远与事实上的空间距离变化无关，更多的是主体体验到空间的变化，感觉到空间距离拉近了。这意味着空间拉近这一体验并非空间认知的结果，也非心理感受的结果，实际上是一种对空间距离改变的体验。②一旦集中在现象学的描述上，我们就发现，上述自然科学与文化意义上的分析与我们的关联并不是很大。当然，它是作为问题分析的起点而存在的。但是在海德格尔现象学的视野中，问题则呈现为不同的面貌，我们所追问的问题是：此在去远是此在在世的方式，那么通过现代技术而实现的去远到底意味着什么？这个问题的提出直接指向了现代技术的去远

---

①　杨庆峰：《有用与无用：事物意义的逻辑基础》，《南京社会科学》2009年第4期。

②　杨庆峰：《技术现象学与空间拉近体验反思》，《自然辩证法研究》2009年第4期。

对于此在意味着什么这样一个问题。为了方便分析，我们对上述问题做了分解：

其一，此在的去远旨在追寻"近"。的确，在现代技术的去远活动中，实现了"近"。那么是什么意义上的近呢？

其二，这种"近"是否就是此在本真之近呢？这个问题也是直接回应技术去远对于此在的意义。

是否技术所带来的近并非本真之近？是否只有建立在语言、想象、思念之基础上的近才是本真之近？这个问题是我们无法回避的问题，而在回答这一问题之前，我们必然会涉及"近"之描述。

一　本真之近

"本真"与"非本真"是海德格尔的专门用语，其英文表达为 authenticity and inauthenticity。① 陈嘉映将其翻译为"本真的、非本真的"②。那么对其如何理解呢？

在中国传统思想中，有"本"有"真"。根据钱穆的理解，"此真字，后世用作真实义，在庄子则指其非假于外，而为物之内充自有义。……故庄子之所谓真，即指其物之独化之历程言……真字在儒家古经典中未前见，至庄子始创用之"③。陈嘉映的翻译取"真实"之意，因为他是对 actual, real, turely, original 的翻译，恰恰符合钱穆的分析。那么我们从什么意义上使

---

① 我们通常把"本真"、"非本真"的看做是道德的概念，前者含有正面意义，后者含有负面意义。但是，《海德格尔辞典》中指出，Inauthenticity is not a moral or a theological notion（XXI, 232；LXV, 302）（Michael Inwood, *A Heidegger Dictionary*, *Blackwell Publishers Ltd.*, 1999, pp. 22－24.）这意味着非本真不是道德或者神学概念，我们不能根据字面做出任何的价值判断。在海德格尔本人那里也是如此认为的。

② 钱穆：《庄老通辨》，上海三联书店 2007 年版，第 154、155 页。

③ Eigen gave rise to eigentlich, real（ly）, actual（ly）, true（ly）, original（ly）, etc. To say that DASEIN is not eigentlich might thus mean that it is not real, or not really Dasein. But Heidegger denies this. （Michael Inwood, *A Heidegger Dictionary*, Blackwell Publishers Ltd., 1999, pp. 22－24.）

用"本真之近"这个概念呢？海德格尔给予我们的线索无疑是需要深入挖掘的。他所说的"本真"应该看做是生存论的分析，与科学式的理解是不同的，所以在生存论上所展开的空间拉近之分析应该是本真意义上的近。如此，我们可以具体来看一下他如何给出本真分析的近。

由现象学所确立的"近"不仅可以和人相关，也可以和物相关。海德格尔的描述为我们提供了很好的参考。在他的早期思想中，我们可以看到，以此在为研究的时候，"近"以操劳寻视为标准，他强调了最切近的交往方式是操劳。"从现象学角度把切近照面的存在者的存在展示出来，这一任务是循着日常在世的线索来进行的。日常在世的存在我们也称之为在世界中与世界内的存在者打交道。这种打交道已经分散在诸操劳方式之中。我们已经表明，最切近的交往方式并非一味地进行觉知的认识，而是操作着的、使用着的操劳——操劳有着它自己的认识。现象学首先问的就是这种操劳中照面的存在者的存在。"① 操劳被看做是有着自己的认识方式的最近的交往方式。与之相对应，科学认知相比之下要离事物更远些。这一切都取决于此在之活动。当然在后期，海德格尔的想法发生了变化。我们所追寻的"物之切近"是有所特指的，与此在之操劳无关，而是与"物"之物性相关了。

那么，我们可以来看一下，他所说的物之切近意味着什么？在他晚期的思想中，他关注到现代技术所带给我们的空间拉近体验。从今天的情况看来，海德格尔没有可能注意到由互联网所带来的巨大变更，但是，对这一技术事实的忽略并不妨碍他的思想的伟大性。

"尽管如此，我们还是坚持认为，任何一种近邻关系都包含着某种时空上的相互关联。两座孤立的农家院落——只要还有此种院落——遥遥相隔，人们由此及彼需要在田野上步行一小时之久，却可能是最美好的近邻；相反，城里的两户人家，兴许在同一条街上相对而立，甚至毗邻在一起，却可能根本不认识近邻关系为何。由此可见，近邻之切近并不是以时

① ［德］海德格尔：《存在与时间》，陈嘉映译，上海三联书店1997年版，第79页。

空关系为根据的。也就是说，切近之本质在空间和时间之外，是无赖于空间和时间的。"① 在他看来，这些由现代技术所带来的"近"并非切近。"这种对一切距离的匆忙消除并不带来任何切近；因为切近并不在于距离的微小。"② 那么，切近到底是什么呢？他带领我们开始了追寻切近中存在的东西——"物"（Ding）。他对壶的追问让我们感受到物为何物。"壶的本质乃是那种使纯一的四重整体入于一种逗留的有所馈赠的纯粹聚集。"③ "聚集"成为物之本质。

但是，在他看来，在人类消除距离的种种活动中，却丧失了这种聚集。因为人类种种消除距离的活动都建立在表象性（说明性）的思想之上，而存在论意义上的近之获得只有回到思念之思（das andenkende Denken）。"为了如此这般来经验事物的相互面对，我们必须首先摆脱计算性的表象思维方式。这是毫无疑问的。为四个世界地带之近邻状态开辟道路，让它们相互通达并且把它们保持在它们的辽远之境的切近中的东西，乃是切近本身。"④

如此，对于海德格尔的思想我们已经能够做出基本的描述：建立在表象性之思的技术去远并非让我们致近，而是让我们远离了物。另外，"空间和时间的参数特性遮挡了近邻之切近"⑤。只有以存在之思才能够切中物之近。"切近之本质现身并非距离，而是世界四重整体诸地带的相互面对的开辟道路。"⑥ 我们已经明显感觉到一种由现代技术所带来的近之发生。那么又如何理解这一现象呢？他在《物》中指出，切近中存在的是物。切近即我们这里所说的本真之近，如此问题则导向了对切近的把握是对物的把握。这样的逻辑让我们感到疑惑，为什么会回溯到这里呢？为什么理解本真之近需要进

---

① ［德］海德格尔：《在通向语言的途中》，孙周兴译，商务印书馆 2004 年版，第 205 页。

② 孙周兴编：《海德格尔选集》，上海三联书店 1996 年版，第 1165 页。

③ 同上书，第 1174 页。

④ ［德］海德格尔：《在通向语言的途中》，孙周兴译，商务印书馆 2004 年版，第 206 页。

⑤ 同上书，第 205 页。

⑥ 同上书，第 207 页。

入对物的理解中呢？也就是说为什么要寻求物之物性呢？

如此可以确定的是，当我们把握住物之物性的时候，我们就获得了对我与物的本真之近的把握。那么什么是对物之物性的把握呢？我们可以从他的一些分析中寻求到线索，如他对壶和桥的分析。他所追寻的问题是什么是我与壶和桥的本真之近的状态？对于壶来说，当我触及壶之馈赠的时候，这意味着我切中了壶之壶性，与壶到达了真正的切近状态。"壶之虚空如何容纳呢？它通过承受被注入的东西而起容纳作用。它也通过保持它所承受的东西而起容纳作用。虚空以双重方式来容纳，即：承受和保持。因此'容纳'（fassen）一词是有歧义的。但对倾注的承受，与对倾注的保持，却是共属一体的。而它们的统一性是由倾倒（ausgießen）来决定的，壶之为壶就取决于这种倾倒。虚空的双重容纳就在于这种倾倒。作为这种倾倒，容纳才真正如其所是。从壶里倾倒出来，就是馈赠。在倾注之馈赠中，这个器皿的容纳作用才得以成其本质。容纳需要作为容纳者的虚空。起容纳作用的虚空的本质聚集于馈赠中。但馈赠比单纯的斟出更为丰富。使壶成其为壶的馈赠聚集于双重容纳之中，而且聚集于倾注之中。"①

那么如何看待海德格尔所提供给我们的物之物性的分析（thingness-anaylsis）？这与他的工具分析一起能否给我们提供一条达到切近之途？这个问题远非我们所能够把握的。我们只能初步来对比中国文化史中的分析来看一下。在中国文化中，也存在有关近的描述，而且可以被称为本真之近。所有的描述都和人与人之间的距离相关。"海内存知己，天涯若比邻"的诗句中就描述出，所谓"近"是这样的一个状态，即使身隔千里，处在天边，也感到就在身边。而要达到这一状态，只有知己才可以实现。中国文化对于人与人之间的近给予了描述；在现代还有更有意思的描述，何为远？所谓"远"是这样一个状态——你就在我身边，可是你却不知道我爱你——可谓描述恰当。如此，看来远近与距离无关，物理距离上很远的却可以很近，也

---

① ［德］海德格尔：《演讲与论文集》，孙周兴译，上海三联书店 2005 年版，第179 页。

许物理距离很近的却可以很远。如"同床异梦"这个成语，形容的就是这样一种状态：身处同一张床，可是却想着不同的事情。

但是，心理主义的分析并不能使我们感到满意。就在我们绝望之际，一个新的线索又将问题引导至可能性。这就是我们前面所提到的对"象"之状态的描述。海德格尔的"物之物性"的分析开始接近"象之状态"，但是他的"物之物性"却基于物之功能，如虚空，因而依然是基于物之形的分析。但是，"象"却是对物之无形的把握。这是中国思想高于现象学理论的地方，或许从这里我们能够开始与本真之近切近的旅程。

二　技术之"近"

前面对本真之近做出了简要的分析，接下来自然是对技术之近的分析。在这一概念中我们所强调的是对技术式看待近的分析。在对这一问题考察前，我们需要悬置海德格尔的偏见：技术是表象性的思。他的偏见如此强烈，"作为现代技术世界之参数的空间和时间的统治地位，以一种不可思议的方式侵犯切近之运作，即世界地带的近（Nahnis）"[①]。"这乃是对四个世界地带之相互面对的蹂躏，是对切近的拒绝。"[②] 他最终将由技术的方式称为"作为参数的空间之极端统治地位的确立"。他的这一偏见将我们导引到了对技术的误解之中。作为我与世界之物的中介，技术（科学）是对切近之运作的侵犯，对切近的拒绝。这种逻辑是必须给予悬置的，如果不这样做，我们就无法从一种强烈的价值判断中摆脱出来。我们更关注从事实考察中得出的观念。技术之近所实现的是缺席者以特殊的方式在场。

（一）通过克服地域之间的障碍实现缺席者的在场

交通技术与信息技术能够克服地区之间的障碍，从而在真正意义上实现

---

① ［德］海德格尔：《在通向语言的途中》，孙周兴译，商务印书馆 2004 年版，第206 页。

② 同上书，第 208 页。

了物理空间的去远。这也是我们把现代技术看做是克服地域差异而产生的近。不同的交通技术能够实现不同地域之间距离的消除。而这一切都基于时间的变化得以实现。对于借助自然力来说，克服一定距离所需要的时间会较长；而借助现代交通技术手段，克服同样距离所需要的时间则会更加缩短；追求快速成为交通技术发展的一个主要目标。

信息技术的发展也显示了这样的特点。信息的交流或者交换，如果借助自然力的方式，花费的时间会很长，而今天借助现代交通技术的信息传递则所需要的时间大大缩短。电子信息技术的出现，则将时间缩短到了最小。

在这个过程中，我们猛然发现：不同地域间的距离变得无关紧要了，而时间的缩短成为距离缩短的衡量标准。

（二）通过符号之间的交流实现缺席者的在场

电子信息技术的出现完全实现了空间距离消除的革命方式。我们在电子信息技术中理解了海德格尔所提到的"技术意味着形而上学的极致"这一观点。的确，这一技术在空间距离的消除上达到了顶点，甚至我们无法想象得出有什么能够超越这一技术。信息的载体变化了，所有的内容完全转化为符号。编码、解码成为整个交流的主要过程。在这个过程中，地域并没有任何转换，信息交流者不需要到达另外的地域，但是，他却以一种符号化的方式完成了信息的转换和交流，而保持着物理空间上的不变。但在这一过程中，空间的距离的确消除了，我们发现了前所未有的快捷：信息传递实现了同时化，而在以前非电子时代这是无法想象的。

（三）通过实现感觉的在场实现缺席者的在场，缺席者在场通过感觉的在场实现了

在不同情况下，我们发现在场者的在场方式发生着变化。在不具备消除物理空间距离的情况下以及受到社会制度限制的影响下，人们借助想象和思念的意向物实现了在场者的在场。事实上，想象的意向物与真实的被想象者

之间的关系并不重要，重要的是，想象者以意向的方式实现了在场者的在场，更直接地说，是想象与其意向物的在场。

在具备消除空间距离的情况下，我们发现现代技术实现在场者的方式有所不同。在场者不再是意向的在场，而是身体的在场。当然，身体的在场是经历了空间的转移与时间的变化而实现的。身体有所感，经过空间与时间的变化，身体显现出不同程度的感觉，如疲劳、不适或水土不服。这种地域转换是建立在身体之上的。

最奇特的在场者的方式应该说是电子技术出现后的情况：在场者发生了奇特的变化，主体以符号的方式存在，所有的一切都转化为符号。在场者以符号化的方式存在，符号不断被编码为不同的形象。遥在（Telepresence）这个概念能否作为我们所要说的名称？presence 是在场的表达，那么 telepresence 却是可以看做是现代技术发展所带来的东西。① 如通电话的时候，我们感受到的是对方的声音，我们所听到的声音事实上是被转换的信号。还有看可视电话的时候，容貌与声音一同被转化出来。我们实现着一种全新的在场方式：现实身体的不在场与符号身体的完全在场的整合。在这种方式下，在场者通过符号实现了身体的在场，我们的声音、容貌被传递到另外的地方，同样，对方的一切都传送到我们的周围、我们的世界中。而且这一传送几乎是以同时的方式完成的。

所以，意向物、身体、符号化的身体成为三种不同的在场方式。而这些是基于不同技术所实现的。在不同的情况下，"近"有着不同的形式。在意向物所揭示的情况下，想象与思念成为空间拉近的基础，在这一方式下，我们不如说，想象主体与想象意向之间实现了近，此近是一种独特的文化现象；而身体所揭示的情况下，身体通过空间拉近的技术手段实现了地域的转移，达到了身体的在场，这也是我们的通常意义所在，但在这种情况下，并

---

① Telepresence，被翻译为"遥在"，即在远处的出场（米切尔·海姆：《从界面到网络空间》，金吾伦等译，上海科技教育出版社 2000 年版，第 174 页）。这一翻译似乎有些不妥。Tele-为远之意，telephone 为声音带到远方，telepresence 应该是把此处的身体在场带到远方。

非是我们所追寻的"切近";在符号化的身体所揭示的情况下,一切都被符号化。身体被符号化,取代了"想象"、"思念"等基础上的在场方式。这里所造成的近使得我们产生了一种复杂的难以解答清楚的情感:我们能够感知到对方身体的近,或许有一天电脑技术能够使得我们触摸符号化的身体如同触摸真实的、具有质感的身体,机器人的技术在迅速地逼近这一点;地域的转移完全实现,但是却并非建立在地域之间的现实转换上,而是建立在符号化身体的传递上。那么这意味着什么?

如此,我们已经看到,由现象学者——胡塞尔、海德格尔——所给予我们的思想资源使得我们逐渐接近了问题核心之所在。"视域"、"世界"与"视界"使我们可以解答这一问题了。我们的存在结构在这里得到了明白的体现。特别是视域概念,更容易让我们通达对"切近"的把握。"切近"意味着我们进入物之自身的视域中,事实上并非进入关系,而是一种被卷入。通常情况下,物之视域的呈现是有阶段的,随着这种因缘勾连的整体呈现,物也就被通达了。但是,如果我们没有进一步地深入思考,我们也许会失望,借助这些概念,我们依然处于切近之边缘而没有达到切近。那么,一条通达切近的路也许在前面的勾勒中有所体现了。这就是建构起空间性的因素。我们可以试试这条路了。

在对"世界"的理解上,有着这样一种观点:将世界解释为"情境",具体到"文化世界"①。这一解释本身没有太大的问题,应该说的确切中了问题之所在。这一点我们在前面也已经指出了。顺着这一思路,我们可以看到其中逻辑推演的必然结果是:"全球化—地方化"作为情景的具体表述了,的确,这在一定程度上体现了整个时代的文化内涵。

尽管这个概念克服了"地点"和"位置"的狭窄意义,但是,却使我们陷入了一个静止的泥潭中。这就是:对其世界性的深入挖掘忽略了世界本身的扩展。也许这是我们要关注到的地方。

---

① Peter Ha (Inje University, Heidegger's Concept of the Spatiality of Dasein), http: //www2. ipcku. kansai-u. ac. jp/~t980020/Husserl/appliedPhenomenology/ha. pdf.

　　"地点"与"地点"的联结、"地方"与"地方"的联结成为一个需要注意的地方。当然,在这一联结中还有"符号"与"符号"的联结。这一横向联结成为空间扩展的一个根源。同样,在这一联结中,我们也可以看到在伽达默尔那里所提到的一个"融合"。姑且不论空间如何拓展着自身,我们主要是看到空间更多地表现为"地方"、"符号"之间的联结。

结语　技术去远与本真之近

对于以"去远"概念为审视视角，将空间拉近现象作为对象的反思，我们理应进行一个整体的梳理了，以便继续推进对这个问题的认识。

空间去远意味着距离的消除。"空间上的距离"对于人类来说，其意义需要被探索。在对数学与自然科学的距离概念的考察中我们发现，距离是理解事物运动以及分析事物的一个重要的概念。这一点非常清楚。但是，对这个问题在哲学上的意义，我们很少有洞见。齐美尔给予我们的一种认知就是：空间上的距离对于人类来说是普遍的命运；[①] 对于海德格尔来说，此在的生存方式就是意识到自己是空间性的存在，意识到与他者之间有着距离。当然，这不仅包括地理意义上的距离，而且还是不同主体间的、主体与事物之间的距离。消除空间距离成为人们自身的存在结构之外化，可以说，齐美尔与海德格尔都在某种程度上揭示了人类所具有的这一共同性。人类以彼此的相互作用填充着彼此间的空间（齐美尔）；此在以消除空间距离体现着自身的存在（海德格尔）；那么理解人类消除空间距离的方式就成为一件非常有意思的事情和任务了。

如果说把距离看做是人类的普遍命运，把空间性看做是人类的存在结

---

① 已有学者从审美现代性角度考察了齐美尔的距离概念，见杨向荣《现代性和距离——文化社会学视域中的齐美尔美学》，社会科学文献出版社 2009 年版。但是距离概念并非仅仅是审美体验的基础，而是需要解蔽其作为人类普遍命运的维度。

构，那么空间距离的消除应该被看做是一种普遍性的命运呈现。通过上述研究以及思考，一个突如其来的念头闯了进来：西方哲学的形而上学与人的空间性存在之间的关联是什么？我们能否把空间性作为切入这一传统中的楔子？初看起来，似乎是可行的。整个西方形而上学似乎将自身表现为强调"近"、强调距离消除的传统。从作为形而上学极致的科学—技术来看，这一点是非常明显的。我们通常所说的西方近代科学开始于伽利略，这一观念得到了持续的修正，从"使用数学"的伽利略到"使用工具"的伽利略。应该说这一修正使我们对近代科学开端的理解有了深入的推进，但是这似乎并不足够，我们要开始的是对"使用工具"的伽利略的追问，伽利略所使用的工具是望远镜，那么这一工具的功用是什么呢？毫无疑问，借助望远镜将被观察对象拉至眼前，以便排除幻想、猜想，更真切地看到对象的真实情况。所以从这个角度我们完全可以说，西方视觉主义的基础在于这种空间性规定。科学技术的进步完全是将自身奠基于与事物距离不断拉近的基础上。除了科学—技术外，还有哲学。哲学追求事物的本质，本质无疑是对事物最真切的把握，无论是经验主义还是唯理主义的做法，都是如此。西方其他的艺术形式，如绘画、摄影等，都是基于这种空间拉近来实现着自身。这似乎可以说明我们所关注的现象深层次中存在着有待于进一步挖掘的东西。

　　所以，在基于拉近之基础上，我们的关注点才是人类消除空间距离的方式。这只是次要的问题，但仍然需要给予说明。空间拉近上有着认知和非认知的方式。齐美尔指出，人类消除空间距离在不同的时期表现不同，借助抽象力成为克服空间距离的主要方式，而且克服空间的能力与抽象能力成正比。意识越是原始，社会越是传统，文化越是落后，消除空间距离的方式越是不可能，原始人与儿童只把感性的贴近——物理距离的贴近——看做是真实的贴近。在这一阶段，抽象能力并没有发展起来；而随着社会的进步，人类克服远距离的能力——抽象能力——不断得以提高。齐美尔的论述准确地抓住了克服空间的距离与克服空间距离的抽象能力之间的关系。但是，他没有注意到非认知能力这一因素。

　　这些非认知因素就是我们在前面所提到的思念、想象等因素。在我们看来，传统社会中，由于地域的限制、社会制度的限制，人们之间的信息互通很难实现，面对空间上的距离，他们无法释怀，但是，在这一时刻，思念与想象却成为消除空间距离的能力。这一点的指明使得我们开始意识到，人们消除空间上距离的目的并非仅仅要找寻到"空间上分开物体的共同的归属性"，也不是为了防止"某些相互关系改变性质"，而是一种意向的结果。当然这需要我们进一步的分析才能够实现。思念与想象如何不同于齐美尔所提到的智力发展所认知到的同一性，这一问题依然没有得到解决。

除此之外，现代技术也逐渐显示出这样的实现空间去远的力量来，无疑，我们已经通过多种方式确立了一个事实：各种各样的现代技术，如现代通信技术、现代交通技术等，都消除着空间上的距离。现代技术通过消除空间上的距离，通过符号的连接消除着符号的距离实现了空间的去远。对这个事实，我们必须有清醒的认识，从而基于这一事实我们才能够提出真正的问题来。那么什么是真正的问题？

依照齐美尔的逻辑，也许，我们能够给出一种现代技术的空间消除方面的意义分析来：抽象能力的极致——科学技术——成为主导的方式。这没有什么。这全然符合西方对科学技术的整体理解，当它们把科学技术看做是形而上学发展的极致，当它们把科学技术看做是抽象的认知能力的一种新的形式，自然会产生一种合适的逻辑结果。在这里我们获得的是关于现代技术所导致的空间拉近体验的合理的逻辑解释。但是，我们是否就因此而感到满足呢？

齐美尔将空间距离的消除与人类智力之间的发展看做是正比的做法显然有一些问题。人类的感性、知性与理性能力并不能看做是直线式的发展过程。我们有必要抛弃这种直线式的看问题的方式，而要将一种独特的视角给予明示：想象与思念这样的东西在空间去远上起着怎样的作用？它们相对于认知力来说并非低级的东西，而是表现为不同的方面。那么，从这个角度看，这里恰恰意味着问题的开始。

接下来才是面对我们一直关心的问题：如何看待借助不同方式实现的空间拉近中我们获得的东西？对这个问题，思想史上的大师们给予我们的回答是比较明确的。海德格尔注意到了现代技术所带来的空间距离消除的现象：由于现代技术，我们与他者——我们与事物、我们与其他人——之间的距离被不断消除，一些东西被带到了面前。现在的问题是：这些被带到了切近的东西如何理解？它们是否是切近本身呢？海德格尔所给予的回答并不是很令人满意。在早期的时候，以上手方式与此在交面的东西被看做是切近的东西；而在后期，此在消失到事物之后，被带到面前的，能够被称为切近的东西是事物自身所呈现的东西——聚集起来的东西。在海德格尔有名的"壶"的分析中，"聚集起天、地、神、人本身"是切近中的东西。其内含的神秘主义的东西难以令人信服。从他的角度看，现代技术所带来的诸多的近绝非本真之近。在另外一位社会学大师身上，我们看到了相似的观念，这就是齐美尔。他指出，空间距离的拉近历程也是我们丧失若干东西的过程。在他对距离变化的理解中蕴藏着我们所熟悉的东西，即空间拉近的过程中我们丧失了一些原初的东西。两位大师给予我们的结论基本上有一致之处，即我们在空间拉近的过程中并没有获得我们所希望的"近"，换句话说，我们依然远离事物和自身。

那么何者可以称为切近之带来呢？海德格尔给出了"语言"（道说）这个答案。"作为世界四重整体的开辟道路者，道说把一切聚集入相互面对之切近中，而且是无声无臭地，就像时间时间化、空间空间化那样寂静，就像时间—游戏—空间开展游戏那样寂静。"①

大师们的回答是清晰的，在他们睿智的视野中，这一问题得到了充分的分析。但是如何理解现代技术所带来的空间去远体验？这个问题依然没有获得有效的解决，而是展示出这个问题的重要性，引起人们的注意。

"技术去远"与"本真之近"作为问题的确立也许显示了我们内心的一种恐慌。齐美尔早已指出了这一点，对我们有很大的帮助。他的描述是如此

---

① ［德］海德格尔：《在通向语言的途中》，孙周兴译，商务印书馆 2004 年版，第212 页。

地细腻，我们不禁为他所吸引。现代技术的发展使得存在者自身及其属性离我们很近。我们通过不同的知觉把握着事物不同的属性。但我们丝毫也没有注意到主体在这个时代的分裂，我们把这种分裂看做是非常正常的事情。听到电话铃声，拿起电话，我们听到了对方的声音，我们开始了和对方的交流。电话线对我们意味着什么？这个问题开始消失不见。我们忽略了电话线的存在，我们形成了一种认识，我们正在和他者进行交流，因为他者的声音是如此的清晰和明朗。但这或许是一种错误的幻象。不断发生的事情说明着错误自身，电话成为欺骗我们的一种工具。我们应该回到大师那里，只有这样我们才能够拾起我们所忽略的东西，或者回到我们迷失自己的路口。电话线意味着什么？它意味着这样的一种物质：对于单独的个体而言，它们没有意义，但只有相当于关于结晶在他们之中的人之间或者人的团体之间的关系时，它们的意义才得以存在。"这是精神生活的一个基本事实：即我们通过特殊的对象去象征我们存在的不同元素之间的关系，这些对象自身是一些物质实体，但他们对于我们的意义则仅仅是或多或少同它们紧密联系的关系的可见的表象。"① 齐美尔指出，一个结婚戒指、一封信、一句誓言、一件官式的制服，都是一个道德的或理性的、法律的或者政治的、人们之间的关系的符号或者表象。他对货币的阐述非常有助于我们理解我们所说的现代技术。"货币作为一般的存在形式的物质化，依据之事物从它们彼此的相互关系中找到了其意义。"② 如此，电话线，或者是电话这样的东西，在交谈对方的彼此相互关系中确立了其意义。

"何为近？""何为远？"这个问题又浮现出来。如何解决这个问题成为一个困惑。或许，这是个概念问题。我们用"远"与"近"来描述经验。伽达默尔的关于概念运用的观点引起了我们的兴趣，这或许会有助于问题的解决。他指出，"概念运用中的责任和可靠需要一种概念史意识，这样一个人就不会随意地建构定义，或者幻想着以为能将哲学的话语标准化为一些固定

---

① ［德］齐美尔：《货币哲学》，陈戎女译，华夏出版社 2007 年版，第 64 页。
② 同上。

的、必须遵循的形式"①。这使得我们被拔离了原先的问题，不过不必担心，或许我们将获得一种对本身问题的考察线索。

将"远"和"近"看做是概念的运用问题，无助于我们问题的最终澄清，如果超越出把"远、近"当做语言的运用问题，那么，我们就会突然走向一个明朗的地方。真是"柳暗花明又一村"！所谓远与近并非仅仅是概念运用的问题，而是个关乎概念与原初经验的问题。"远"、"近"的运用，必须关联到原初经验，这也就是伽达默尔所说的概念史意识。这样一来，正是符合我们的最初用意：言说不同时期的被称为原初经验的东西。我们的问题是，那些经验是否被明确地给予描述了呢？这或许是问题的真正开始，而不是结束。

"远"描述着怎样的经验？这个问题从未经过反思，从未经过发问。我们只是执著地追寻着"近"之经验。但这并不意味着"远"的问题离我们很远，而是隐藏在"近"之侧身，等待着理性光亮的照耀。但这远非本课题所能够涉及的，而需要专门的论述。

于是，我们继续展开对"技术去远"的把握。技术去远的空间基础是"地方"和"符号"。"地方"即地点，此在所在的地点。"符号"即此在的外在化，此在以符号化的方式表现着自身。地方与地方之间的联结、符号与符号之间的联结成为此在空间性的表现，而这一切都有赖于技术的进步。实现这一过程的方式有着不同的变化。从语言、文字到工具再到信息联结。这一变化体现为联结方式的不同。在这一联结方式转变的背后是一个联结世界的不同。而且不同的联结显示了不同的"近"之表达。工具联结的是地点。交通工具的出现即如此实现了地点与地点之间的联结。信息连接的是符号。符号也是一个特殊的世界。但是，这个世界是简化了的此在世界。语言与文字所联结的是世界。这个世界由想象、思念和情意所构成。

---

① ［美］戴维·斯蒂尔编：《20世纪七大思想家自述》，上海人民出版社2004年版，第224页。

那么，如何理解这种不同时代的经验呢？这个问题真正成为困扰我们的核心所在。

"近"这个词被使用在空间与空间之间的接近上是否合适？"近"是否由"拉"这一行为完成？这开始成为有意思的问题。是否这个词的无概念史意识的使用造成了我们问题的混乱？或者一个被我称为哲学问题的发生？是否说如果说明了这一点，这个问题就变得澄清了。这个类似于分析哲学的做法是否对我们这里的问题有帮助。也许没有我们所期望的那样。但毫无疑问，把实在问题转换为语言的运用的确转换了问题分析的思路。当然，我们还是紧紧追踪着伽达默尔，他对概念的规定使得我们没有偏离问题。"远、近"主要是针对被讨论之物的本质，而并非仅仅是工具和理解的中介。

所以，我们说，对现代技术的空间拉近体验给予的分析必须从这里打开缺口。以往人们生活在彼此的地域之中，现在则生活在流动的空间之中，在这个意义上，人们之间的距离变得无关紧要了，或者用我们的话说是空间拉近了。但是，这是否就是问题的本质所在呢？应该说，这只是问题的表面。更重要的问题是追问当我们使用"近"这一词时，所表现出来的成见和意义是什么？

现在问题开始变得明了起来。当我们使用这个概念时，人类的自豪与成就无疑显得高涨。我们通过自身的努力，可以使得各种物理上的距离发生改变，空间与空间之间的距离借助交通技术得以改变；使得不同地域之间的文化、人发生交流；难道这就是人类所能够感受到的"近"？即便海德格尔也把此在的操劳当作近的一种努力；但事实上，他后期否定了他自身的做法。我们发现的一个问题是：距离是否因此而消失？人与物是否变得更接近？人与人是否更加接近？一切似乎又出现了矛盾。

所以，我们极力想探寻清楚隐含在"拉近"这个概念背后的预断。这或许就是功能主义和效率主义所追寻的东西。如此，我们必须让近的本身自身显现出来，这才是根本所在。

　　中国文化中存在着各种表达近的经验的说法。如"海内存知己，天涯若比邻"，"身无彩凤双飞翼，心有灵犀一点通"①。其中"灵犀"一词通常说出了相爱双方心灵的契合与感应。一种"近"之距离油然而出。这种传统的表达"近"之经验的说法比比皆是。当然，还有相反的说法，"远"的说法。那么一个有意思的问题是，这里的远近并非可以衡量的尺度。

　　所以，远近并非度量的结果，而是人与人、人与物交融的结果。在这种交融过程中实现了远与近的表达。

　　引用齐美尔的一句话可以有效理解这里所说的问题，"并非空间上的近或远的形式创造着邻里或者陌生的种种特殊的现象，哪怕这似乎是不可辩驳的。毋宁说，这纯粹是一些各种心灵的内容产生的事实，它们的进程与其空间形式的关系，原则上并无异于打一场战役或打一次电话与其空间形式的关系——哪怕毫无疑问，这些进程同样只能在某些十分特定的空间条件下才得以实现"②。齐美尔的问题是，陌生与亲密感是由什么造成的？这一社会化行为的条件是什么？

　　齐美尔是一个奇特的人，我们在他身上找寻到了一种证据："空间去远"的体验属于人类的普遍命运的东西。不同时代的人们采取不同的方式实现着或者经验到这一事实。这比海德格尔更有说服力。海德格尔指出了人类去远的结构性。这似乎被很多人看做是创造性的，但是，我们这里所看到的结果是：他并非第一人，至少在这个问题上。去远的实现——通过技术手段——是切实的，只有现代社会中才能够完成的事情，而在这之前，我们已经看到了一种并非抽象能力的东西——情感、思念、想象等——成为去远的方式。

　　这也是我们这一课题考察的结果：现代社会中空间去远的方式无疑是技术、理性发展的极端的产物，而这一方式的出现的确实现了物理意义上

---

　　① 李商隐：《无题二首》（其一），见周汝昌等《唐诗鉴赏辞典》，上海辞书出版社2006年版，第1176页。

　　② ［德］齐美尔：《社会是如何可能的》，林荣远编译，广西师范大学出版社2002年版，第291页。

的近；当然，却取代了传统社会中的空间去远的方式——情感、思念与想象，一种传达着、并且构建意义世界的东西。倘若我们再次看看宗白华的观点就会对这一问题的理解趋于清晰。他在空间意识的分析中谈到这样一个观点：

> 龚定庵在北京，对戴醇士说："西山有时渺然隔云汉外，有时苍然堕几席前，不关风雨晴晦也！"西山的忽远忽近，不是物理学上的远近，乃是心中意境的远近。①

由此可见，美学上有"意境之拉近"的说法，这倒是一个值得关注的地方。这种由美学意境所揭示的空间拉近对于阐述生存论意义上的空间拉近至关重要。正如我们在上面所指出的，现代技术导致的空间拉近无疑是物理意义上的，但是它的更深层次的问题在于将审美意境给予消除，不仅如此，还消除了上述由情感、思念与想象所构成的空间。基于审美意境的空间理解已经更多为现代高科技的真实性所取代，拉近被还原到物理意义上。这值得我们进一步反思。

这个问题由于一个偶然的机会获得了突破。2008 年奥运会在北京召开，而中国人清楚地知道奥运会对自己的意义是什么吗？记得看过一个广告公益片，内容说的是中国人与奥运会的距离，从最初中国人通过油墨新闻纸获得奥运会的消息，到后来有了无线电、电视、网络，我们可以同步收看到奥运会的任何节目。奥运会与我们的距离与日俱减。可以说，借助这些现代传媒手段，我们与奥运会的距离被极大地拉近了。可是，奥运会的意义却始终没有获得。这也许是重要的问题所在。中国人的申奥之路充满了风波和坎坷。奥运成为中国人心中的情结，成为中国人的梦想，2008 年北京奥运会的举办才意味着中国人真正与奥运会在一起了，也就是说与奥运会实现了真实的近。梦想得到了实现，情结得到了满足。这就是奥运意义的体现。而这种近

---

① 宗白华：《美学漫话》，长江文艺出版社 2008 年版，第 52 页。

的获得,我们发现是理想与梦想的现实化。而现代技术的拉近对于中国人来说,并没有太大的意义。这个事件的发生,意义是重大的,不仅对于中国人、中华民族来说,同时对于我个人来说也是如此。它使我对一个哲学问题的反思获得了突破。

我们再回到原初的问题上,当我们问,人与人、人与事、人与物之间的空间拉近,并讨论是否真的实现了本真之近这样的问题时,我们关心的是什么?从上述历史事件来说,所谓的近,即是与主体的梦想、理想相连的东西,或者说关乎意义这样的东西。近是主体梦想和理想的现实化,也只有通过一种独特的方式才能够实现。从我们看到奥运会的新闻消息,到我们听到奥运会的现场播送,再到我们欣赏到奥运会同步的精彩比赛节目时,我们与奥运会的距离无疑是拉近了。这一点毫无疑问。但是,奥运会的意义与我们是否拉近了?对这个问题的回答是否定的。而我们与奥运会的本真拉近是在2008年中国举办奥运会这一历史性事件中得以实现的。这一行为意味着某种梦想的现实化。当然这个过程充满了坎坷与艰难。当然这只是第一步。真实的拉近或许是在对奥运会理解的问题上,如果奥运会只是成为中国人展现自身的一个媒介,那么这种拉近并非是完全的。只有当通过奥运会的举办充分理解了奥运会的意义所在,以奥运会举办人的方式理解了奥运会的意义,这才是真实的拉近。

如此,由海德格尔在不同时期所开拓的理解切近的路是有效的。的确,切近展现在此在的操劳活动中,然而这只是第一步;此在在操劳之中对物的意义有所领会,这才是最终所在。然而意义的领会何其容易。所以,我们始终所追寻的近是难以获得的。

技术所给予的近无疑偏离了我们所说的由意义所确立起来的近。现代技术在静观的态度上体现得淋漓尽致。我们可以通过各种方式满足我们无限好奇心的角度来静观,满足视觉上(知觉)的好奇心。通过报纸,我们可以知晓比赛的结果和比赛的激烈程度;但是,我们更希望看到比赛激烈的场面,在电视未出现之前,无线电让我们听到了比赛的激烈程度和结果;随着卫星电视的出现,我们可以看到比赛的场面。当然,我们可以从各种各样的角度来观看比赛，如慢镜头，让我们看到了高难度动作的结构，静止的镜头让我们感受到了运动员的表情；重复播放让我们无限次观看精彩镜头，不断重放……一切都借助技术得到了展现。但是，奥运会的意义呢？是否因为技术的发展而获得了不断的诠释呢？

我们并没有因为我们能够观看到奥运会而感到自豪，也没有因为能够通过卫星电视观看奥运会而实现了梦想。而能够"举办"则成为成就这一切的根本。不仅是参与，而且是举办，让其他人来参与，这才是奥运会的本真意义所在。

所以，海德格尔对于祭祀之物（壶）的言说，必然会从祭祀者的角度来言说，只有当领会了祭祀者在祭祀活动中的行为、领会了祭祀活动本身的意义所在时才意味着近。在这个意义上，与其说是此在操劳着，与某物打交道，不如说是在活动中，此在领会了活动的根本意义。在这个意义上，"天、地、神、人"得到了一种理解：祭祀意味着祭天、拜地、祈神、求人。在祭祀活动中，祭祀者化身为祭祀活动的一个环节，与此同时，祭品（壶及其他）成为祭祀的构成环节。缺少其中之一都显得不可能。所以，我们看到，在举办中，中国人更多的是成为奥运精神的传承者，毕竟 2012 年奥运会又被传承到英国伦敦，我们所要做的是确保奥运精神在传承过程中保持其原本的意义。但是，现实所出现的事情是：奥运在某些时候会沦为政治、经济等工具。这是没有办法的事情。

所以，奥运会最初没有观众，其意义也就是如此。在参与中、在举办中实现自身的意义；而观众的出现完全扭曲了奥运会的意义。因为静观的态度消解了对奥运会的理解。现代技术所实现的作用恰恰是如此。

"现代技术拉近体验"最终被思，但是依然没有获得足够的深入。也许，这关乎现代性的本质。毕竟现代技术属于现代，属于形而上学的传统。海德格尔对"庞大之物"（das Riesenhafte）的描述很有意思，也许能够对我们理解现代技术拉近体验有所领悟。庞大之物在现代进程中不断显示出来，而且是在愈来愈细微的方向上。那么什么是庞大之物？"庞大之物乃是那种东西，通过这种东西，量成为某种特有的质，从而成为某种突出的大。"① 在现代技术的拉近中，庞大之物表面上被消除。海德格尔把拉近看做是对"那些陌生的和冷僻的日常世界的表象或摆出活动（Vor-stellen）"。这让我们开始想象这样一个可能性，或许只是可能性吧，这就是在我与父母的通话中，他们在我的世界中是被表象出来？是被摆出来？还是最终被作为图像摆出来呢？通话中仅仅听到声音是一种遗憾的事情，人们更希望在听到声音时看到他们的音容笑貌，如同与他们真实地相处一样。②

　　这种可能性如何呈现出来？这始终成为疑问困扰着我。我一下子领悟了海德格尔在分析洞穴比喻时所说的一段话："因为这个比喻叙述了一些过程，而只不过报告了人在洞穴内和洞穴外的居留和情况。而所报告的过程乃是从洞穴向日光、又从日光到洞穴的过渡。在这些过渡中发生了什么？所发生的这些时间是何以可能的呢？"③ 还有一个地方，他谈到了眼睛产生的迷乱，"从洞穴向日光、又从日光到洞穴的过渡，总是要求人们的眼睛适应从暗到亮、从亮到暗的改变。这时候，而且由于一些往往相反的原因，眼睛常常被弄迷乱了"④。我们的处境何尝不是这样？一方面，我们通常处在洞穴之中，用电话、电脑与他人联系，看着洞穴上的东西；另一方面，我们又在思想上试图走出洞穴。的确，我们到达了一个光亮之地，但是，我们的矛盾真正在于在过渡中，从现实洞穴到思想之地的过渡不停地往复，这种过渡产生的迷乱使得这一问题得以产生。

　　回到海德格尔的话语中，我们发现我们从未前行过，"人或者可能由于某种几乎没有受过注意的无知状态而达到那个地方，即存在者更为本质性地向他显示出来的地方，而在那里，他起初又不能应付这种本质性的东西；或者人也可能从某种本质性的知识的态度中掉下来，并且被驱使到普通现实性的优势区域之中，但又不能把在此习见的和习惯的东西认作现实事物"⑤。

---

① 孙周兴编：《海德格尔选集》，上海三联书店1996年版，第905页。
② 这似乎引出一个有趣的结论：电话应该实现可视通话，而且能够普及开来，但是现实的情况却与此相反，可视电话最终失败了。
③ ［德］海德格尔：《路标》，孙周兴译，商务印书馆2004年版，第248页。
④ 同上。
⑤ 同上书，第249页。

海德格尔谈到了人的适应性，"心灵都必须以忍耐的态度、以合乎实际的步骤，去适应它所遭受的存在者领域"，尽管缓慢，而且需要持续的忍耐力，但总是可以适应的。但是，我们却无法如愿，我们无从选择自己的处境，我们只能待在虚拟的现实中。

参 考 文 献

专著

1. Edward S. Casey, *The Fate of Place: A Philosophical History*, Berkeley, California: University of California Press, 1997.

2. Edward S. Casey, *Getting Back into Place*, Indiana University Press, 1993.

3. Fr. Robert Sokolowski, Presence and Absence, *A Philosophical Investigation of Language and Being*, Bloomington: Indiana University Press, 1978.

4. Graham Harman, *Tool-Being: Heidegger and the Metaphysics of Objects*, Open Court, 2002.

5. Innis, Harold, *Empire and Communications*, Oxford: Oxford University Press, 1950.

6. Martin Heidegger, *Poetry Language Thought*, trans., Albert Hofstadter, New York: Harper Colophon Books, 1975.

7. Martin Heidegger, *Being and Time*, translated by John Macquarrie&Edward Robinson, China Social Sciences Publishing House, Chengcheng Books Ltd., 1999.

8. Michael Inwood，*A Heidegger Dictionary*，Blackwell Publishers Ltd，1999.

9. Peter Glotz，Stefan Bertschi，Chris Locke（eds.），*Thumb Culture*：*The Meaning of Mobile Phones for Society*，Bielefeld：transcript Verlag，2005.

10. Edmund Husserl，*Thing and Space*：*Lectures of 1907*，R. Rojcewicz（Translator），Kluwer Academic Publishers.

11. ［美］爱德华·W. 苏贾：《后现代地理学——重申批判社会理论中的空间》，王文斌译，商务印书馆 2004 年版。

12. ［德］本雅明：《机械复制时代的艺术作品》，王才勇译，江苏人民出版社 2006 年版。

13. ［美］布龙菲尔德：《语言论》，袁加骅、赵世开、甘世福译，商务印书馆 2004 年版。

14. ［法］布希亚：《物体系》，林志明译，上海世纪出版集团 2001 年版。

15. 陈从周、蒋启霆：《园综》，同济大学出版社 2004 年版。

16. 陈亚军：《实用主义：从皮尔士到普特南》，湖南教育出版社 1999 年版。

17. ［德］格奥尔格·齐美尔：《现代性的诊断》，成伯清译，杭州大学出版社 1999 年版。

18. ［法］达尼洛·马尔图切利：《现代性社会学——二十世纪的历程》，姜志辉译，译林出版社 2007 年版。

19. ［美］戴安娜·克兰：《文化生产——媒体与都市艺术》，赵国新译，译林出版社 2002 年版。

20. ［英］戴维·多伊奇：《真实世界的脉络》，梁焰等译，广西师范大学出版社 2002 年版。

21. ［美］戴维·哈维：《后现代状况》，阎嘉译，商务印书馆 2004 年版。

22.〔美〕戴维·斯蒂尔编：《20世纪七大思想家自述》，上海人民出版社2004年版。

23.〔丹〕丹·扎哈维：《胡塞尔现象学》，李忠伟译，上海世纪出版集团2007年版。

24.〔法〕丹纳：《艺术哲学》，傅雷译，人民文学出版社1981年版。

25.〔法〕德里达：《论文字学》，汪堂家译，上海译文出版社1999年版。

26.〔法〕德里达：《声音与现象》，杜小真译，商务印书馆2001年版。

27.〔加〕菲利普·马尔尚：《麦克卢汉——媒介及信使》，何道宽等译，中国人民大学出版社2003年版。

28.〔德〕费迪南·费尔曼：《生命哲学》，李健鸣译，华夏出版社2000年版。

29.〔英〕弗兰克斯·彭兹等编著：《空间》，马光亭等译，华夏出版社2007年版。

30.〔法〕弗兰西斯·巴尔、杰拉尔·埃梅里：《新媒体》，张学信译，商务印书馆2005年版。

31.傅道彬：《晚唐钟声》，东方出版社1996年版。

32.〔德〕伽达默尔：《真理与方法》，洪汉鼎译，上海译文出版社2004年版。

33.〔日〕高田珠树：《海德格尔——存在的历史》，刘文柱译，河北教育出版社2001年版。

34.〔英〕格立宾夫妇（Mary and John Gribbin）：《时间与空间》，叶李华译，猫头鹰出版社2006年版。

35.贡华南：《味与味道》，上海人民出版社2008年版。

36.古风：《意境探微》，百花洲文艺出版社2001年版。

37.〔德〕海德格尔：《存在与时间》，陈嘉映译，上海三联书店1999年版。

38.〔德〕海德格尔：《路标》，孙周兴译，商务印书馆2004年版。

39. 〔德〕海德格尔：《演讲与论文集》，孙周兴译，上海三联书店 2005年版。

40. 〔德〕海德格尔：《在通向语言的途中》，孙周兴译，商务印书馆2004年版。

41. 贺新辉主编：《宋词鉴赏辞典》，北京燕山出版社 1991 年版。

42. 〔德〕赫尔曼·施密兹：《新现象学》，庞学铨等译，上海译文出版社 1997 年版。

43. 〔德〕黑格尔：《逻辑学》，杨一之译，商务印书馆 1996 年版。

44. 〔德〕黑格尔：《哲学史讲演录》第 1 卷，贺麟、王太庆译，商务印书馆 1997 年版。

45. 洪汉鼎编：《伽达默尔集》，上海远东出版社 1997 年版。

46. 〔德〕胡塞尔：《纯粹现象学通论》，李幼蒸译，商务印书馆 1996年版。

47. 〔德〕胡塞尔：《笛卡尔沉思与巴黎演讲》，张宪译，人民出版社2008 年版。

48. 胡雪冈：《意象范畴的流变》，百花洲文艺出版社 2002 年版。

49. 〔英〕吉登斯：《现代性的后果》，田禾译，译林出版社 2000 年版。

50. 〔美〕加里·古廷：《20 世纪法国哲学》，辛岩译，江苏人民出版社2005 年版。

51. 蒋廷黻：《中国近代史》，上海古籍出版社 2004 年版。

52. 〔德〕卡西尔：《人文科学的逻辑》，关之尹译，上海译文出版社2004 年版。

53. 〔德〕康德：《实用人类学》，邓晓芒译，上海世纪出版集团 2005年版。

54. 黎活仁等主编、陈恬仪等著：《宋词的时空观》，台北：大安出版社2001 年版。

55. 刘善龄：《西洋风——西洋发明在中国》，上海古籍出版社 1999年版。

56. 〔美〕鲁道夫·马克瑞尔：《狄尔泰传》，李超杰译，商务印书馆 2003 年版。

57. 〔德〕吕迪格尔·萨弗兰斯基：《海德格尔传》，商务印书馆 1999 年版。

58. 罗刚、顾铮主编：《视觉文化读本》，广西师范大学出版社 2004 年版。

59. 〔法〕罗兰·巴特：《符号学历险》，李幼蒸译，中国人民大学出版社 2008 年版。

60. 〔奥〕马赫：《感觉的分析》，洪谦等译，商务印书馆 1997 年版。

61. 〔美〕米切尔·海姆：《从界面到网络空间》，金吾仑等译，上海科技教育出版社 2000 年版。

62. 〔加〕梅蒂·莫利纳罗等：《麦克卢汉书简》，何道宽等译，中国人民大学出版社 2005 年版。

63. 〔法〕梅洛—庞蒂：《知觉现象学》，姜志辉译，商务印书馆 2001 年版。

64. 孟建、Stefan Friedrich 主编：《图像时代：视觉文化传播的理论诠释》，复旦大学出版社 2005 年版。

65. 牟宗三：《中国哲学十九讲》，上海古籍出版社 2007 年版。

66. （明）黄凤池编：《唐诗画谱》，綦维等整理，山东画报出版社 2007 年版。

67. （明）汪氏编：《宋词画谱》，綦维注释，山东画报出版社 2007 年版。

68. 〔英〕尼克·史蒂文森：《认识媒介文化——社会理论与大众传播》，王文斌译，商务印书馆 2005 年版。

69. 倪梁康：《胡塞尔现象学概念通释》，上海三联书店 1999 年版。

70. 倪梁康：《意识的响度》，北京大学出版社 2007 年版。

71. 潘吉星：《中国造纸史话》，商务印书馆 1998 年版。

72. 庞景仁编著：《詹姆士：彻底的经验主义》，上海人民出版社 1987

年版。

73.〔美〕皮普·科伯恩:《创新的迷失》,贺丽琴译,北京师范大学出版社 2007 年版。

74. 蒲震元:《中国艺术意境论》,北京大学出版社 2004 年版。

75.〔波兰〕齐格蒙格·鲍曼:《流动的现代性》,欧阳景根译,上海三联书店 2002 年版。

76.〔德〕齐美尔:《货币哲学》,陈戎女译,华夏出版社 2007 年版。

77.〔德〕齐美尔:《社会是如何可能的》,林荣远编译,广西师范大学出版社 2002 年版。

78. 钱穆:《中国思想通俗讲话》,上海三联书店 2004 年版。

79. 钱穆:《庄老通辨》,上海三联书店 2007 年版。

80. 钱穆:《中国文化史导论》,商务印书馆 2002 年版修订版。

81.〔法〕萨特:《想象》,杜小真译,上海译文出版社 2008 年版。

82. 束定芳主编:《语言的认知研究》,上海外语教育出版社 2004 年版。

83.〔美〕托马斯·H. 黎黑:《心理学史》,李维译,浙江教育出版社 1998 年版。

84. 王崇焕:《中国古代交通》,商务印书馆 1996 年版。

85. 王逢振主编:《詹姆逊文集》第 3 卷,中国人民大学出版社 2004 年版。

86.(宋)陈淳:《北溪字义》,中华书局 2009 年版。

87. 孙周兴编:《海德格尔选集》,上海三联书店 1996 年版。

88.〔瑞士〕索绪尔:《普通语言学教程》,高名凯译,商务印书馆 2005 年版。

89. 唐兰:《中国文字学》,世纪出版集团、上海古籍出版社 2006 年版。

90. 王松茂主编:《中华古汉语大辞典》,吉林文史出版社 2002 年版。

91.〔德〕威廉·冯·洪堡特:《论人类语言结构的差异及其对人类精神发展的影响》,冯小平译,商务印书馆 2004 年版。

92.〔德〕乌尔里希·贝克:《全球化时代的权力与反权力》,蒋仁祥等译，广西师范大学出版社 2004 年版。

93. 吴小如等撰：《汉魏六朝诗鉴赏辞典》，上海辞书出版社 2006 年版。

94. 夏承焘等撰：《宋词鉴赏辞典》，上海辞书出版社 2006 年版。

95. 夏征农主编：《哲学大辞典》哲学卷，上海辞书出版社 2003 年版。

96. 周汝昌等撰：《唐诗鉴赏辞典》，上海辞书出版社 2006 年版。

97. ［英］约翰·汤姆林森：《全球化与文化》，郭英剑译，南京大学出版社 2002 年版。

98. 杨向荣：《现代性和距离》，社会科学文献出版社 2009 年版。

99. 岳师伦：《翰墨风神——中国书法的意蕴》，北京大学出版社 2008 年版。

100. 曾亦：《本体与功夫》，上海人民出版社 2007 年版。

101. 藏嵘：《中国古代驿站与邮传》，商务印书馆 1997 年版。

102. 钟泰：《庄子发微》，上海古籍出版社 2002 年版。

103. 周迅：《中国的地方志》，商务印书馆 1998 年版。

104. 朱光潜：《诗论》，武汉大学出版社 2008 年版。

105. 朱光潜：《朱光潜全集》，安徽教育出版社 1996 年版。

106. 宗白华：《美学漫话》，长江文艺出版社 2008 年版。

107. ［英］A. D. 史密斯：《胡塞尔与〈笛卡尔沉思〉》，赵玉兰译，广西师范大学出版社 2007 年版。

108. ［德］H. 赖欣巴哈：《科学哲学的兴起》，伯尼译，商务印书馆 1996 年版。

109. ［英］W. C. 丹皮尔：《科学史及其与哲学宗教的关系》，商务印书馆 1997 年版。

文章

110. 曹继东：《现象学与技术哲学——唐·伊德教授访谈录》，《哲学动态》2006 年第 12 期。

111. 陈凡、庞丹、王健：《实用主义视野中的技术哲学》，《科学技术与辩证法》2005 年第 4 期。

112. 陈怡：《试论杜威经验的方法对传统经验概念的重建》，《哲学研究》1999 年第 3 期。

113. 韩水法：《启蒙和理性》，《哲学研究》2009 年第 2 期。

114. 黄鸣奋：《拇指文化、手机与社会存在》，《读书》2009 年第 4 期。

115. 江立华：《我国户籍制度的历史考察》，《西北人口》2002 年第 01 期。

116. ［英］朗达·豪本：《互联网的国际和科学起源及网民的出现》，《科学文化评论》2008 年第 2 期。

117. 刘则渊：《马克思和卡普：工程学传统的技术哲学比较》，《哲学研究》2002 年第 2 期。

118. 马会端、陈凡：《全球化与技术：国外技术哲学研究的新趋势》，《哲学动态》2008 年第 5 期。

119. 孟伟：《embodiment 概念辨析》，《科学技术与辩证法》2007 年第 1 期。

120. 苗珍虎：《吴奔星"诗学是情学"观与创作研究》，《南京社会科学》2009 年第 4 期。

121. 钮卫星：《从"〈大衍〉写〈九执〉"公案中的南宫说看中唐时期印度天文学在华的地位及其影响》，《上海交通大学学报》（社会科学版）2006 年第 4 期。

122. 庞丹、陈凡：《实用主义视野中的技术创新初探》，《沈阳师范大学学报》（社会科学版）2004 年第 2 期。

123. 王胜利：《黄河谣》，《中国美术研究》2008 年第 4 期，封二。

124. 希克曼、曾誉铭：《批判理论的实用主义转向》，《江海学刊》2003 年第 5 期。

125. Don Ihde，Multistability in Cyberspace，Mikael Hård，Andreas Lösch and Dirk Verdicchio（ed.）(2003)，*Transforming Spaces，The To-*

pological Turn in Technology Studies，http：//www. ifs. tu-darms-tadt. de/fileadmin/gradkoll//Publikationen/space-folder/pdf/Ihde. pdf.

126. Gary Backhaus，The Phenomenology of Telephone Space，Human Studies 20，1997.

127. M. Arnold，On the Phenomenology of Technology：the "Janus-faces" of Mobile Phones，*Information and Organization* 13 (2003).

128. M. Löw，The Constitution of Space：The Structuration of Spaces Through the Simultaneity of Effect and Perception，*European Journal of Social Theory*，2008，11.

129. P. P. Verbeek，Cyborg Intentionality：Rethinking the Phenome-nology of Human Technology Relation，*Phenomenology Cognitive Science* (2008) 7.

130. Zhaizhenmin，*The Mobility of Mobile Phone：A Phenomenological Analysis*，presented at the Phenomenology and Media Conference in May，2003，Helsinki，Finland. 中国现象学网，http：//www. cn. phenomenol-ogy. com/modules/article/view. article. php/451/c7.

后　记

　　每个故事都有结尾，每本书都有后记。

　　感谢身边的每一个人。从家人到朋友，从领导到同事。同时也要感谢国家哲学社会科学办公室、上海市哲学社会科学办公室，作者得到了这些单位的支持，想法才能变成现实。

　　本书受上海大学 211 第三期建设《转型期中国民间文化生态》支持。它的完成是对博士期间遗留问题继续思考的结果。读博期间，对技术问题的现象学分析尤其感兴趣。但却只是盲人过河，摸索前行。现在想来，博士期间的问题为宏大叙事，缺乏细致描述；如今，细致描述做到了，以现代技术下的空间拉近体验为描述现象，把它看做被给予的现象，加以描述，成就此文。

　　当然本书的完成又为自己遗留了若干后续问题：技术现象学的后续维度如何展开？空间、图像、事物是它揭示自身的三种方式。

　　如此，这篇后记却不是一个总结，而是一个新的征途的开始。这不由地让我想起屈原的一句诗——"路漫漫其修远兮，吾将上下而求索。"